प्रवासी भारतीय : विविध आयाम

संपादन

डॉ. राकेश कुमार दूबे

Pustak Bharati
Toronto, Canada

Editor : डॉ. राकेश कुमार दूबे
सह संपादक, पुस्तक भारती पत्रिका

Book Title : प्रवासी भारतीय : विविध आयाम

प्रवासी भारतवंशियों की समस्या का प्रश्न 19वीं सदी से ही एक विचारणीय मुद्दा रहा है और 20वीं सदी के आरंभ में राष्ट्रीय आंदोलन के समानांतर ही यह बहस का एक ज्वलंत विषय बन गया था। अंग्रेजों द्वारा जिस प्रकार भारत के लोगों को उपनिवेशों में ले जाकर बेचा जा रहा था और उन पर वहां पशुवत् अत्याचार किया जा रहा था, इसके विरुद्ध भारत में भी आवाज़ें उठने लगी और उसी के परिणामस्वरूप इस प्रथा की समाप्ति भी हुई। इस अमानवीय प्रथा के विरुद्ध प्रवासी भारवंशियों ने जिस प्रकार संघर्ष किया और अंत में अपने अधिकारों की रक्षा कर सके, इस पर प्रकाश डालने का प्रयास इस ग्रंथ में किया गया है। अपनी भाषा, साहित्य एवं संस्कृति की रक्षा करते हुए प्रवासी भारतवासी जिस प्रकार से उपनिवेशों की एवं स्वयं अपनी उन्नति कर सके और उपनिवेशों की आजादी के बाद राजनीतिक, सामाजिक, आर्थिक एवं सांस्कृतिक क्षेत्रों में प्रतिमान स्थापित किये और आज भी कर रहे हैं, उन्हीं के विविध पक्षों का निदर्शन इस ग्रंथ में प्रस्तुत करने का प्रयास किया गया है।

Published by :
PUSTAK BHARATI (Books India)
 Toronto, Ontario, Canada, M2R 3E4
 email : pustak.bharati.canada@gmail.com
 Web : www.books-india.com

Copyright ©2020
ISBN : 978-1-897416-27-3

© All rights reserved. No part of this book may be copied, reproduced or utilised in any manner or by any means, computerised, e-mail, scanning, photocopying or by recording in any information storage and retrieval system, without the permission in writing from the Publisher.

अनुक्रम

संपादकीय ... i

1. प्रवासी साहित्य अपनों के बीच पराया..... ... 1
   राजपाल

2. प्रवासी भारतीय समाज, भाषा, साहित्य और संस्कृति ... 10
   डॉ. विमलेश कान्ति वर्मा

3. युग-युगीन चीन में भारतीय प्रवासी : यात्री, वृतांत एवं बदलता परिप्रेक्ष्य ... 23
   डॉ. धर्मचन्द चौबे

4. भारत में गिरमिटिया प्रथा : एक ऐतिहासिक अध्ययन ... 37
   डॉ. राकेश कुमार दूबे

5. सूरीनाम का हिंदुस्तानी समाज ... 49
   भावना सक्सैना

6. शर्तबन्दी गुलामी प्रथा की अभिव्यक्ति ... 71
   सुधा शर्मा

7. प्रवासी भारतवंशियों का भारतीय संस्कृति के प्रचार-प्रसार में योगदान ... 84
   इला प्रसाद

8. दक्षिण अफ्रीका की प्रतिबंधित हिंदी कृति : 'दरबन का बलवा' ... 102
   दीप्ति अग्रवाल

9. प्रवासी भारतवंशियों का भारतीय संस्कृति के प्रचार-प्रसार में योगदान ... 118
   डॉ. के.एस.सुधा अनंतपद्मनाथ

10. सपनों और यथार्थ का बहुरंगी प्रवासी - संसार ... 131
    डॉ. अंजु

11. मारीशस की संस्कृति पर भारत का प्रभाव ... 147
    डॉ. ललित जलाल

12. प्रवासी जीवन सम्बन्धी समस्याओं के अध्ययन की वर्तमान समय में प्रासंगिकता ... 156
    डॉ. किरण ग्रोवर

संपादक-परिचय ... 170

संपादकीय

पुस्तक भारती संस्थान, कनाडा की अंतर्राष्ट्रीय शोध पत्रिका 'पुस्तक भारती पत्रिका' के द्वितीय अंक के प्रकाशन के पूर्व ही 'शर्तबंदी गुलामी प्रथा' की पूर्ण समाप्ति के 100 वर्ष पूरे होने के उपलक्ष्य में 22 जून, 2019 को ही संस्थान द्वारा इस बात का निर्णय ले लिया गया कि जनवरी, 2020 में प्रकाशित होने वाली 'पुस्तक भारती पत्रिका' का चतुर्थ अंक 'प्रवासी विशेषांक होगा और साथ ही यह निर्णय भी लिया गया कि इसके साथ इसी विषय पर हिंदी और अंग्रेजी में एक-एक ग्रंथ का संपादन भी संस्थान द्वारा किया जायेगा। इस ग्रंथ के संपादन का दायित्व संस्थान के माननीय निर्देशक प्रो रत्नाकर नराले जी के पास था परंतु अपनी अत्यधिक व्यस्तता और पत्नी की अस्वस्थता के कारण उन्होंने यह कार्य पूर्ण करने के लिए मुझे निर्देशित किया। पुस्तक भारती संस्थान से एक से बढ़कर एक विद्वान जुड़े हुए हैं और इस कार्य के लिए मुझे निर्देशित किया जाना मेरे लिए किसी आश्चर्य से कम न था। संस्थान के आदरणीय निर्देशक की आज्ञा शिरोधार्य कर अपनी शुद्र बुद्धि-बल से जो कर सका हॅू उसी की परिणति के रुप में यह ग्रंथ आप सभीं के समक्ष प्रस्तुत की जा रही है।

महामना पं मदनमोहन मालवीयजी के प्रयास से भारतीय सभ्यता पर एक कलंक के रुप में स्थापित हो चुकी 'शर्तबंदी गुलामी प्रथा' की 1915-16 में समाप्ति की घोषणा की गयी। इस समय द्वितीय विश्व युद्ध के चल रहे होने एवं इस समय तक जो मजदूर 5 वर्ष की गिरमिट लिखाकर जा चुके थे, उनकी मुक्ति तत्काल नहीं हो पायी। इनकी पूर्ण मुक्ति 1920-21 में जाकर ही हो पायी और इसी के साथ ही एक अत्यंत ही अमानवीय प्रथा का अंत हुआ।

2020-21 का वर्ष इतिहास में क्रूर व्यवस्था के रुप में जानी जाने वाली इस गिरमिटिया प्रथा की पूर्ण समाप्ति का 100वां वर्ष है और यह वर्ष निश्चित रुप से गिरमिटिया मजदूरों के रुप में उपनिवेशों में ले जाये गये भारतीय मजदूरों की वर्तमान संतानों एवं साथ ही भारतवर्ष के लोगों के लिए भी विशेष स्मरणीय है, क्योंकि इसी प्रथा के कारण सीधे-साधे एवं सभ्य भारतवासी लोगों को उपनिवेशों में ले जाकर उन्हें वहां की मंडियों में जानवरों की भॉति बेंचा गया और अपने को तथाकथित सभ्य कहने वाली यूरोपिय जातियों ने उनपर जो पशुवत्

अत्याचार किया, उसकी मिशाल संसार के सभ्य देशों के इतिहास में मिलना कठिन है। इस प्रथा के कारण ही संसार को सभ्यता का पाठ पढ़ाने वाले भारत की संस्कृति का घोर अपकर्ष हुआ और वह संसार में 'कुलियों का देश' के रुप में जाना जाने लगा, वहीं आर्थिक स्वार्थ के कारण यूरोप के देशों ने इस प्रथा को जिस प्रकार स्थापित किया, यह उनके माथे पर सदियों तक 'एक कलंक' के रुप में अंकित रहेगी।

    गुलामी प्रथा कोई नवीन व्यवस्था नहीं है। इसके प्रचलन के प्रमाण संसार के अधिकांश देशों के इतिहास में किसी न किसी रुप में मिलते हैं। यूरोप में हुए पुनर्जागरण के फलस्वरुप जिस प्रकार भौगोलिक अन्वेषण एवं यूरोपिय सभ्यता का प्रसार आरंभ हुआ, उसी के साथ ही केवल आर्थिक लाभ के लिए यूरोप के देशों ने गुलाम व्यापार का जघन्य कार्य भी आरंभ किया, जिसके अंतर्गत अफ्रीका इत्यादि महाद्वीप के हब्सी लोगों को बलपूर्वक ले जाकर अमेरिकी इत्यादि उपनिवेशों में बेंच दिया जाता था और वहां समस्त कार्य उन्हीं गुलाम हब्सियों से करवाये जाते थे।

    पर धीरे-धीरे यूरोप में इस अमानवीय प्रथा के विरुद्ध आंदोलन आरंभ हो गया और नेपोलियन की पराजय के बाद आयोजित वियना कांग्रेस (1814-15ई) में गुलामी की प्रथा समाप्त करने पर सहमति बनी और उसके बाद यूरोप के देशों से क्रमशः यह प्रथा समाप्त होनी आरंभ हुई। इंग्लैंड में भी 1833ई. में इस प्रथा को अवैध घोषित कर दिया गया।

    इस प्रथा की समाप्ति के बाद उपनिवेशों में रह रहे यूरोप के लोगों की बरबादी होने लगी और उन लोगों ने भारत की कंपनी सरकार से मदद की गुहार लगायी। दासता तो संसार से उठ चुकी थी और उसकी पुनरावृत्ति करना असंभव था, अतः अंग्रेजों ने एक नई प्रथा आरंभ की और नाम दिया 'शर्तबंदी प्रथा' (Indentured system) या 'मियादी प्रथा' और भारतीयों द्वारा सही से अंग्रेजी उच्चारण न कर पाने के कारण वे इसे 'गिरमिटिया प्रथा' के नाम से संबोधित करते थे।

    इस प्रकार जब दुनियां से गुलामी की प्रथा उठ गयी तो अंग्रेजों ने स्वजातियों के लाभ के लिए 1834ई. में भारत में परिवर्तित रुप में उसी प्रथा को पुनः आरंभ किया और नाम दिया 'शर्तबंदी प्रथा' जो कि 'एक भारतीय हृदय' के शब्दों में गुलामी ही थीः

है गुलाम व्यापार यह कुली प्रथा के वेश में।
जे अब तक देखा न था देखा भारत देश में।।

इस प्रथा के अंतर्गत् सीधे साधे भारतवासियों को सुनहरे भविष्य का लालच देकर अफ्रीका, कैरेबियाई, दक्षिण-पूर्व एशिया एवं पूर्व फ्रांसीसी उपनिवेशों में लेजाकर बेंचा गया जहां उनका जीवन अनेक यातनाओं से परिपूर्ण था।

इस प्रथा की समाप्ति के बाद उपनिवेशों में गये भारतवंशियों की संतानों का अचानक ही कायाकल्प नहीं हो गया। अपने अधिकारों के लिए उन्हें कई दशकों तक संघर्ष करना पड़ा। भारतवंशियों ने शिक्षा, राजनीति, व्यापार, समाजिक उन्नयन, सांस्कृतिक समन्वय एवं अपनी संस्कृति संरक्षण सभी क्षेत्रों में साथ-साथ कार्य किया पर इस दौरान वे कभीं भी स्थानीय लोगों के विरोधी नहीं हुए।

उपनिवेशों में रहते हुए गिरमिटिया भारतवंशियों ने अपने परिश्रम से वहां का कायाकल्प किया और सतत् संघर्षों द्वारा इन देशों की राजनीतिक, सामाजिक, आर्थिक और सांस्कृतिक प्रगति में भी अपना बहुमूल्य योगदान दिया। गिरमिटिया देशों में रहते हुए भारतवंशियों ने स्थानीय लोगों एवं उनकी संस्कृति से तो अपने आप को सफलतापूर्वक जोड़ा ही, साथ ही भारत से अत्यधिक दूर रहते हुए भी अपनी भाषा, संस्कृति, परंपराओं एवं विरासत को संभालकर रखा। स्वतंत्रता के बाद विदेशों में गये भारतवंशियों ने भी भारतीय संस्कृति के प्रसार में अपना अमूल्य योगदान दिया है और आज भी दे रहे हैं।

इस पुस्तक में इन्हीं बातों पर थोड़ा सा प्रकाश डालने का प्रयास किया गया है और आशा करता हॅू कि यह पाठकों को पसंद आयेगी। शीघ्रता के कारण वर्तनी संमंधी त्रुटियां रह गयी होंगी, इसके लिए क्षमाप्रार्थी हॅू। यह पुस्तक उन्हीं प्रवासी भारतवंशियों को समर्पित है जिन्होंने घोर यातनाओं को सहते हुए भी अपने अक्लांत परिश्रम से उपनिवेशों के साथ ही अपनी संतानों की उन्नति का भी मार्ग प्रशस्त किया।

नेहियां, वाराणसी
चैत्र शुक्ल प्रतिपदा, सं. 2077वि.

डॉ. राकेश कुमार दूबे
सह संपादक, पुस्तक भारती पत्रिका

v

प्रवासी साहित्य अपनों के बीच पराया.....

राजपाल [1]

साहित्य मानव जीवन की अभिव्यक्ति होती है। इसलिए उसे काल और स्थान के बंधनों से जकड़ कर नहीं रखा जा सकता। पिछले कई दशकों से रोजगार और बेहतर जीवन यापन की तलाश में विदेशों में जाकर बसे भारतीयों ने साहित्य की रचना कर एक नए विमर्श को जन्म दिया। जिसने पिछले आठ–दस सालों में 'प्रवासी साहित्य'के रूप में अपनी एक मजूबत दावेदारी पेश की है। प्रवासी साहित्य के लिए प्रयुक्त किया जाने वाला 'प्रवासी' शब्द अब विमर्श का विषय ग्रहण कर चुका है और प्रवासी विमर्श को लेकर एक बहस छिड़ गयी है कि प्रवासी साहित्य किसे कहा जाए? आम तौर पर एक स्थान से दूसरे स्थान की आवागमन की प्रक्रिया को हम 'प्रवास' कहते है और इस प्रवास में लिखे गए साहित्य को 'प्रवासी साहित्य'। अब प्रश्न उठता है कि इस प्रवास के दौरान रचे गए साहित्य को 'प्रवासी साहित्य' नाम दिया जाए या कुछ और ? इसको मुख्यधारा में शामिल किया जाए ? या अभी कुछ समय और प्रवासी रचनाकारों से उत्कृष्ट साहित्य रचना करने की अपेक्षा रखी जाए ? अथवा जो उनके द्वारा अभी तक रचित साहित्य है उसको कुछ ढील देकर उस साहित्य की समीक्षा का रास्ता चुना जाए ? ऐसे कई सवाल उठते है जिन पर आज विचार करना और समाधान ढूँढ़ना आवश्यक हो गया है।

वैसे तो प्रवासी साहित्यकार अपने लिए प्रवासी लेखकों का 'लेबल' या श्रेणी नहीं चाहते हैं। वे चाहते हैं कि उनके साहित्य को मुख्यधारा के ही लेखन में शामिल किया जाए। इसी बात को लेकर तेजेन्द्र शर्मा लिखते हैं कि ''प्रवासी–एक ऐसा शब्द है जो अपना भी लगता है और पराया भी। यह निकटता भी दर्शाता है और दूरी भी। शायद महाभारत में इस शब्द का प्रयोग सबसे पहले किया गया था। मगर हिन्दी साहित्य में इस शब्द के नये अर्थ गढ़े गये हैं और एक नया खांचा तैयार किया गया है जिसे कहा गया है– प्रवासी साहित्य। भारत में यह शब्द एक फैशन भी बन गया है। मैं स्वयं इस आरक्षण के विरुद्ध एक लम्बे अर्से से लड़ाई लड़ रहा हूँ।''[1] उषा राज सक्सेना तेजेन्द्र शर्मा से अपनी सहमति प्रकट हुई लिखती है कि ''हिन्दी पट्टी के पंचों ने 'प्रवासी साहित्य' दलित साहित्य, महिला साहित्य लेखन, युवा लेखन आदि के जो कोष्ठक बनाए वे हिन्दी साहित्य के लिए बहुत खतरनाक हैं। साहित्य को खाँचों में बाँटना उचित नहीं है। हिन्दी के शुद्धतावादी साहित्यकारों की सदा से यह प्रवृत्ति रही है कि वे साहित्य को खाँचों में विभाजित कर उसमें भेदभाव की राजनीति पैदा करें और

---

[1] डॉ. राजपाल : **सहायक प्राध्यापक, डी.ए.वी. कॉलेज, अबोहर, पंजाब, भारत**

स्वयं उच्चपदस्थ साहित्यिक नेता बने रहें। इस तरह के अराजक तत्वों से हिन्दी साहित्य की क्षति हो रही है। विदेशों में लिखा जा रहा हिन्दी साहित्य अब जब अपना आकार और स्तर ग्रहण कर चुका है, उसे किसी खाँचे की आवश्यकता नहीं है। उसे मुख्यधारा के साहित्य में समाहित कर लेना चाहिए। हिन्दी में लिखने वाला कोई भी लेखक चाहे कहीं भी रह कर लिख रहा हो, हिन्दी लेखक ही कहलाना पसंद करेगा। प्रवासी संकलन, प्रवासी अंक, प्रवासी सम्मेलन अभी तक तो ठीक था परन्तु अब इनकी अलग से आवश्यकता नहीं है।''[2] कृष्ण बिहारी भी अन्य लेखकों की तरह प्रवासी कहलाना स्वीकार नहीं करते है। वे कहते है कि ''प्रवासी तो हर व्यक्ति है जिसने अपने गाँव या जन्मभूमि छोड़कर अपने जीवन–यापन के लिए कोई अन्य स्थान चुना। कभी उसने यह काम स्वेच्छा से किया तो कभी मजबूरी में। व्यक्ति तो प्रवासी हो सकता है मगर रचनाकार भाषा का होता है। आप अमेरिका में और मैं अरब में रहते हुए हिन्दी में ही लिख रहे हैं। ऐसा ही अन्य स्थानों पर रहते हुए अन्य लेखक भी कर रहे हैं। तो हमें खुद को हिन्दी का लेखक मानना और बताना भी चाहिए।''[3]

वहीं दूसरी तरफ कुछ प्रवासी लेखकों को प्रवासी कहलाने में कोई आपत्ति नहीं है। सुदर्शन प्रियदर्शिनी इस संबंध में कहती है–''प्रवासी कहलाना कोई गाली नहीं है। बल्कि यह एक पहचान है जो हमारी रचनाओं से प्रेषित होती है और जो भारत से भिन्न मुद्दों को, संवेगों या संवेदनाओं को लेकर रची जाती है। एक अलग तरह की मिश्रित संस्कृति के भाव–अनुभाव और आने वाली पीढ़ी का निर्माण करने वाले तथ्यों की ओर निर्देश करती हैं। इसलिए इसका एक अलग ही रूप है जो मेरी दृष्टि में बहुत ही स्वस्थ और आशावान है।''[4] अनिलप्रभा कुमार को 'प्रवासी' को लेकर चल रहे झगड़े व्यर्थ प्रतीत होते हैं। वह कहती है कि ''मुझे तो आए दिन बदलते लेबल, नए–नए गुट, विमर्शों के खाँचे और उन्हीं में एक प्रवासी–अप्रवासी ठप्पे के झगड़े बड़े ही अर्थहीन से लगते हैं। कभी–कभी लगता है कि राजनीति की तरह साहित्य में भी लोग चर्चा में रहने के लिए मुहिम चलाते रहते हैं। प्रवास तो हम कर ही गए हैं। अगर कोई 'प्रवासी लेखक' कहकर हमारी चर्चा करता है तो उसकी इच्छा। व्यक्तिगत रूप में मैं प्रवासी लेखक कहलाने का बुरा नहीं मानती। मुझे तो अच्छा लगेगा कि अगर कोई कहे, 'वह प्रवासी लेखिका है, न अनिलप्रभा कुमार, और वे बहुत अच्छा लिखती हैं।' मेरी पहचान मेरा लेखन हो, मेरा वास नहीं।''[5] अतः अनिलप्रभा प्रवासी शब्द पर कोई आपत्ति न उठाकर प्रवासी लेखन के स्तर को उत्कृष्ट बनाने पर बल देती है, क्योंकि प्रवासी शब्द के साथ–साथ प्रवासी लेखन पर भी लगातार सवाल उठाए जा रहे हैं। इसका एक सशक्त उदाहरण हंस के सम्पादक राजेन्द्र यादव द्वारा जामिया मिलिया विश्वविद्यालय के कार्यक्रम में कहा गया वक्तव्य है–''तेजेन्द्र भाई को शायद बुरा लगे, अभी जो प्रवासी साहित्य के नाम पर परोसा जा रहा है, उसका स्तर कुछ खास नहीं है। भारत में रचे जा रहे साहित्य के सामने प्रवासी साहित्य को कोई कद उभर नहीं आता।'' भगवान दास मोरवाल भी

इसी तरह का वक्तव्य देते है–''कहना होगा कि हिन्दुस्तानी, माफ करें भारतीयता की नवीन परिभाषाएँ गढ़ रहे ये प्रवासी भारतीय लेखक अपने द्वन्द्वात्मक अर्थात् अपनी पुरातनपंथी गौरवशाली परम्परा व सांस्कृतिक अस्मिता के बरअक्स, अपनी अस्मिता की नई इबारत रचने का प्रयास कर रहें है। मैं यहाँ स्पष्ट कर देना चाहता हूँ कि पुरातनपंथी गौरवशाली परम्परा से मेरा अभिप्राय इसके नाकारात्मक पक्ष से नहीं, अपितु उस रूढ़ि से है जिसके चलते हमारे अधिकतर प्रवासी न तो पूरी तरह प्रवासी ही बन पाए हैं, न अपनी 'भारतीयता' का ही मोह त्याग पाए हैं। मुझे यह कहने में ज़रा भी हिचक नहीं हैं कि भारतीय संस्कृति के नाम पर आप प्रवासी भारतीयों के पास रामकथा अथवा भागवतकथा के साथ–साथ आशाराम बापू और अब स्वामी रामदेव के धार्मिक अनुष्ठानों के अलावा दूसरे सांस्कृतिक आयोजन नहीं हैं। कमोबेश यही स्थिति साहित्यिक बोध की है। साहित्यिक आयोजनों के नाम पर आए दिन विदेशों में होने वाले देशभक्ति की चाश्नी में लिपटे और हास्य कवि सम्मेलनों को उदाहरण के रूप में देखा जा सकता है।''[6] भगवानदास अपने विचार को आगे बढ़ाते हुए लिखते है कि–''पूरे भारतवर्ष के अलग–अलग प्रान्तों, राज्यों और क्षेत्रों के लेखक आज पूरे विश्व में फैले हुए हुए हैं, लेकिन क्या कारण है कि जातीयबोध, स्थानीयता और अपने लोक की वह खुशबू प्रवासी लेखन में नहीं मिलती है, जो दूर, सुदूर, दूर–दराज के पिछड़े क्षेत्रों से आए भारत के महानगरों में पलायन करके आने वाले लेखकों के लेखन में मिलती हैं ?''[7] अतः इसी कारण भगवानदास प्रवासी साहित्य की महत्ता पर प्रश्न चिह्न लगा देते है तथा कहते हैं कि ''मुझे लगता है कि एक विशेष तरह के प्रवासी हिन्दी लेखन को जानबूझकर प्रोत्साहित किया जा रहा है। मेरा इशारा इधर प्रवासी लेखन के नाम पर छपी कुछ कहानियों को लेकर जो लोकप्रिय और चर्चित भले ही हो जाएँ, एक लेखक के रूप में आपकी चिन्ताओं और सरोकारों पर प्रश्नचिह्न जरूर लगाती हैं।''[8] भगवानदास प्रवासी साहित्य को मुख्यधारा में शामिल होने और उत्कृष्ट साहित्य की रचना हेतु परामर्श भी देते है। वे कहते है–''हमारे प्रवासी लेखकों के पास एक बहुत बड़ी ताकत है जिसका शायद उन्हें भी एहसास नहीं है और वह है उनकी स्मृति संपदा। दरअसल एक तरह के पाश्चात्य लेखन विशेष से कंडीशंड बल्कि कहिए, आतंकित प्रवासी लेखन अपने उस ताप को बचा पाने में निस्सहाय–सा पाता है, जो उसका सबसे बड़ा स्रोत है। दिलचस्प तो यह है कि इस स्रोत यानी अपने निजी लोकानुभवों का भारतीय अंग्रेजी लेखन में जमकर दोहन हो रहा है। पाश्चात्य और भारतीयता का संगम एक ऐसी ताकत है जिसके द्वन्द्वात्मक गर्भ से एक से एक बेहतर रचना आ सकती है। मगर पाश्चात्य खुलापन और भारतीयता का द्वन्द्व, लम्बे प्रवास के बावजूद प्रवासी हिन्दी लेखक उन वर्जनाओं के अतिक्रमण से डरता है, जिसका शिकवा प्रायः लेखन से किया जा रहा है।''[9] सुदर्शन प्रियदर्शिनी प्रवासी साहित्य के बारे में आलोचकों की इस सोच को कटघरे में खड़ा करते हुए कहती है–''प्रवासी साहित्य को दोयम दर्जे का कह कर अगर भारतीय

समालोचकों के अहम् की तुष्टि होती है और उसे अपने सामान्तर न रखने का अहम् पाले रखना चाहते हैं तो यह उनकी व्यक्तिगत समस्या है। मेरे विचार से प्रवासी साहित्य न शिल्प से, न कथ्य से या किसी अन्य साहित्यिक मानदंड से दोयम दर्जे पर आता है। हम चाहते हैं कि हमारे साथ कोई रियायत न बरती जाए और हमें मान्य साहित्यिक मानदण्डों पर ही परखा जाए।''[10] कादम्बरी मेहरा भी किसी भी प्रकार की रियायत देने की हिमायती नहीं हैं। वह कहती हैं–''न कहानियों के शिल्प में फर्क है न शैली में। न ही भाषा के प्रयोग में कोई अवरोध है। पाठक–वर्ग ने विदेश में लिखी जा रही कहानियों को हाथों–हाथ लिया है। मगर हिन्दी में नित्य बनते जा रहे कोष्ठकों के कारण जो अलगाव पैदा हो रहा है, उसे मिटाना अति आवश्यक है। मुख्यधारा के लेखकों को हमें प्रवासी कहकर खारिज कर देना उनके आत्मविश्वास की कमी को दर्शाता है। इसमें कोई शुबहा नहीं है कि पिछले दो दशकों ने भारत को बिल्कुल नए कथानक प्रदान किए हैं। भारत की दशा पर नए तरीके के सुधारवादी प्रयोग आज़माए गए हैं। देश–देशांतर के वर्णन, सामाजिक–दृष्टिकोण व रिश्तों के गठन पेश किए गए हैं। और सबसे ज़्यादा इस बात पर ज़ोर दिया है कि आम लोग, चाहे जिस जाति या देश के हों, मानवता में भिन्न नहीं होते। ज़रूरत है कि विदेशों में बसे लेखकों को और अधिक स्पेस दिया जाए। हमारे आलोचक जो भारत में ही बैठे हैं, अपना गृहकार्य पूरी लगन व ईमानदारी से करें तो देश–विदेश दोनों का भला होगा। आलोचनाएँ किसी एक लेखक के भारत–भ्रमण पर सुनी–सुनाई इनफार्मेशन के आधार पर यदि परोसी जाएँगी तो वह तीसरे दर्जे की या बिल्कुल फालतू होंगी।''[11] राजीव रंजन प्रसाद तो मठाधीशों से खिन्न होकर यहाँ तक कह देते है कि–''साहित्य के आकाओं ने यही गनीमत रखी कि अब तक प्रकाशकों को निर्देशिका जारी नहीं की गई है कि लेखक की सोच के अनुसार पुस्तक में प्रयोग होने वाली स्याही के रंग निर्धारित नहीं किए गए हैं।''[12]

मुख्यधारा क्या है ? इसे कौन निर्धारित करता है ? इसे निर्धारित करना क्यों आवश्यक है ? क्या मुख्यधारा का साहित्य ही जन साहित्य है ? क्या जो कुछ भी विविध इन दिनों लिखा जा रहा है, साहित्य का मूल्यांकन करने वाले अपने खास साँचे से परखने के बाद ही सुनिश्चित करेंगे कि वह साहित्य है भी या नहीं ? और एक प्रश्न यह भी कि क्या ऐसे मूल्यांकनकर्ता साहित्य की दशा और दिशा निर्धारण के लिए आवश्यक हैं ? क्या हिन्दी साहित्य के ऐसे संस्थान हैं जिन्होंने मुक्त मस्तिष्क से साहित्य और लेखन के मानकीकरण का कार्य किया है ? अगर नही तो साहित्य को बीसियों खाँचे में बाँटने वाले लोग कौन हैं ?[13] प्रवासी साहित्य और प्रवासी साहित्यकारों के सन्दर्भ में इन प्रश्नों का उत्तर ढूँढना अनिवार्य हो गया है, क्योंकि साहित्य के लोकतंत्र में कुछ मुट्ठी भर सामन्ती प्रवृत्ति के छद्म लोगों का मुखौटा उतार फेंकने के लिए और वास्तविक सूरत सबके सामने ले आने के लिए यह जरूरी हैं कि इस पर विचार विमर्श किया जाए कि मुख्यधारा का प्रवासी से कैसा

सम्बन्ध है ? लोकतंत्र की आड़ में सामन्तवाद का नर्तन केवल राजनैतिक इतिहास का विषय नहीं है बल्कि साहित्य और वह भी हिन्दी साहित्य की महत्त्वपूर्ण विशेषता रही है। जिन हाथों ने कभी छैनी–हथौड़ी अथवा मिट्टी और गारे का स्पर्श नहीं किया, वे ताजमहल, हवामहल, कुतुबमीनार तथा लाल किले के निर्माता मान लिए गए और इतिहास उनके नाम हो गया। यह ऐतिहासिक पूँजीवाद अथवा सामन्तवाद का एक छोटा सा उदाहरण है जिस पर प्रगतिशील और उत्तर आधुनिक लोगों को पुनः विचार करना चाहिए और इतिहास लेखन के दोषों का परिष्कार करना चाहिए।[14] हिन्दी साहित्य का स्वरूप देखें–दलित लेखन, स्त्री लेखन, प्रवासी लेखन। जो दलित नहीं, स्त्री नहीं, प्रवासी भी नहीं, तो बचे कितने लेखक ? वही मुट्ठी भर कुछ नाम जिन्हें हम मान लें हिन्दी साहित्य की समग्रता या मुख्यधारा ? और अन्य उनकी उपजीवी या उपधाराएँ, जो समय–समय पर आकर उनमें मिलती रहें, चरण पखारती रहें और एक नाम पाती रहें ?[15]

भारतीय दर्शन में ब्रह्म के निरूपण के लिए एक दृष्टांत है अरुन्धती न्याय। माता अपनी पुत्री को चिर सौभाग्य प्राप्त करने के लिए अरुन्धती को प्रणाम करने की आज्ञा देती है। माता पुत्री से कहती है–पुत्री तू अरुन्धती का दर्शन कर प्रणाम कर। वह पूछती है–माँ अरुन्धती कहाँ है ? तो माँ कहती है, वह एक तारा रूप में आकाश में है। आकाश में पुत्री देखती है। अनगिनत तारे दिखलाई पड़ते है। पूछती है, इनमें से अरुन्धती कौन है माँ ? माँ कहती है सब तारों को छोड़ दो। जो सात तारे दिखाई पड़े रहे हैं, उनमें देख। सप्तर्षि तारों के नाम से जिसे पुकारते हैं। अब सात तारों में पुत्री की दृष्टि जाती है। उसके बाद माता कहती है–चार ऊपर के छोड़ दे, नीचे के तीन देख। इन्हीं में अरुन्धती है। पुत्री पुनः पूछती है– ये तो तीन हैं, इनमें कौन है अरुन्धती ? तो माँ कहती है, इनमें भी दो छोड़ दे ऊपर, नीचे वाले को देख। पुत्री पूछती है–क्या यही है अरुन्धती माँ ? माँ ने कहा–नहीं, जो इसके पास छोटा सा तारा टिमटिमा रहा है, वही अरुन्धती है। तो सबका निषेध कर देने के बाद जो बचा, वह अरुन्धती है। इसी का नाम अरुन्धती न्याय है। तो क्या हिन्दी साहित्य के इतिहास में भी हम मुख्यधारा के नाम पर अरुन्धती न्याय करने जा रहे हैं ?[16] वर्तमान में इस पर विचार करना परमावश्यक है, क्योंकि प्रवासी साहित्य हिन्दी साहित्य के लिए बहुत बड़ी देन है। राजीव रंजन के अनुसार–''प्रवासी भारतीयों द्वारा किया जा रहा हिन्दी लेखन नए किस्म की मौलिकता के साथ सामने आ रहा है। स्वागत होना चाहिए था कि लेखन का एक नवीन स्वरूप, नई तरह की चेतना और भावबोध हिन्दी साहित्य गंगा में सहायक नदी की तरह आ मिला है। दूर देश में बसने की स्वाभाविक तड़प और सांस्कृतिक बेमेलता के कारण उपजे अन्तर्द्वन्द्व पर बुनी जाती अनेकों कहानियाँ और कविताएँ नितान्त प्रभावित कर रही हैं।''[17]

व्यक्ति जब अपनी मातृभूमि, देश, गाँव, सामाजिक परिवेश को छोड़कर नई भूमि, नए

देश को आवास बनाता है तो उस की जीवन शैली में आमूल–चूल परिर्वतन आता है। इतना ही नहीं, मूल परिवेश से दूर जा कर उस की अस्मिता और पहचान का संकट भी खड़ा हो जाता है। ऐसी प्रतिकूल परिस्थितियाँ में मनुष्य विस्थापन की टीस के साथ अपनी संस्कृति, सभ्यता, साहित्य व अस्तित्व को बनाए रखने का भरसक प्रयत्न करता है। और प्रवास के समय जुड़े दर्द, संघर्ष और अस्तित्व की पहचान बनाए रखने, स्वयं को अपनी भूमि से जोड़े रखने हेतु जीवन की स्मृतियों को चित्रित करने का प्रयास करता है। इस प्रयास के लिए भी आलोचकों की तरफ से प्रश्न उठ खड़े हुए है जिनमें एक प्रश्न जाने माने साहित्यकार एवं हंस के संपादक राजेन्द्र यादव प्रवासी हिन्दी साहित्य को नॉस्टेल्जिया (अतीत की झलक) कह कर उठाया है। लेकिन बहुत से विद्वतजन उनके इस मत से सहमति नहीं रखते है। इसीलिए उनके मत का विरोध करते हुए जहाँ प्रवासी साहित्यकार सुधा ओम ढींगरा ने कहा कि यह अतीतजीवी नहीं बल्कि भारतजीवी है। इस संबंध में हिमांशु जोशी का कहना है कि–'' उनमें नॉस्टेल्जिया का होना स्वाभाविक है। लोग अपने रीति–रिवाजों से, अपने वतन, अपने इलाके से बिछड़कर दूर चले जाते है तो अपना गांव, अपने लोग, अपना प्रदेश याद आ ही जाते हैं और उनके साहित्य में यह थोड़ा बहुत नॉस्टेल्जिया है तो वह क्षम्य है। नॉस्टेल्जिया होना चाहिए। अगर यह न होता तो ऐसा लगता कि किसी चीज की कमी रह गई है।''[18] हममें से प्रत्येक व्यक्ति किसी न किसी रूप से नॉस्टेल्जिया होता है या नॉस्टेल्जिया में जीता है। 'किसी को कागज की किश्ती और बारिश के पानी का स्मृति दंश है तो किसी को पुरानी जींस और गिटार की याद आती है। कोई मथुरा के पेड़े याद करता है तो किसी को पंजाब के 'मक्के दी रोटी और सरसों दा साग' की याद सालती है। जब कोई बेशकीमती चीज छूटती है तो फिर भाग–दौड़ आपा–धापी के दौर में याद तो आएगी ही। परदेश में अपने देश की स्मृति तो अत्यन्त स्वभाविक ही है। प्रवासी हिन्दी साहित्य में स्वदेश के प्रति आन्तरिक लगाव एवं मातृभूमि की स्मृति केन्द्र में है। भगवान राम को भी लंका में अपनी जन्मभूमि अयोध्या की याद आती है। वह उन्हें स्वर्ग से भी अधिक प्रिय एवं सुन्दर लगती है। आज के वैश्विक जगत् में व्यक्ति अपनी जड़ों से तो कट सकता है लेकिन अपनी स्मृतियों से नहीं। मॉरीशस, फीजी, सूरीनाम आदि देशों के भारतवंशी लेखक गीता, रामायण तथा हनुमान चालीसा वाले हिन्दुस्तान को अपने हृदय से उसी प्रकार लगाए–बसाए हुए रहते हैं जिस प्रकार हनुमान जी ने अपने सीने में अपने आराध्य प्रभु राम की छवि को। ये चीजें उन्हें तसल्ली देती हैं, सुकून देती है, पहचान देती है, अपनी पहचान को काटकर वह भला जिएगा भी तो कैसें ?[19] इसलिए अगर कोई प्रवासी लेखक अपनी अतीत की यादों को, स्मृति के मधुर क्षणों को अपनी रचना में संजो भी ले लेता है, तो इतनी हायतौबा करने की आवश्यकता ही क्या है। हिन्दी के प्रसिद्ध साहित्यकार कमलेश्वर भी इस संबंध में लिखते है कि–''मैं समझता हूँ कि नॉस्टेल्जिया या स्मृति कोई गलत मूल्य नहीं है। नॉस्टेल्जिक जो

लिट्रेचर है या जिसमें नॉस्टेल्जिया है, स्मृति है, यादें हैं, वे अपने आप में बहुत गहरी भी होती हैं और कारगर भी, खास तौर पर वो लोग जो भारत छोड़कर दूसरे देशों में चले गए है उन्हें निश्चित रूप से अपने देश की, अपने प्रांत की, अपने गांव की, अपने घर की याद सताती है। ये पूर्व स्मृति ही नॉस्टेल्जिया है। उसके तहत वो लोग उसे याद करते है, जो उनके साहित्य में दिखाई भी पड़ता है।''[20] निर्मला भुराड़िया भी इसका समर्थन करती हुई लिखती है, ''अक्सर प्रवासी लेखकों के बारे में यह कहा जाता है कि वह 'नॉस्टेल्जिक' होते हैं, अतीत के चश्मे से ही अपने देश को देखते हैं। तो शायद यह कहना सही नहीं होगा। दरअसल बचपन हर इंसान की आत्मा की सतह पर रहता है। अपनी भाषा, अपना वो समाज, जहाँ हम पले–बढ़े हैं, स्मृतियों में सदा अक्षुण्ण रहता है। स्मृतियों के कोण से वर्तमान जीवन को देखना, यादों को खँगालना, अपने पुरखों का इतिहास सहजेना कोई अतीतजीवी होना नहीं है। बीत चुके जीवन की हलचल इतिहास के सफों में इसी तरह दर्ज होती है। फिर यह भी तो है कि लेखक के पास सिर्फ यही एक चश्मा थोड़े ही होता है। वह चश्मे बदल–बदल कर भी तो देख सकता है। कभी वह पश्च दृष्टि से देखता है, कभी चश्मा उतारकर वर्तमान को देखता है और लिखता है, यानी जिस देश में रह रहा है वहाँ के समाज के बार में। और कभी वह दूर का चश्मा लगाकर यानी भविष्य की कल्पना करके लिखता है। कुल मिलाकर अप्रवासी साहित्यकार दोनों समाजों के बीच पुल का काम करता है, उसे देशमोह से बँधे अतीतजीवी का बिल्ला पहनाकर खारिज नहीं किया जा सकता।''[21] इस संबंध में शैलेश मटियानी का कथन भी बड़ा ही समीचीन प्रतीत होता है–''लेखक वहीं टिकता है जिसकी जड़ें परम्परा में होती हैं। जिसकी संवेदना के अन्तःस्रोत समाज में होते हैं, जो देश, काल और परिस्थितियों के पूर्वापर प्रसंगों में जाता है। जो तात्कालिक आवेगों में नहीं, विचार और विवचेना में जाता है। जो भीति से नहीं, भाषा से परिचालित होता है। जो अपनी जड़ से कट जाता है वह मर जाता है।'' प्रवासी लेखन अपनी सीमाओं के अन्दर इस निकर्ष पर खरा उतरता है।''

साहित्य समाज का दर्पण है, और जैसे मूल हिन्दी साहित्य के दर्पण में अपने देश, सभ्यता और संस्कृति का अक्ष नजर आता है, उसी तरह ही प्रवासी हिन्दी साहित्य सात समुन्दर पार की सभ्यता, संस्कृति का प्रतिबिम्ब दिखाता है। जिस सात समुन्दर पार की दुनिया को हम बहुत से लोग औत्सुक्य की नजर से निहारते है, उसे स्वप्निल दुनिया मानते हैं। यह कहने वालो की कमी नहीं है कि वहां सब कुछ अच्छा ही अच्छा है तो अपने यहां बुरा ही बुरा। प्रवासी हिन्दी साहित्य इसकी हकीकत से न केवल पर्दा उठा रहा है बल्कि अपने देश की गरिमा में चार चाँद भी लगा रहा है। आज विदेशों में रहने वाले भारतीय लेखक प्रवासी जीवन के विभिन्न पहलुओं को अपने साहित्य द्वारा उजागर कर रहे हैं। ये रचनाकार सिर्फ नई जमीन ही नहीं जोड़ रहे हैं वरन् हिन्दी साहित्य को नए विषय–वस्तु के

साथ, नए मुहावरे, नई शब्दावली और नूतन शैली के साथ ईमानदारी से पश्चिमी जगत् के यथार्थपरक परिवेश से भी जोड़ रहे हैं। प्रवासी साहित्यकारों को अनेक समस्याओं का सामना करना पड़ा। हवा का बहाव हक में न होने पर भी उनके भीतर बैठा साहित्यकार मौन धारण करके नहीं बैठा। जब देश की युवा पीढ़ी परदेशी भाषा और साहित्य पर जान छिड़क रही है, अपनी भाषा को खराब और अनपढ़ो की भाषा मानकर उसका तिरस्कार कर रही है, उसी समय प्रवासी हिन्दी साहित्यकार हिन्दी साहित्य के फलक में अभिवृद्धि कर इसे गौरवशाली बना रहे हैं। प्रवासी हिन्दी साहित्यकारों के पास परदेशी संवेदना और संस्कृति के साथ अपने वतन की सोंधी महक, अपनी संस्कृति और संवदेना भी है जो उनको वहाँ भी उत्साहित करती रही। उनके द्वारा रचित इस साहित्य में धरती के रंग, सोच और आज के मनुष्य की समस्याओं को लिया गया है। साहित्यिक वृत्ति कभी स्थानीय रंग से रंगे बिना नहीं रहती। उन्होंने वहाँ के साहित्य के साथ जुड़ने का भी प्रयत्न किया है। इसी कारण उनका गौरव बढ़ा है।

प्रवासी भावात्मक रूप से भारत से जुड़े हैं। यही कारण है कि प्रवासी साहित्य में अपनी मातृभूमि के प्रति प्रेम देखने को मिलता है। जब भी रोजी–रोटी कमाने से समय मिलता है, उनका मन बोल उठता है और वे कलम उठा लेते हैं। आज के समय में रचे जा रहे साहित्य की सम्पूर्ण दृष्टि भारत के रंग में रंगी हुई है। इसमें विश्व की समस्याएं, संस्कृति, आचार–विचार, आधुनिक दौड़ और मानसिक द्वन्द्व का यथार्थ रूप देखने को मिलता है। इनकी यह नवीनता इनकी साहित्यिक रचना को और अधिक सजीव बनाती है। यह सही है कि कुछ प्रवासी हिन्दी साहित्यकारों की रचना शैली साधारण यानी अभिधामूलक है, लेकिन कुछ ऐसे भी प्रवासी हिन्दी साहित्यकार और उनका साहित्य है, जो हिन्दी क्षेत्र के जाने–माने साहित्यकारों के साहित्य से किसी मायने में पीछे नहीं है। रचना शैली में समय के साथ परिमार्जन होता है। इसलिए प्रवासी हिन्दी को केवल मूल हिन्दी साहित्य की कसौटी पर न परख कर बल्कि संकीर्ण परिधि से बाहर निकल प्रवासी साहित्य को अपनी मुख्यधारा में शामिल कर उसकी समीक्षा करें क्योंकि न तो प्रवास कोई नई स्थिति है न ही प्रवासी साहित्य कोई नई खोज है, बल्कि 20वीं शताब्दी में भारतीय मूल के लोगों ने एक देश में नहीं बल्कि लगभग संसार के हर कोने में जिस अस्मिता को जगाया है और पहचान स्थापित की है, वह इससे पहले संभव न थी, का अहसास है। प्रवासी साहित्य ने हिन्दी साहित्य को एक नयी दिशा दी है, एक नये साहित्यिक संसार की विनिर्मिति कर नयी संवेदना, नव्य विचार और नूतन जीवन–दृष्टि तथा सरोकार प्रदान किया है। अपनी मातृभूमि और अपने देश से मनोभाव को संस्पर्शित करते हुए मौलिकता और नवीनता को स्थापित किया है। भारतेतर देशों को भारत से जोड़ने वाले सेतु 'प्रवासी साहित्य' जिसमें भारतवंशियों के स्वदेश–प्रेम, भाषा प्रेम, और संस्कृति प्रेम की झलक है, को हिन्दी साहित्य के इतिहास में समुचित स्थान

देकर गौरवान्वित करना चाहिए ताकि वैश्विक स्तर पर हिन्दी का सिंहासन और पताका ऊँचासीन हो सके।

संदर्भ सूची :

1. सुषमा आर्य, अजय नावरिया (संपा.) प्रवासी हिन्दी कहानी एक अन्तर्यात्रा, दिल्ली : शिल्पायन, संस्करण 2013, पृ. तेजेन्द्र शर्मा का वक्तव्य
2. मोहन (संपा) गवेषणा पत्रिका, केन्द्रीय हिन्दी संस्थान, आगरा, प्रवासी भारतीय साहित्य अंक, अंक–103, जुलाई–दिसम्बर, 2014, पृ. 152–153.
3. वहीं, पृ. 153.
4. वहीं, पृ. 153.
5. वहीं, पृ. 152–154
6. सुषमा आर्य, अजय नावरिया (संपा.) प्रवासी हिन्दी कहानी एक अन्तर्यात्रा, शिल्पायन, दिल्ली संस्करण 2013, पृ. 29
7. वहीं, पृ. 29
8. वहीं, पृ. 29
9. वहीं, पृ. 29–30
10. मोहन (संपा) गवेषणा पत्रिका, प्रवासी भारतीय साहित्य अंक, अंक–103, जुलाई–दिसम्बर, 2014, पृ. 140
11. सुषमा आर्य, अजय नावरिया (संपा.) प्रवासी हिन्दी कहानी एक अन्तर्यात्रा, पृ. 146
12. वहीं, पृ. 146
13. वहीं, पृ. 146
14. वहीं, पृ. 134
15. वहीं, पृ. 135
16. वहीं, पृ. 135
17. वहीं, पृ. 147–148
18. नमिता सिंह (संपा.) हिमांशु जोशी, वे जो लिख रहे हैं चौकाने वाला है (लेख) वर्तमान साहित्य पत्रिका, मई, 2006, पृ 25
19. सुषमा आर्य, अजय नावरिया (संपा.) प्रवासी हिन्दी कहानी एक अन्तर्यात्रा, पृ. 139
20. नमिता सिंह (संपा) कमलेश्वर, उन्होंने साहित्य की अपनी परम्परा तैयार की है (लेख), वर्तमान साहित्य पत्रिका, मई, 2006, पृ० 18–19
21. सुषमा आर्य, अजय नावरिया (संपा.) प्रवासी हिन्दी कहानी एक अन्तर्यात्रा, पृ. 150

प्रवासी भारतीय समाज, भाषा, साहित्य और संस्कृति

डॉ. विमलेश कान्ति वर्मा [2]

उपलब्ध आंकड़ों के अनुसार विदेश में प्रवासी भारतीयों की संख्या लगभग दो करोड़ चालीस लाख बताई जाती है। ये प्रवासी भारतीय सुखद भविष्य की खोज में विदेश गए थे और फिर वहीँ बस गए। इन विदेश में बसे हुए भारतीयों को स्पष्टतः दो वर्गों में विभाजित किया जा सकता है। पहले वर्ग में वे भारतीय हैं जो १९वीं सदी के पूर्वार्ध से २०वीं सदी के पूर्वार्ध तक मारीशस (१९३४), गुयाना (१८३८), त्रिनिदाद (१८४५), दक्षिण अफ्रीका (१८६०), सूरीनाम (१८७३) तथा फीजी (१८७९) आदि देशों में गिरमिट के रूप में विदेशी एजेंटों द्वारा गन्ने के खेतों में काम करने के लिए बहला फुसलाकर सुखद भविष्य का सपना दिखाकर विदेश ले जाए गए थे और फिर गिरमिट की अवधि पूरी होने पर विदेश में ही बस गए । इन देशों में इन भारतीयों की चौथी और पांचवीं पीढ़ी आज रह रही है। इनमें से बहुतों का भारत आना कभी नहीं हुआ पर वे भारत को अपने पूर्वजों की भूमि मानते हुए भारत से आत्मीय लगाव रखते हैं। अपने भारतीय जीवन मूल्यों का सम्मान करते हैं और अपनी भाषा की सुरक्षा और प्रतिष्ठा के लिए निरंतर प्रयत्नशील हैं । इन भारतीयों ने गिरमिट जीवन की कठोर यंत्रणाएं सहीं पर गिरमिट का समय समाप्त होने पर नए देश को अपना लिया और उसके पुनर्निर्माण में उनकी बड़ी भूमिका रही । कालांतर में ये उस देश के प्रतिष्ठित नागरिक बने, सत्ता में उनकी भागीदारी भी रही ।उनकी अपनी भाषा और संस्कृति को उस नए देश में सम्मान मिला । मारीशस के शिवसागर राम गुलाम, फीजी के महेन्द्रचौधुरी, त्रिनिदाद के वासुदेव पांडे इसका उदाहरण हैं ।संभवतः इसका कारण यह भी रहा कि इन देशों में प्रवासी भारतीयों की संख्या पर्याप्त थी और देश के निर्माण में उनकी प्रमुख भूमिका भी रही।सन् १९८४ में राजनीतिक सत्ता के परिवर्तन के पहले तक तो फीजी में प्रवासी भारतीयों की संख्या देश की जनसंख्या का लगभग ५२ %तक थी जो कर्नल राम्बूका के सत्ता पलट प्रयत्न के कारण सन १९८७ में ४८ % तक रह गयी थी और जो आज कम होते होते ४०.१ %रह गयी है । प्रवासी भारतीयों के संख्या बाहुल्य ने सर्वदा विदेश में उनकी अस्मिता को बनाए रखने में उनकी सहायता की है।जिन देशों

---

[2] डॉ. **विमलेशकान्ति वर्मा : से. नि. प्राध्यापक,** दिल्ली विश्वविद्यालय, दिल्ली

में भारतीय गिरमिट के रूप में गए आज भी इन देशों में मूल निवासियों की तुलना में भारतीयों का अच्छा प्रति शतक है ।

दूसरी कोटि में उन प्रवासी भारतीयों की गणना की जा सकती है जो बीसवीं सदी के उत्तरार्ध में सामान्यतः भारत के स्वाधीन होने के बाद विकसित देशों में यथा अमेरिका, कनाडा ,जर्मनी ,इंग्लॅण्ड, हॉलैंड, आस्ट्रेलिया, न्यूज़ीलैण्ड, पुर्तगाल ,फ्रांस और खाड़ी के देशों में गए । वे वहां पहले अभियांत्रिकी, चिकित्सा, सूचना प्रोद्योगिकी और तकनीक आदि विविध विषयों की शिक्षा के लिए या कुशल/अकुशल श्रमिक कार्य के लिए गए थे और वहीं बस गए । इनका भारत आना जाना निरंतर बना रहता है और ये सामान्यतः सुविधाभोगी सम्पन्न भारतीय के रूप में जाने जाते हैं। अपनाए गए नए देश के निर्माण में इनकी कोई विशिष्ट सामाजिक भूमिका नहीं रही, इसलिए पहली कोटि के भारतीयों की तरह देश की सत्ता में भी इनकी भागीदारी भी सामान्यतः नहीं रही। यद्यपि अपनी योग्यता के कारण वे व्यक्तिगत स्तर पर संपन्न नागरिक बने, अपने कार्य क्षेत्र में उन्होंने प्रसिद्धि भी पाई पर भारतीय जनवर्ग की उस नए अपनाए गए देश के निर्माण में कोई विशेष भूमिका नहीं रही। इसलिए विदेश में उनकी विशेष सामजिक छवि भी नहीं बनी । वे धन की लालसा में नए देश में आने वाले भारतीय ही माने गए। इसका प्रमुख कारण यह भी रहा कि मूल निवासियों की तुलना में इनका प्रति शतक बहुत कम रहा और वे संगठित नहीं रहे ।

विदेश में अपने स्वार्थ से बसे हुए इन भारतीयों की एक समुदाय के रूप में प्रतिष्ठा नहीं बन पाई, वे मूल निवासियों से घुल मिल नहीं पाए और उनके लिए राष्ट्रीय अस्मिता का प्रश्न जब उठा तो उनके बीच संपर्क भाषा के रूप में सर्वाधिक बोली जाने वाली भाषा हिन्दी ही उनकी राष्ट्रीय अस्मिता की पहचान बनी । सुरक्षा और सहयोग के लिए उन्होंने साथ रहना उपयोगी समझा जो सुख दुःख के अवसर पर उनके सहभागी बन सकें ।

कहा जाता है कि दुनिया में दो देश ऐसे हैं जहाँ के रहने वाले विदेश में पर्याप्त समय रहने के बाद भी नए देश की संस्कृति में घुल मिल नहीं पाते या यों कहें कि वे विदेशी संस्कृति में अपने को ढाल नहीं पाते । वे अपने संस्कारों और जीवन मूल्यों को सुरक्षित रखते हुए अपने खान –पान, वेश– भूषा, रीति– रिवाज़ को अधिक श्रेष्ठ मानते हुए उसका पालन करते हैं । कहा जाता है कि ऐसे देशों में भारत और चीन प्रमुख हैं । इन देशों से जो भी विदेश गए वे अपने देशवासियों के साथ ही एक समुदाय के रूप में ही रहे । ये विदेश में भी एक छोटा स्वदेश बनाकर रहते हैं । अमेरिका में “न्यूजर्स”, इंग्लॅण्ड में “मिडिल सेक्स”, मलयेशिया में “मस्जिद

इंडिया, "सिंगापूर में "लिटिल इंडिया", सऊदी अरबिया में "लिटिल एशिया " ऐसे ही स्थान हैं जहाँ जाने पर आपको लगेगा कि आप विदेश में नहीं भारत में ही हैं ।इसी प्रकार आपको "चाइना टाउन" हर बड़े देश में दिखेगा जहाँ चीनी समाज एक साथ रहता है ।

भाषा, संस्कृति का मुख्य घटक है । खान-पान, वेश-भूषा, रीति– रिवाज़ में सहज परिवर्तन दूसरी संस्कृति के प्रभाव से सहज ही हो जाता है पर भाषा, जो मानवीय अभिव्यक्ति का सबसे सशक्त माध्यम है, व्यक्ति उसे जल्दी नहीं छोड़ पाता । भाषा उसकी अस्मिता की सबसे बड़ी पहचान बन जाती है । यह तथ्य दोनों कोटि के प्रवासी भारतीयों के सम्बन्ध में सत्य है । जब प्रवासी भारतीयों की जनसंख्या का प्रतिशतक दूसरे देश के मूल निवासियों की जनसंख्या के प्रतिशतक के लगभग बराबर होता है वहां अपनी भाषा की सुरक्षा और प्रतिष्ठा सामान्यतः अधिक सरल होती है यथा मारीशस में प्रवासी भारतीयों का देश की जनसंख्या का प्रतिशतक (६८.३%), गुयाना में (४३.५%), त्रिनिदाद में (४०.२%), सूरीनाम में (२७.४ %), फीजी में (४०.१ %) है । इन देशों में इसीलिए हिन्दी सुरक्षित है । भारतीयों के अधिक प्रतिशतक होते हुए भी हम देखते हैं कि गुयाना और त्रिनिदाद और टोबाको में आज हिन्दी लगभग लुप्तप्राय सी है और उसका स्थान सत्ता की भाषा अंग्रेज़ी ने ले लिया है । इन देशों में आज भी पुरानी पीढी के लोग हिन्दी को बचाए हुए हैं पर वह लुप्त होने के कगार पर है। हिन्दी बोलनेवालों की संख्या निरंतर घटती जा रही है । यदि हम हिन्दी के वैश्विक स्वरूप का विस्तार चाहते है तो उसे बचाने और बढ़ाने का प्रयत्न होना चाहिए ।

यहाँ एक बात समझना आवश्यक है कि प्रथम कोटि के देशों में, जिनमें मारीशस, सूरीनाम, फीजी और दक्षिण अफ्रीका आदि देशों की गणना है, वहां के प्रवासी भारतीयों की हिन्दी भारत की परिनिष्ठित खडी बोली हिंदी नही है । वहां की हिन्दी भोजपुरी मिश्रित अवधी है जिसमे स्थानीय भाषाओं के शब्द मिले हुए हैं और जो प्रवासी भारतीयों के मध्य जहाजी भाईयों की भाषा के रूप में विकसित हुई है, जिसका उन्होंने नामकरण भी अलग अलग रूपों में किया हुआ है । फीजी में वह फीजीबात, सूरीनाम में वह सरनामी और दक्षिण अफ्रीका में वह नेताली के नाम से जानी जाती है । यहीं हिन्दी उनकी अपनी हिन्दी है,जिसका वह दैनिक बोलचाल में प्रयोग करते हैं ।

विदेश में बसे हुए प्रवासी भारतीयों को आपस में जोड़े रखने में महत्वपूर्ण भूमिका तुलसीदास द्वारा अवधी में लिखित रामचरित मानस की रही है ।१९ वीं सदी में जितने भी भारतीय विदेश गए, वे चाहे किसी भी देश में गए हों, वे अधिकांशतः हिन्दी भाषी क्षेत्र से ही

गए थे । वे भोजपुरी, अवधी, मारवाड़ी, मगही आदि भाषाएं बोलते थे पर वे सभी रात को साथ बैठकर मानस की चौपाईयां ही गाते थे और दिनभर की थकान और अपमान को भूलने की कोशिश करते थे । रामचरित मानस प्रवासी भारतीयों के मध्य एक संजीवनी थी , वह उनके बीच एक आचारसंहिता का काम करती थी जिसने सभी प्रवासी भारतीयों को नए देश में संगठित तो रक्खा ही, अपने सांस्कृतिक मूल्यों को भी सुरक्षित रखने में सहायक बनी। सभी प्रवासी भारतीय इसीलिए तुलसी कृत रामचरित मानस को सम्मान देनेके लिए फीजी में मानस को "रामायण महारानी" कहते थे, तो सूरीनाम को उन्होंने "सिरीराम" देश तथा मारीशस को "मरीच देश" नाम देकर राम और रामायण के प्रति अपना सम्मान प्रदर्शित किया है । मानस की भाषा अवधी है इसलिए कितने ही हिंदीतर भाषियों ने तो रामायण पढ़ सकने के लिए हिंदी-अवधी सीखी थी । यही कारण है कि सूरीनाम और फीजी जैसे दो देशों की इतनी भौगोलिक दूरी होते हुए भी मानस की चौपाईयां गाते-गाते सभी भारतीयों की प्रति दिन के प्रयोग की भाषा अवधीमयी हिंदी बन गयी।

भारत की परिनिष्ठित हिन्दी का प्रवासी भारतीय सम्मान करते हैं, विद्यालयों में छात्र माध्यम के रूप में इसे सीख भी रहे है, सृजनात्मक अभिव्यक्ति का वह माध्यम भी बन रही है पर वहां का प्रबुद्ध वर्ग अपनी हिन्दी का समर्थन करता है क्योंकि वह उसमें अधिक अधिकार पूर्वक अपने को अभिव्यक्त करने में समर्थ पाता है । पर वहां का एक छोटा सा वर्ग, जिसने भारत में आकर हिन्दी सीखी हुई है, वह अपनी वर्चस्विता सिद्ध करने के लिए उनकी अपनी हिन्दी को टूटी फूटी और भ्रष्ट कहकर उनका तिरस्कार और विरोध करता है । परिणामस्वरूप फीजी, सूरीनाम और दक्षिण अफ्रीका जैसे देश, जहाँ हिन्दी का विस्तार और प्रसार संभव है, वहां हिन्दी का विरोध स्पष्ट दिखने लगता है । यह दो विचारधाराओं का पारस्परिक विरोध हिन्दी के विकास में बाधा उत्पन्न करता है ।

जहाँ अपनी भाषा के बोलने वालों का प्रतिशतक कम होता है, यथा अमरीका में बसे प्रवासी भारतीयों का प्रतिशतक (१.१.%), कनाडा में (३.५४ %), इंग्लैंड में (२.३%), जर्मनी में (०.९४ %), फ्रांस में (०.१ %), नीदरलैंड में (०.७ %), ऑस्ट्रेलिया में (२.०%), न्यूज़ीलैण्ड में (२.६ %) है, वहां उनकी अपनी भाषा ही उनकी राष्ट्रीय अस्मिता की पहचान बन जाती है जो उनके लिए उपयोगी है । यह राष्ट्रीय भाषिक अस्मिता उन्हें सुरक्षा, सहयोग और सहानुभूति देती है । इस प्रकार दोनों ही परिस्थितियों में प्रवासी अपनी भाषा की सुरक्षा, संरक्षा और सम्मान के लिए प्रयत्नशील रहता है । अमेरिका, कनाडा ,इंग्लैंड, जर्मनी, फ्रांस

,आस्ट्रेलिया, न्यूज़ीलैण्ड आदि देशों में बसे हुए भारतीय तमिल ,बांग्ला ,गुजराती, पंजाबी भाषी होते हुए भी सबसे अधिक बोली जाने वाली भाषा हिन्दी को राष्ट्रीय अस्मिता की प्रतीक भाषा मानते है और यह सामुदायिक अस्मिता की आवश्यकता उनकी विवशता है। यहाँ हिन्दी सभी प्रवासी भारतीयों को जोड़ने वाली कड़ी के रूप में देखी जाती है।

भाषा सुरक्षित और सबल तब होती है जब वह सृजनात्मक अभिव्यक्ति का माध्यम बनती है। लिखित अभिव्यक्ति के लिए भाषा पर अच्छा अधिकार होना आवश्यक है। यह अधिकार सायास सीखी हुई भाषा पर उतना कभी नही होता जितना अपनी मातृभाषा पर होता है। प्रवासी भारतीयों के मध्य हिन्दी का स्वरूप गिरमिट काल में जो बना वह उनकी अपनी बोलियों और भारतीय भाषाओं का सम्मिश्रित रूप था जिसमें स्थानीय भाषाओं के शब्द थे। अवधी और भोजपुरी भाषाक्षेत्र से आये अधिकाँश गिरमिटियों की भाषा में कहीं भोजपुरी की प्रमुखता थी तो कहीं अवधी की। इन मिश्रित रूपों में फिजी में काईबीती और अंग्रेज़ी भाषा तथा सूरीनाम में स्नागतोंगों और डच का तथा नेताली में भोजपुरी के साथ अफ़्रीकांस का मिश्रण हुआ और नए हिन्दी भाषा रूपों का उदय हुआ जो फीजी बात, सरनामी और नेताली नामों से इन देशों में जाना जाने लगा। ये ही भाषा रूप उनकी सृजनात्मक अभिव्यक्ति के प्रभावशाली भाषा रूप हो सकते थे। फीजी बात में जिन फीजी के लेखकों ने, सरनामी में जिन सूरीनाम के लेखकों ने अपनी रचनाएँ लिखी उनको विश्व्यापी ख्याति मिली और वे विश्वमंच पर हिन्दी लेखक के रूप में प्रतिष्ठित हुए। फीजी के सुब्रमणि ने फीजी बात में लिखकर तथा सूरीनाम के लेखक जीत नराईन, हरिदेव सहतू, अमर सिंह रमण , आसा राजकुमार , चित्रागयादीन रामनाथ सिवदीन आदि ने सरनामी में साहित्य सृजन कर वैश्विक साहित्यिक ख्याति तो अर्जित की ही साथ ही अपनी कलात्मक, साहित्यिक और भाषिक प्रौढ़ता का परिचय दिया।

डेढ़ सौ वर्षों में हिंदी की ये जो विविध भाषिक शैलियाँ इन देशों में विकसित हो गईं, वे मूलतः अवधी और भोजपुरी का मिश्रित रूप थीं तथा इनमें स्थानीय भाषाओं का पुट भी था। भारतीय सामान्य बोलचाल में इसी हिंदी का प्रयोग करते हैं तथा यह हिंदी सभी भारतीयों के मध्य तथा स्थानीय लोगों के बीच भी समझी एवं बोली जाती है। आज इन देशों में भाषा द्वैत की स्थिति उत्पन्न हो गई है। सामान्य बोलचाल और अनौपचारिक अवसरों पर वे परिनिष्ठित खड़ी बोली या मानक हिंदी को टूटी-फूटी, अशुद्ध कहकर उसे साहित्य-लेखन के लिए अनुपयुक्त मानते हैं।

मुझे आज भी स्मरण है, फीजी से प्रकाशित पत्र 'शांतिदूत' साप्ताहिक में उसके संपादक श्री महेन्द्र चंद्र शर्मा 'विनोद' 'तिरलोक तिवारी' के छद्मनाम से प्रति सप्ताह 'थोराहमरो भी तो सुनो' स्तंभ लिखते थे। यह स्तंभ भारतीयों के मध्य बड़ा लोकप्रिय था तथा सभी इसे बड़े चाव से पढ़ते थे; किंतु शुद्धतावादी हिंदी-समर्थकों से यह नहीं देखा गया और उन्होंने स्तंभ का इतना विरोध किया कि स्तंभ के बंद होने की नौबत आ गई। स्तंभ बंद किए जाने की बात सुनकर तत्कालीन उप प्रधानमंत्री माननीय पंडित हरीश शर्मा, जो प्रतिष्ठित बैरिस्टर भी थे, उन्होंने 'पाठकों के पत्र' नामक स्तम्भ में इस संबंध में लिखते हुए कहा, 'अबकी एक बात हम बताय देई जो 'थोराहमरो भी तो सुनो' बंद भय तो तुम्हरे पेपर के बिक्किरी कमती होय जाइ । अब तुम्हीं सोचो कि तिवारी के लेख से 'शांतिदूत' पढ़ने वाले मजा लूटे हैं, ओह में फायदा है कि लेख बंद कर देव और बिक्किरी कमती होय जाइ ओह में।' (देखें, 'शांतिदूत' साप्ताहिक, फीजी टाइम्स, सूवा, फीजी, 3 नवंबर, १९८६)

जो स्थिति फीजी में 'फीजी बात' की है, वही स्थिति सरनामी, नैताली इत्यादि हिंदी की अन्य भाषिक शैलियों की है। ये सभी हिन्दी के विदेशी शैली रूप अपने देश की सृजनात्मक अभिव्यक्ति में पूर्ण समर्थ हैं । प्रो. सुब्रमणि फीजी हिन्दी को सृजनात्मक अभिवक्ति के लिए अधिक समर्थ समझते हैं तो जीत नराईन का मानना है कि सरनामी सूरीनाम वासियों के लिए सहज अभिव्यक्ति के लिए अधिक उपयुक्त है । दक्षिण अफ्रीका के प्रो. रामभजन सीताराम, जो देश के प्रतिष्ठित विद्वान है, वे नेताली को एक दमदार भाषा के रूप में देखते हैं। हिंदी के इन भाषिक रूपों पर विदेश के अनेक भाषा वैज्ञानिक कार्य कर रहे हैं, किंतु भारतीयों के मध्य दिन-प्रतिदिन बोलचाल की भाषा होते हुए भी यह साहित्य की भाषा नहीं बन पा रही है । जहाँ-तक मुझे पता है, प्रो. सुब्रमणि द्वारा 'फीजी बात' में लिखित उपन्यास 'डउका पुरान' अकेली प्रधान साहित्यिक रचना है, जो पूर्ण कृति के रूप में उभर कर आई है। जिन अन्य कवियों ने 'फीजी बात' को अभिव्यक्ति का माध्यम बनाया है, वे बहुत लोकप्रिय हुए हैं; किंतु प्रश्रय और प्रोत्साहन के अभाव में इसमे अधिक रचनाएँ नहीं लिखी जा रहीं। आवश्यकता है इन शैलियों को पुष्ट करने की, जिससे इन देशों को साहित्यकार हिंदी की उत्तम रचनाएँ दे सकें। इन

भाषा रूपों की अवहेलना हिन्दी के लिए घातक सिद्ध हो सकती है। रेडियो और टेलीविजन पर इनमें साहित्यिक और सांस्कृतिक कार्यक्रम प्रसारित हों, इसमें पत्रिकाओं का प्रकाशन हो। मानक हिंदी का अपना महत्व है। हिंदी का पाठ्यक्रम मानक हिंदी का होगा, शिक्षा का माध्यम मानक हिंदी ही रहेगा, पर बोलचाल की हिंदी के स्वत: विकसित सहज स्वरूप को बने रहने देने में ही हिंदी का हित निहित है और अच्छी साहित्यिक रचनाओं के लिए वही उर्वर भाषा भी है।

अपनी भाषा हिन्दी के प्रति निष्ठा, उसे प्रतिष्ठित करने की उत्कट लालसा भी सर्वत्र दिखेगी। भाषा द्वैत या हिन्दी के विविध भाषा रूपों को लेकर जो विवाद भारतीयों में आपस में पनप रहा है उसके प्रति भी बड़े लेखक सजग हैं। उन्हें लगता है कि यह आपसी विवाद हिन्दी को ही कहीं लेकर न डूबे। यही कारण है कि सूरीनाम के वयोवृद्ध राष्ट्र कवि पंडित हरिदेव सहतू लिखते हैं-

हम तोहके का बोली
बोली बोली
भाषा बोली
अवधी कि भोजपुरी
हम तोहके का बोली
सरनामी कि सरनामी हिन्दी
हिन्दुस्तानी कि सरनामी हिन्दुस्तानी
हम तोहके का बोली
मानक हिन्दी कि खडी बोली
टूटल भाषा कि एलीगेली
हम तोहके का बोली
अपन भाषा में एक बात बोली
तोहसे हम्मे बहुत है प्यार
महतारी भाषा हमार।
हरिदेव सहतू–महतारी भाषा हमार

प्रवासी भारतीयों द्वारा विदेश में लिखे जा रहे हिंदी के सर्जनात्मक साहित्य को सामान्यत: दो कोटियों में रखा जा सकता है- पहली कोटि में उन प्रवासी भारतीयों द्वारा लिखित हिंदी की रचनाएँ हैं, जो गिरमिट प्रथा के अंतर्गत 150 वर्ष पूर्व विदेश गए थे और वहीं बस गए। उनकी तीसरी और चौथी पीढ़ी सामान्य बोलचाल में हिंदी-भाषा का प्रयोग करती है। इन्होंने हिंदी की स्थानीय शैली का विकास किया है। ये प्रवासी भारतीय हिंदी में कविता, कहानी, निबंध इत्यादि लिखकर हिंदी को समृद्ध कर रहे हैं। फीजी के कमलाप्रसाद मिश्र, जोगिन्दर सिंह कँवल,अमरजीत कौर ,रामानारायण, महावीर मित्र, काशीराम कुमुद, ज्ञानीसिंह, सुब्रमणि, मॉरीशस के अभिमन्यु अनत, प्रह्लाद रामशरण, बृजेन्द्र कुमार भगत मधुकर, मुनीश्वरलाल चिंतामणि, रामदेव धुरंधर, वीरसेन जागासिंह, सोमदत्त बखौरी, सुमति बुधन, पूजानंद नेमा; सूरिनाम के मुंशी रहमान खाँ, अमरसिंह रमण, सुरजन परोही, जीत नराइन; त्रिनिदाद की ममता लक्ष्मना, हरिशंकर आदेश; गुयाना के रंडल बूटी सिंह, राम लाल, दक्षिण अफ्रीका के पंडित तुलसी राम पाण्डेय, प्रो. राम भजन सीताराम, उषादेवी शुक्ल ,राम बिलास, भवानी प्रीतिपाल, चम्पा वशिष्ठ मुनि, मालती रामबली , इत्यादि हिंदी के प्रसिद्ध लेखक हैं, जिन्होंने अपनी रचनाओं द्वारा हिंदी-साहित्य को समृद्ध किया है । अवधेय है कि प्रवासी भारतीय लेखक अपने देश में विकसित हिंदी के शैली-रूप को न अपनाकर परिनिष्ठित हिंदी में लिखने केलिए प्रयत्नशील हैं । ऐसे बहुत कम लेखक हैं जो साहित्यिक अभिव्यक्ति के लिए अपनी सहज, सरल भाषा का प्रयोग करते हों। फीजी के लेखक प्रो. सुब्रहमणि एवं प्रो. रेमंड पिल्लई, सूरीनाम के जीत नराईन, श्रीनिवासी, रामनाथ सिव्दीन, चित्र गयादी , आशा राज कुमार इत्यादि कुछ प्रवासी भारतीयों ने प्रवासी भारतीय साहित्य में अपना विशिष्ट स्थान बना लिया है । अवधेय है कि अपनी भाषा में लिखी गई रचनाओं में अधिक प्रौढ़ता तथा अभिव्यक्ति-सामर्थ्य होती है, जिससे वे अपनी साहित्यिक अभिव्यक्ति में हिंदी का प्रयोग करते हैं।

विकसित और संपन्न देशों में रह रहे और हिंदी में साहित्यिक रचनाएँ लिखने वाले प्रवासी भारतीयों की लंबी सूची है । अमेरिका के गुलाब खंडेलवाल, अंजना संधीर, रामेश्वर अशांत, विजय कुमार मेहता, वेद प्रकाश बटुक, विनोद तिवारी, सत्यदेव गुप्ता, भूदेव शर्मा,

रजनीकांत लहरी, सुषम बेदी; इंग्लैंड की अचला शर्मा, उषाराजे सक्सेना, उषा वर्मा, ओंकार नाथ श्रीवास्तव, कीर्ति चौधरी, कृष्ण कुमार, सत्येंद्र श्रीवास्तव, तेजिंदर शर्मा; कनाडा के अश्विनी गोपी, राजेद्र सिंह, स्नेह ठाकुर, नॉर्वे के सुरेश शुक्ल, अमित जोशी इत्यादि हिंदी में निरंतर लिख रहे हैं और प्रवासी भारतीय साहित्य में अपना विशिष्ट स्थान भी उन्होंने बनाया है।

प्रवासी भारतीय लेखन को हिंदी- जगत में मान्यता मिले, इसके लिए आवश्यक है कि इन लेखकों की अच्छी साहित्यिक रचनाएँ विधिवत् संपादित होकर भारत में अच्छे प्रकाशक द्वारा प्रकाशित हों, वे प्रबुद्ध पाठक तक पहुँचे, उनका समुचित मूल्यांकन हो तथा विश्वविद्यालय के पाठ्यक्रम में अन्य भारतीय लेखकों के साथ उन्हें स्थान मिल सके और उनका साहित्य पढ़ा जाए।

प्रवासी भारतीय हिंदी साहित्य का इतिहास लगभग डेढ़ सौ वर्षों का है और यह साहित्य प्रधानतः भारतीयों के विदेश आगमन, उनके संघर्ष और विकास का दस्तावेज कहा जा सकता है। प्रवासी भारतीय साहित्य के सृजनात्मक हिंदी साहित्य की मूल संवेदना प्रवास की पीड़ा है जो साहित्य में आद्यन्त देखने को मिलेगी यद्यपि उसका स्वरूप विविध सामाजिक और राजनीतिक परिस्थितियों के कारण बदलता हुआ दिखता है। प्रवास में जहाँ व्यक्ति के मन में एक ओर नई जगह जाने का उत्साह है, चुनौती है, नई आशाएँ और कामनाएँ हैं, वहीं दूसरी ओर विछोह की पीड़ा है, विस्थापन का कष्ट है और भविष्य की आशंकाएँ हैं। इन भावों में डूबता उतराता मानव प्रवास का निश्चय करता है। अपनों का विछोह, अपनी मिट्टी का विछोह प्रवासी के मन में एक गहरी कसक उत्पन्न करता है। इस कसक को व्यक्ति नए सुखमय भविष्य की आशा में भुलाने की चेष्टा करता है। यदि नया वातावरण अधिक सुख सुविधा सम्पन्न है तो प्रवासी धीरे-धीरे नए वातावरण में रम जाता है और विछोह की पीड़ा धीरे-धीरे कम होती जाती है । वहीं दूसरी ओर यदि प्रवास वह वातावरण नहीं दे पाता जिस आशा से व्यक्ति अपना घर-बार छोड़कर विदेश गया है तो प्रवास बड़ा कष्टकर लगता है, उसका मन क्षोम और ग्लानि से भर जाता है। न वह वापस अपने देश जा सकता है और न ही उसका मन यहां लगता है।

अपनी भूमि को छोड़कर विदेश गया व्यक्ति पीढ़ी दर पीढी प्रवासी ही रहता है उसके मन में प्रवास की पीड़ा होती है। उसके मन में एक दुविधा निरंतर बनी रहती है कि यह नयी

दुनिया उसके लिए अधिक अच्छी है कि नहीं। वह अपनी भाषा,अपनी संस्कृति ,अपने जीवन मूल्यों को बराबर पकडे रहना चाहता है क्योंकि यही दूसरे देश में उसकी अपनी पहचान है। नए देश के मूल निवासी कभी भी उसे पूर्ण रूप में स्वीकार नहीं कर पाते। रूप रंग भेद ही नहीं भाषा, खान-पान, आचार विचार, रीति नीति, जीवन मूल्य का अंतर विदेश में उसे अलग बनाए रखता है, यही प्रवास का दंश है। प्रवासी अपने को सामान्य से अलग महसूस करता है। पर उसकी विवशता है कि उसे रहना वहीं है यह विवशता उसे नए देश को अपनाने की व अपना बनाने की है। यह दुविधा और विवशता प्रवासी अभिव्यक्ति की मूल संवेदना के रूप में भी उभर कर आती है । फीजी के राष्ट्रकवि पंडित कमला प्रसाद मिश्र की कविता "क्या मैं परदेसी हूँ "? में यह भाव कितना मुखर है –

> धवल सिन्धु-तट पर मैं बैठा अपना मानस बहलाता ,
> फीजी में पैदा हो कर भी मैं परदेसी कहलाता ।
> यह है गोरी नीति ,मुझे सब भारतीय अब भी कहते ,
> यद्यपि तन मन धन से मेरा फीजी से ही है नाता ।
> भारत के जीवन से फीजी के जीवन में अन्तर है ,
> भारत कितनी दूर वहाँ पर कौन सदा जाता आता ।
> औपनिवेशिक नीति गरल है ,नहीं हमें जीने देती ,
> वे उससे ही खुश रहते हैं जो उनका यश है गाता ।
> भारतीय वंशज पग-पग पर पाता है केवल कंटक ,
> जंगल को मंगल करके भी दो क्षण चैन नहीं पाता ।
> साहस है ,हम सब सह लेंगे हम भयभीत नहीं होंगे ,
> पता नहीं कब गति बदलेगा कालचक्र जग का त्राता ।।
>
> कमला प्रसाद मिश्र : क्या मैं परदेसी हूँ

प्रवासी भारतीय साहित्य में प्रारंभिक अभिव्यक्ति गिरमिट गीतों के रूप में ही मिलती है । परदेश आने का जो कारण सुखद भविष्य की चाह थी वह विदेश पहुंचते ही घोर निराशा में बदल गयी। ये गीत बहुत ही मार्मिक हैं और प्रवासी भारतीयों के गिरमिट जीवन के मौखिक साहित्यिक दस्तावेज़ कहे जा सकते हैं । गिरमिट मजदूर के रूप में फीजी पहुंची एक स्त्री की

करुण कथा उसके ही शब्दों में कि कैसे छल छद्म से उसे फीजी लाया गया और यहाँ उसका क्या हाल है देखिये -

जो मैं ऐसा जानती फीजी आए दुख होय।
नगर ढिंढोरा पीटती फीजी न जइयोकोय ।।

यह करुण प्रवासी स्वर फीजी की ही तरह सूरीनाम, मारीशस, दक्षिण अफ्रीकॉ , गुयाना, जहाँ प्रवासी भारतीय गिरमिट के रूप में गए, सभी जगह दिखेगा।

फीजी, सूरीनाम तथा मारीशस में श्रेष्ठ साहित्यिक रचनाओं की आज कमी नहीं है। मारीशस में तो आज प्रभूतमात्रा में साहित्य लेखन हो भी रहा है जो हिन्दी के वैश्विक स्वरूप और उसकी साहित्यिक सम्पन्नता का परिचय देता है । पर इस प्रथम कोटि के प्रवासी साहित्य की भारत में लिखे जा रहे साहित्य की भाषा प्रतिमानों को आधार बनाकर तुलना करना उचित नहीं है। परिनिष्ठित हिन्दी में लिखी गयी इन रचनाओं में आपको व्याकरणगत अशुद्धियाँ दिखेंगी, साहित्यिक कलात्मकता का अभाव भी अखर सकता है, छंदगत व्यतिक्रम भी दिख सकता है पर हमें यह ध्यान रखना होगा कि यह परिनिष्ठित हिन्दी उनकी अपनी भाषा नहीं है, यह उनकी सायास सीखी हुई दूर देश की भाषा है, जिसे भारत के प्रति आत्मिक लगाव के कारण उन्होंने सीखा है । फीजी हिंदी तथा सरनामी हिन्दी में लिखी हुई रचनाओं में संभवतः यह दोष आपको नहीं दिखेगा। यह भाषा रूप डेढ़ सौ वर्षों में उन्होंने विकसित किया है। इन रचनाओं में अधिक साहित्यिक प्रौढ़ता दिखती है। भारत से हज़ारों मील दूर देश में लिखी हुई ये रचनाएं प्रवासी भारतीयों की संघर्ष कथा के साहित्यिक दस्तावेज़ हैं जिनका ऐतिहासिक और समाजशास्त्रीय महत्त्व तो है ही, ये रचनाएं हिन्दी के विश्वव्यापी स्वरूप का परिचय देने वाली रचनाएं भी हैं।

भारत में यह आम राय है कि विदेश में लिखा जा रहा हिंदी-साहित्य स्तरीय नहीं है और उसमें ऐसा कुछ नहीं है जो साहित्य में रुचि रखनेवाले पाठक को अपनी ओर आकृष्ट कर सके। यह राय आमतौर पर उन लोगों की है, जिनका विदेशी हिंदी-साहित्य से परिचय नहीं है। यदि आप ऐसे लोगों से जिज्ञासा-भरे स्वर में यह पूछें कि महाशय, आपने यह राय कैसे बनाई तो उनके पास इसका कोई उत्तर भी नहीं है।

प्रवासी भारतीयों के देश यथा अमेरिका, कनाडा, इंग्लॅण्ड , जर्मनी , हॉलैंड , जिनकी गणना विकसित देशों में होती है वहां भी आज हिन्दीकी सभी विधाओं में – पद्य और गद्य में

पर्याप्त और उत्कृष्ट सृजनात्मक लेखन हो रहा है । अनेक लेखकों की रचनाएँ भारत में प्रकाशित हो रही हैं और हिन्दी साहित्य जगत में उन्होंने अपना स्थान भी बनाया है पर उन देशों में, जहाँ रहकर रचनाकार साहित्य लेखन कर रहा है, वहां न तो भाषा के स्तर पर और न ही साहित्य के स्तर पर हिन्दी लेखक को सम्मानित स्थान मिल रहा है जो अपेक्षित है । प्रवासी भारतीय हिन्दी लेखकों द्वारा यह प्रश्न उठाया जाता रहा है कि प्रवासी भारतीय हिन्दी लेखन को भारत में वह सम्मान नहीं मिल रहा जो उसका अधिकार है ।

प्रवासी भारतीय लेखन को हिंदी-साहित्यिक जगत में मान्यता मिले, इसके लिए आवश्यक है कि इन लेखकों की अच्छी साहित्यिक रचनाएँ विधिवत संपादित होकर भारत में अच्छे प्रकाशक द्वारा प्रकाशित हों, वे प्रबुद्ध पाठक तक पहुँचे, उनका समुचित मूल्यांकन हो तथा विश्वविद्यालय के पाठ्यक्रम में अन्य भारतीय लेखकों के साथ उन्हें स्थान मिल सके और उनका साहित्य पढ़ा जाए। इतना ही नही अन्तर्राष्ट्रीय स्तर पर इन रचनाओं को उपयुक्त सम्मान तभी प्राप्त होगा जब ये उस देश में सम्मानित होंगी जिस भूमि पर वे लिखी गयी हैं । इसलिए आवश्यक है कि इन रचनाओं का विदेशी भाषाओं में अनुवाद भी हो जिससे उसका नए परिवेश में सही आकलन भी हो सके ।

प्रवासी भारतीय समाज के सामने आज कई चुनौतियां भी हैं जो वस्तुतः प्रवासी होने के कारण उनकी प्रवासी नियति से जुड़ी हुई है । प्रवासी भारतीयों की भाषा के सन्दर्भ में आज एक बड़ी चुनौती है कि प्रवासी भारतीय हिन्दी भाषा बोलने के साथ ही हिन्दी को देवनागरी में लिख भी सकें । बिना लिपि ज्ञान के भाषा ज्ञान तो व्यक्ति का अधूरा है ही वह भाषा जानने वाले के मन में आत्मविश्वास भी नही जगा पाता । फीजी, सूरीनाम आदि देशों में हिन्दी आज भी रोमन लिपि में ही लिखी जाती है । यही स्थिति इंग्लैंड , अमेरिका, जर्मनी आदि देशों में बसे प्रवासी भारतीयों की भी है जो हिन्दी बोलते तो हैं पर देवनागरी के स्थान पर हिन्दी रोमन में लिखते हैं । मुझे याद है कि जब चेतन भगत ने हिन्दी को रोमन लिपि में लिखे जाने का प्रस्ताव दिया था तो सम्पूर्ण हिन्दी समाज ने उनका पुरजोर विरोध किया था पर किसी ने इन प्रवासी भारतीयों को देवनागरी लिपि सिखाने की बात नहीं कही । भाषा सीखने की तुलना में यदि भाषा आती है तो लिपि का सीखना बहुत ही सरल है और वह बहुत ही कम समय में लगभग एक सप्ताह में ही सीखी जा सकती है । यदि फीजी, मारीशस, सूरीनाम, त्रिनिदाद , गुयाना और खाड़ी के देशों में बसे हुए हिन्दी बोलने वालों को योजना बद्ध रूप में कार्यशालाएं लगाकर

देवनागरी लिपि सिखा दी जाए तो हिन्दी जानने वालों का आत्मविश्वास तो बढ़ेगा ही हिन्दी का सहज ही व्यापक स्तर पर प्रचार भी हो सकेगा ।

   संख्या बल की दृष्टि से हिंदी आज विश्व की दूसरी प्रधान भाषा है और विश्वभाषा-सर्वेक्षण यह भी संकेत देते हैं कि विश्व की प्रधान भाषाओं में अंग्रेजी, मेंडरिन तथा रूसी भाषा के बोलनेवालों का प्रतिशतक पिछले दशक में निरंतर गिरा है जबकि हिन्दी और अरबी भाषा बोलने वालों का विश्वस्तर पर प्रतिशतक बढ़ा है। वस्तुस्थिति तो यह है कि आज हिंदी भारत में करोड़ों की मातृभाषा और विश्व में करोड़ों की अनुराग-भाषा है। हिंदी अपने विविध रूपों में आज विश्व के अनेक देशों में बोली जाती है। विदेश में आज-तक हिंदी का प्रचार-प्रसार जहाँ एक ओर विदेशी विद्वानों के प्रयास से उनके अध्ययन एवं अनुसंधान से हो रहा है, वहीं दूसरी ओर विदेश में बसे प्रवासी भारतीयों के प्रयास से भी हिंदी की स्थिति सुदृढ़ हुई है और उसे नए क्षितिज मिले हैं। पिछली अर्धशती में स्वतंत्र भारत की एशिया में बढ़ती हुई साख ने भी विदेश में प्रवासी भारतीय समाज और उसकी भाषा हिंदी की प्रतिष्ठा बढ़ाई है। आज विदेश में बसे हुए प्रवासी भारतीय, चाहे वे दो सौ वर्ष पूर्व शर्तबंदी प्रथा के अंतर्गत गए थे या भारतीय विशेषज्ञ के रूप में विदेश जा कर बसे, आज अपने परिश्रम, लगन, ईमानदारी तथा प्रतिभा से वे हर देश में सुशिक्षित, सुप्रतिष्ठित तथा सम्मानित नागरिक के रूप में प्रतिष्ठित हैं और हर देश में प्रवासी भारतीय समाज की अपनी महत्ता और पहचान है।

युग–युगीन चीन में भारतीय प्रवासी : यात्री, वृतांत एवं बदलता परिप्रेक्ष्य

डॉ. धर्मचन्द चौबे [3]

ईसा की प्रथम शताब्दी के चौथे दशक की बात है। पूर्वी हान वंश के राजा मिंग टी ने स्वप्न में देखा कि उसकी पश्चिमी सीमा से एक सफेद हाथी उसके राज्य में प्रवेश कर रहा है। दूसरे दिन ज्योतिषियों और शकुन विचारने वालों ने इसकी व्याख्या की कि तथागत बुद्ध का पवित्र संदेश चीन में राज्याश्रय चाहता है।[1] इस घटना की ऐतिहासिक व्याख्या यह हो सकती है कि अशोक द्वारा प्रचारित 'धम्म' सम्पूर्ण एशिया को अपने प्रभाव में ले लिया था। फारस, दक्षिणी रूस, अफगानिस्तान के चप्पे–चप्पे पर बौद्ध धर्म और भारत की संस्कृति फैल चुकी थी।[2] अशोक के जमाने में धम्म महामात्य चीन गए और धम्म का चीन में प्रवेश हो चुका था पर उसका ठोस विवरण हमारे पास उपलब्ध नहीं है। पर प्रथम सदी में औपचारिक और आधिकारिक रूप से बौद्ध धर्म ने चीन में प्रवेश किया। राजा मिंग टी ने अपने अधिकारियों को निर्देशित किया कि दो बौद्ध विद्वान राजा मिंग टी के दरबार में आमंत्रित किये जायें। 67 ई. में काश्यप मतंग और धर्मरक्षा नामक बौद्ध विद्वान राजा मिंग टी के दरबार में पहुँचे।[3] उनका काफी आवभगत किया गया और राजा बौद्ध हो गया। उसके बाद लगातार दो हजार वर्षों तक यह शाश्वत मैत्री चलती रही। परवर्ती हान वंश, वेई वंश, सुई वंश, टांग वंश, सोंग वंश, यूआन वंश और मिग वंश में हजारों की संख्या में बौद्ध विद्वान चीन गए।[4] उनके भारत वर्णन ने चीनी सभ्रांत और शिक्षित वर्ग में भारत के प्रति कौतूहल पैदा कर दिया और सैकड़ों की संख्या में जिज्ञासु और धार्मिक लोग 'सुखावती' की ओर प्रयाण किए। छठी शताब्दी में परमार्थ और धर्मगुप्त के यात्रा संस्मरण, जो कि चीन के 'डायनेस्टिक एनल्स' में सुरक्षित हैं, मार्ग की कठिनाईयों और भारत और चीन की ओर जाने वाले महान आत्माओं के ऐतिहासिक प्रयासों का वर्णन किया है। छठी शताब्दी के भारतीय विद्वान धर्म गुप्त ने चीन जाने वाले भयावह रेगिस्तानी मार्ग का वर्णन किया है :

"हमारा मार्ग अथाह रेतीले रेगिस्तान से गुजरा जहाँ न तो पानी था न ही घास थी। मेरे सहयात्री और साथी एक दूसरे को विवश निगाह से देख रहे थे, मानो जीवन रक्षा असम्भव थी। .... चारों तरफ किंकर्तव्यविमूढ़ होकर देख रहे थे, कारण कि हमारी जीने के साधन एक–एक कर समाप्त होते जा रहे थे। जहाँ तक नजर जा रही थी, वहाँ तक विशाल रेगिस्तान की रेत दिख रही थी। मार्ग के निशान के नाम पर मृत यात्रियों के कंकाल और हड्डियाँ बिखरी हुई थीं। हम लौट चलने और आगे बढ़ने की द्विविधा में फँसे थे। फिर भी हम लोग वर्षों तक चलते रहे।"[5]

---

[3] डॉ. धर्मचन्द चौबे : सह **प्राध्यापक, जी. डी. कालेज, अलवर, राजस्थान**

पर मार्ग की बाधायें कहाँ अन्वेषकों को रोक पाती हैं। हिन्दू भारत और चीन के बीच यह आदान प्रदान इतना बढ़ा की एक परवर्त्ती चीनी राजवंश ने अनुवाद विभाग की स्थापना कर कुमारजीव को उसका अध्यक्ष बनाया।[6] भारत से गए विद्वानों और पदार्थ विज्ञानियों के यात्रा संस्मरणों और संस्मरणों में प्रतिध्वनित चीन की छवि ने भारतीयों की रुचि चीन में जगाई और आज जिस प्रकार से भारतीय पढ़ा लिखा व्यक्ति अमेरिका और ऑस्ट्रेलिया की ओर रुख कर रहे हैं, ठीक उसी प्रकार से गुप्त और गुप्तोत्तर काल में श्रमण, विद्वान, वैज्ञानिक, चिकित्सक, ज्योतिषी और अनुवादक सैकड़ों–सैकड़ों की संख्या में उन्नत आजीविका की तलाश में चीन गए।[7] सांस्कृतिक और वाणिज्यिक आदान प्रदान का दौर शताब्दियों तक चला और भारतीयों के मन मस्तिष्क पर चीन की महान् संस्कृति और सभ्यता की छाप पड़ी रही। इतिहासकार इस बात से वाकिफ हैं कि ह्वांग–हो नदी घाटी के यूचियों की कुए–शान (कुषाण) शाखा ने भारत में अपना राजवंश कायम किया और उस वंश के प्रतापी सम्राट कनिष्क ने भारत में अन्तर्राष्ट्रीय साम्राज्य की नींव डाली और भारत अन्तर्राष्ट्रीय व्यापार की धुरी हो गया जिसके फलस्वरूप अकूत स्वर्ण संपदा भारत आयी और भारत सोने की चिड़िया वास्तविक रूप में बन सका। इसी कारण पहली बार भारत में सबसे ज्यादा स्वर्ण सिक्के कुषाण नृपतियों ने जारी किये।

इस्लाम के आगमन के साथ भारत चीन सम्बन्धों के स्वरूप और प्रकृति में परिवर्तन आया और मुस्लिम भारत और कुबलई खान के चीन और सल्तनत कालीन भारत के सम्बन्ध धार्मिक सांस्कृतिक आदान–प्रदान की जगह पूर्णतः वाणिज्यिक हो गए।[8] दक्षिणी भारत और उत्तरी भारत, बंगाल, राजपूताना और पश्चिमोत्तर भारत से कई वाणिज्यिक शिष्ट मंडल चीन के यात्रा पर गए, जिनका उल्लेख टांग, सोंग, यूआन, मंचू और मिंग वंश की गाथाओं में सुरक्षित है।[9] पर मध्यकालीन भारत (1300 ई.–1700 ई.) और चीन के बीच ऐतिहासिक सम्बन्धों के स्वरूप और प्रकृति पर प्रकाश डालने वाले शोध ग्रन्थों का हमारे पास नितांत अभाव है। दूसरी ओर भारत चीन शाश्वत मैत्री की राह में अंग्रेजों का एशिया पर प्रभुत्व विस्तार बाधा बनकर आया। अंग्रेजी प्रभुसत्ता से पहले भारतीय राज्य चीन जाने वाले दूत मंडलों या प्रतिनिधि मंडलों को राजकीय सहायता और प्रोत्साहन देते थे पर अंग्रेजों ने भारतीयों को बिल्कुल एक नये अवतार के रूप में चीन भेजा।[10] इतिहास की विडंबना देखिये! कहाँ हम तथागत के पवित्र उपदेश और देशना लेकर चीन के दरवाजे पर गए और कहाँ हम 18वीं शताब्दी के अवसान पर अफीम की पेटियाँ लेकर चीन पहुँचे। बाद में अंग्रेजों ने हमें चीनियों से लड़ने के लिए सैनिक बनाकर भेजा। द्वितीय अफीम युद्ध में भारतीय सैनिकों ने चीनियों से युद्ध किया।[11] बंगाल की 7वीं राजपूत इन्फैन्ट्री 1860 से 1900 ई. तक चीन में रही। बंगाल की 7वीं राजपूत इन्फैन्ट्री, सर प्रताप के नेतृत्व में जोधपुर लांसर, पटियाला की सेना और कोटा की सेनाओं ने मंचू सरकार के बुलावे पर अंग्रेजों की ओर से लड़ीं।'' कई

दशकों तक विदेशी साम्राज्यवादी शक्तियों ने चीनी भूमि पर अपनी सेनाओं को रखा और ब्रिटेन ने हाँगकाँग पर पूर्णतः आधिपत्य स्थापित किया। वहाँ पर राजपूताने, पंजाब, उत्तर प्रदेश और बंगाल के लोग पुलिस के रूप में कार्य किए। इन ऐतिहासिक घटनाओं ने भी भारत और चीन की मैत्री पूर्ण सम्बन्धों पर नकारात्मक प्रभाव डाला, जैसा कि प्रसिद्ध चीन की मैत्रीपूर्ण सम्बन्धों के बाद हम यूरोपिय प्रभुत्व के उस युग में आते हैं जिसमें न केवल एशियाई देशों के आपसी सम्बन्ध बिगड़ते हैं बल्कि वे औपचारिक रूप से एक दूसरे से अलग भी हो जाते हैं। प्रोफेसर एच.पी.रे. का मानना है कि अंग्रेजों ने भारत से सैनिक और पुलिस ले जाकर चीन में तैनात किए। उसने निश्चित तौर पर चीनियों के मन में संदेह पैदा किया होगा।[13] औपनिवेशिक भारत और चीन का आपसी रिश्ता कैसा था ? भारतीयों के मन में चीन के प्रति क्या विचार थे ? भारतीय चीन को एक देश, एक संस्कृति और एक सभ्यता के रूप में किस तरह देखते हैं, चीनी लोगों के बारे में उनके मन में क्या धारणा है ? इसकी परख के लिए ऐतिहासिक पूर्वपीठिका के साथ मैं दो यात्रा विवरणों को यहाँ पर प्रस्तुत करूँगा। ये यात्रा विवरण चीन की भारतीय छवि के साथ–साथ चीन के लोक जीवन की झांकी भी प्रस्तुत करेंगे। 'चीन में तेरह मास' (गदाधर सिंह), 1901 ई. तथा 'चीनदर्पण' (महेन्दुलाल गर्ग), 1903 ई. काफी महत्वपूर्ण हैं। गदाधर सिंह और डॉ. महेन्दुलाल गर्ग के यात्रा संस्मरण देवनागरी लिपि और हिन्दी भाषा के प्रारंभिक चीन पर लिखी गई पुस्तकों में से हैं, जिनका विशेष साहित्यिक, सांस्कृतिक और ऐतिहासिक महत्व हैं।

औपनिवेशिक भारत और चीन के सम्बन्धों को अंग्रेजों ने अपने हित के अनुरूप ढाला और नियोजित किया तथा ब्रिटिश कालीन भारतीयों के मन पर चीन की एक नकारात्मक छवि पेश की। काश्यप मतंग, धर्मरक्षा, परमार्थ और कुमारजीव के यात्रा विवरणों ने चीन की जो महान् छवि और सम्पन्न संस्कृति का चित्र भारतीयों के मन पर उकेरा था, वह 18वीं शताब्दी के अंत होते–होते धुंधली पड़ने लगी। फाह्यान, ह्वेनसांग, इत्सिंग और चाउ जु–कुआ ने जो छवि भारत की चीनियों के मन पर अंकित की थी उसका सन्निपात हो गया। आधुनिक पश्चिम के उदय ने साम्राज्यवाद को एशिया पर लाद दिया। प्राच्यवाद (Orientalism) ने जोर पकड़ा और साम्राज्यवादी शक्तियों के सहायक पश्चिमी विद्वानों ने भारत और चीन की छवि बिगाड़नी शुरू की।[13] मार्कोपोलो ने चीन की जो समृद्ध छवि पश्चिम में बनायी और बर्नियर, टैवर्नियर और मनुची ने भारत की जो छवि यूरोप में पेश की, उसको जे.एस. मिल, विलियम क्रुक, वी.ए. स्मिथ, एलफिन्स्टन और मैकाले सरीखे लोगों ने विकृत कर दिया।[14] फलस्वरूप 1950 ई. से पहले के 150 वर्षों में भारत की छवि को साधुओं, संन्यासियों, सँपेरों, काहिलों, जातिवाद से जर्जर, धार्मिक रूप से असहिष्णु, कुरीतियों से ग्रस्त और सदैव विखंडित रहने वाले देश के रूप में पेश किया गया। भारतीय न तो वीर हैं, न उत्साही हैं और न शासन करने योग्य हैं। उसी प्रकार चीन के बारें में भारत के पढ़े–लिखे

लोगों के बीच यह भ्रम फैलाया गया कि चीनी लोग अन्तर्विरोधी प्रकृति के हैं, अफीमची हैं, अज्ञानी हैं, गुस्सैल और निर्मम हैं, अस्थिर चित्त के लोभी हैं, अंधविश्वासी हैं और रूढ़ियों से ग्रस्त हैं। चीनी लोग कुत्ते, खच्चर, घोड़े, गधे, सांप और किसी भी जानवर का मांस भक्षण कर सकते हैं। योरोपिय लेखों के माध्यम से कहा गया कि चीनी लोग काहिल, गंवार, झूठे और मक्कार होते हैं। इस प्रकार से प्राच्चवाद के नाम पर सतत चीन और भारत की छवि बिगाड़ी गई।[15] हो सकता है इन नकारात्मक बातों ने चीनियों के मन पर बुरा असर डाला होगा और एक दूसरे के बारे में जो सकारात्मक छवि भारतीयों और चीनीयों के मन पर शताब्दियों से अंकित थी उसको धक्का पहुँचा होगा।

छवि (Images) निर्माण के सैद्धान्तिक पक्षों पर प्रश्न पूछा जा सकता है कि युग–युगीन चीन की भारतीय छवि (Indian Images of China through the Ages) के निर्माता कौन हैं ? उत्तर होगा कि चीन की भारतीय छवि के निर्माता प्राचीन भारत के व्यापारी, बौद्ध भिक्षु, वैज्ञानिक, ज्योतिषी, अनुवादक और वे सामान्य जन हैं, जो अज्ञात काल से चीन जाते रहे हैं। आधुनिक काल में पत्रकार, स्वंतत्रता सेनानी, व्यापारी और शिक्षक हैं जो 1900 ई. के बाद धीरे–धीरे चीन की यात्रा पर गए। 1770 से 1900 ई. तक के चीन के छवि निर्माता ब्रिटिश यात्री और साम्राज्यवादी लेखक हैं, जिन्होंने चीन की नकारात्मक छवि पेश की है।[16] वैसे एक बात समझना जरूरी है कि छवि कोई वास्तविक अचर राशि नहीं होती। उपन्यास या नाटक की तरह इतिहास का अन्त नहीं होता है कारण कि एक संस्कृति जब दूसरी संस्कृति का चित्रांकन करती है तो वह अंतिम नहीं होता, छवि विभिन्न कालखण्डों में भिन्नता रखती है। एक समय में लोग चीन को जिस नजर से देखते हैं वह दूसरे देश काल में बदल सकती है। एक समय में लोग चीन को जिस नजर से देखते हैं, वह दूसरे देश काल में बदल सकती है। जहाँ चीनी तरबूज को काटने का जुमला चल रहा था, अब ड्रैगन अपनी लपलपाती जीभ से दुनिया को भयभीत करने की क्षमता रखता है।[17] चीन की छवि को देश, उसके इतिहास, उसके समाज, वहाँ के बाशिन्दों और वहाँ की सभ्यता संस्कृति की छवि के रूप में समझना होगा।

राष्ट्रों को समझने व परखने में यात्रा वृतांत की अपनी खास भूमिका होती है। एक राष्ट्र की छवि का विश्लेषण हमारी उस समझ की वृद्धि में सहायक होता है, जो एक राष्ट्र दूसरे के बारे में रखता है। प्रायः ऐसी ऐतिहासिक धारणायें राष्ट्रों के आपसी सम्बन्धों एवं एक दूसरे के प्रति परस्पर मान्यताओं के निर्माण की पृष्ठभूमि में शामिल होती हैं। यात्रा वृतांत अत्यंत उपयोगी सांस्कृतिक सम्भाषण उत्पन्न करता है।

उन्नीसवीं शताब्दी के चीन की अवस्था, संस्कृति और लोक जीवन का आँखों देखा विवरण गदाधर सिंह विरचित, चीन में तेरह मास (1901 ई.), पं. महेन्दुलाल गर्ग विरचित, चीन दर्पण (1902 ई.), ठाकुर अमर सिंह की डायरी और कपूरथला महाराजा जगतजीत सिंह

विरचित ''माई ट्रैवल्स इन चाइना, जापान एण्ड जावा'' में देखा जा सकता है। पर स्थानाभाव के चलते हम केवल दो पर ही अपना अध्ययन केन्द्रित रखेंगे।

भारत की एक पुरानी कहावत है –जो तलवार चलाएगा, वह कलम क्या चलाएगा ? जो घोड़े पर चढ़ेगा वह पढ़ेगा क्या ? पर उन्होंने तलवार भी चलायी और कलम भी चलाई। अपनी नैसर्गिक प्रतिभा से सेना में मेजर का पद प्राप्त किया और नागरी प्रचारिणी सभा काशी के आर्य भाषा पुस्तकालय की स्थापना में बहुमूल्य योगदान दिया।[18] ठाकुर गदाधर सिंह ने कई पुस्तकों का प्रणयन किया। कई देशों की यात्रा की और ब्रिटेन के सम्राट एडवर्ड सप्तम के राजतिलक समारोह में भारतीय प्रतिनिधि मंडल का नेतृत्व भी किया।[19]

आपका जन्म कानपुर जिले के संचेड़ी नामक ग्राम के चंदेल वंशी क्षत्रिय परिवार में हुआ। आपके परिवार का सेना से सम्बन्ध पुराना था।[20] आपके पूर्वजों ने मुगलों, अवध के नवाबों और सिन्धिया की सेना में काम किया था। आपके पिता ठाकुर दरियाव सिंह सन् 1864 ई. से सन् 1878 ई. तक बंगाल की 5वी नेटिव इन्फैन्ट्री में रहे और ऐसा लगता है कि द्वितीय अफीम युद्ध के समय (1960) आपकी फौज चीन में थी।[21] आप भी सन् 1899 ई. को पालम कोटा जहाज से चीन पहुँचे और लौटने पर अपनी डायरी के आधार पर 1901 ई. में 'चीन में तेरह मास' को लखनऊ में प्रकाशित करवाया। हालांकि 'चीन में तेरह मास' नामक पुस्तक में चीन के बारे में जानकारी का क्या स्रोत है ? ज्ञात नहीं है। क्या ठाकुर गदाधर सिंह चीन प्रवास के दौरान कठिन चीनी भाषा सीखी ? यह भी ज्ञान नहीं है। फिर भी यह पुस्तक 19वीं शताब्दी के चीन के पुरातन राजव्यवस्था, समाज, परंपराओं, रीति–रिवाजों, रूढ़ियों और कुप्रथाओं पर एक महत्वपूर्ण दस्तावेज है, जो संस्कृनिष्ठ नागरी लिपि में लिखी गई है। 'चीन में तेरह मास' में 19वीं शताब्दी के चीन के मंचू राज्यव्यवस्था की कमजोरियों पर बहुत सुंदर और सटीक टिप्पणी की गई है, साथ ही चीन की अर्थव्यवस्था की खामियों तथा चीन में प्रचलित विभिन्न देशों की मुद्राओं एवं भारतीय मुद्रा मूल्य का तुलनात्मक विवरण दिया गया है, जो अनन्य (Exclusive) है।[22] किसी देश की संस्कृति का यात्रा संस्मरणों में विवरण हिन्दी साहित्य की दृष्टि से अति महत्वपूर्ण होता है। आप अन्तर्राष्ट्रीय समस्याओं की समझ रखने वाले भारतीय बुद्धिजीवियों (Intelligentia) में प्रारम्भिक दिनों के बुद्धिजीवी थे। आपकी अन्य पुस्तकों में पश्चिम की संस्कृति एवं पूर्व की संस्कृतियों पर पर्याप्त प्रकाश पड़ता है। आप हिन्दी साहित्य की प्रारम्भिक सेवा और 19वीं शताब्दी की अन्तर्राष्ट्रीय ज्वलंत समस्याओं की समझ रखने वालों में सदा सर्वदा याद किये जाएगें। आप महर्षि दयानन्द के अनन्य अनुयायी थे। आप भारतीय परंपराओं व मूल्यों के संवाहक तथा स्वराज्य के प्रबल हिमायती थे।[23] यह सत्य है कि एक आर्य समाजी व्यक्ति अंग्रेजी सेना में भर्त्ती हुआ पर चीन युद्ध के बाद अंग्रेजों की साम्राज्यवादी नीतियों की भयावहता और चीन के भविष्य को लेकर चिन्तित हो उठा और कहा, हे भगवान! कन्फ्यूशियस के वंशधरों की रक्षा करना। कहीं इस

विशाल और महान् उपलब्धियों के देश का सूर्य अस्ताचल को न चला जाये। आर्य समाजी होने के नाते जो ऊँच–नीच, खानदान और सामाजिक कुरीतियों को आपने भारत में देखा, वैसी ही परंपरागत रूढ़ियाँ आपको चीन में भी दिखाई पड़ीं। चीनी समाज में पैर बांधना (Feet binding) ताकि पैर छोटा और कमल की तरह सुंदर हो जाये, को औरतों के लिए पीड़ा दायक माना। भारत आकर महिलाओं के उत्थान के लिए 'वनिता हितैषिनी' नामक मासिक पत्र निकाला। नागरी प्रचारिणी सभा काशी के पुस्तकालय का नाम आर्य भाषा पुस्तकालय ही रखा जाना उसके संस्थापक ठाकुर गदाधर सिंह के प्रति कृतज्ञता ज्ञापन था।[24]

यहाँ पर गदाधर सिंह जी की कृति 'चीन में तेरह मास' में प्रतिध्वनित चीन की छवि (Indian images of China) को प्रदर्शित करने वाले कुछेक अंशों को पाठकों के अवलोकनार्थ प्रस्तुत करूँगा। इस कृति में भारत–चीन मैत्री की वह शाश्वत झलक दिखती है, जिसकी नींव काश्यप मतंग और धर्मरक्षा ने दो हजार वर्ष पहले चीन के राजा मिंग टी के दरबार में जाकर रखी थी। देखें ठाकुर साहब अपने वृतांत में क्या लिखते हैं –

> "मैं अंग्रेजी सरकार के पालम कोटा जहाज पर चीन जाने के लिए 7वीं बंगाल राजपूत नेटिव इन्फैन्ट्री के सैनिकों के साथ कलकत्ते से रवाना हुआ। जैसे ही जहाज चीन के लिए प्रस्थान किया मुझे अज्ञात भय ने घेर लिया। मेरी अन्तरात्मा चीत्कार उठी। हे भगवान! क्या आप चीन देश को उसी दुरवस्था में धकेलने जा रहे हैं! जिस अवस्था में 150 वर्ष पूर्व भारत को धकेला था। अगर ऐसा नहीं है तो चीन वंशी (बॉक्सर) ये इतने उपद्रवी और उद्धमी क्यों हो उठे हैं ? क्यों हजारों वर्ष पुरानी सभ्यता के लोग इतने आक्रमक और हिंसक हो उठे है ? ऐसा लगता है कि अब चीन देश के खेत, पठार, मैदान, जंगल पहाड़ और चीन का समुद्र खून से लाल हो जायेंगे।"[25]

उपरोक्त उदाहरण यह प्रकट करने में समर्थ है कि ठाकुर साहब को यूरोप की साम्राज्यवादी लिप्सा की पर्याप्त जानकारी थी। उन्हें यह भी ज्ञात था कि किस प्रकार से 18वीं शताब्दी के मध्य में भारत की क्षेत्रीय प्रतिद्वन्द्विता, कट्टरता और आपसी कटुता ने अंग्रेजों को भारत में जमने का मौका दिया था और 18वीं शताब्दी के अवसान के साथ ही अंग्रेज भारत के भाग्य विधाता बन गए थे। वे लिखते है –

> "मेरे मन में जापान के प्रति घृणा भर रही है जो पश्चिमी शक्तियों के हाथों खेल रहा है और चीन को नीचा दिखाने पर तुला हुआ है। जापान चीन की आन्तरिक कमजोरियों को उजागर कर रहा है। यह कहावत चरितार्थ हो रही है कि घर का भेदी लंका ढाये। आज वह विभीषण की भूमिका अदा कर रहा है।"[26]

उपरोक्त उदाहरण सीख देता है कि पड़ोसी मिलकर रहें। 19वीं शताब्दी की

अन्तर्राष्ट्रीय कूटनीति के मर्मज्ञ ठाकुर साहब भली भाँति समझते थे कि पड़ोसियों की आपसी लड़ाई के दुष्परिणाम क्या होते हैं ? इसके अतिरिक्त ठाकुर साहब ने कई प्रकार की बातें चीन के लिए कही हैं।

चीन दर्पण

हर काल हर संस्कृति में ऐसे लोग हुए जिन्होंने अपनी सार्वजनिक वृत्ति से हटकर सहजात प्रवृत्ति का उन्मेष कर लोक विश्रुत हो गए। ऐसे ही व्यक्तित्व के धनी 19वीं शताब्दी के भूले–बिसरे साहित्यकार और इतिहासकार थे, डॉ. महेन्दुलाल गर्ग।[27] आप पेशे से चिकित्सक थे, परन्तु आपका कार्यस्थल अशांत युद्ध क्षेत्र था। पर लगन, परिश्रम और प्रतिभा का धनी व्यक्ति क्या नहीं कर सकता – ''किं किं न साधयति कल्पलतेव विद्या''। आप बॉक्सर युद्ध के दौरान (1899) चीन गए और 'चीन दर्पण' नामक पुस्तक का प्रणयन किया। यह पुस्तक 19वीं शताब्दी की चीनी सभ्यता, संस्कृति, लोकाचार, रीति रिवाज, परंपरा और लोक जीवन पर कई सीमाओं के बावजूद एक अनन्य वर्णन (Execlusive report) है।

ज्ञातव्य हो कि चीनी जनसंख्या का एक बड़ा हिस्सा लगातार चीन की पराजयों और पश्चिमी शक्तियों द्वारा चीनी सभ्यता, संस्कृति और लोक–जीवन के साथ छेड़–छाड़ करने के प्रतिक्रिया स्वरूप विद्रोही हो गयी।[28] चीन की जनता महान् मंचू साम्राज्य के अधीन चीन के वंशधरों की अदूरदर्शिता व निकम्मेपन के चलते बार–बार पराभव देख रही थी। देश के शुभचिंतक सुधार चाहते थे पर साम्राज्य की मल्लिका डोवैगर तू सी (Dowager Tu Hsi) सत्ता की भूखी थी और शासन प्रणाली और सेना में सुधार की विरोधी थी और वह उत्तरदायी शासन (संसदीय प्रजातंत्र) की स्थापना करना नहीं चाहती थी।[29] फलतः चीनी लोग अपना धीरज खो बैठे और 1899 ई. में उनका गुस्सा बॉक्सर विद्रोह के रूप में फूट पड़ा। ढहता हुआ मंचू साम्राज्य अपने अस्तित्व रक्षा के लिए कई योरोपीय शक्तियों से संपर्क किया। मंचू साम्राज्य की ढहती हुई दीवारों के रक्षार्थ इंगलैण्ड, फ्रांस, जर्मनी, रूस, जापान और ब्रिटिश भारत की सेनाएं पेकिंग में एकत्र हुई।[30] पश्चिमी साम्राज्यवादी शक्तियाँ मृतप्राय मंचू साम्राज्य को 'सपोर्ट सिस्टम' पर रखना चाहती थी व चीनी तरबूज को तसल्ली से काट–काटकर (Cutting the Chinese melon) खाना चाहती थी। यूरोपिय राज्यों को चीन की सस्ती चाय चाहिए थी। वे अफीम को निर्बाध तरीके से चीन में बेचकर मुनाफा कमाना चाहते थे। तीसरी बात ईसाई धर्म को चीन में प्रचारित और प्रसारित करना चाहते थे। चौथी बात चीन से कच्चा माल और अपनी फैक्ट्रियों में उत्पादित माल के लिए बाजार चाहिए था। महेंदुलाल गर्ग चीन–युद्ध के इसी सिलसिले में चीन गए और आपनी आँखों देखा चीन का विवरण भारत भेजते रहे और वह कलकत्ता से प्रकाशित होने वाले पत्र 'भारत मित्र' में 'गर्ग–विनोद'

शीर्षक से छपता था। चीन यात्रा से लौटने पर आपने मथुरा से चीन दर्पण को प्रकाशित करवाया।

चूँकि चीनी समाज बड़ा ही अंतर्मुखी और परंपरावादी है, इसलिए कुछ महीनों के प्रवास मात्र से ही चीन जैसे विशाल और क्षेत्रीय विविधता वाले देश की छवि उकेरना कठिन था। फिर भी चीन दर्पण में विवृत चीन देश की छवि को विद्वानों के सामने प्रस्तुत करने का प्रयास किया गया है। आज कुछ भारत और चीन के बुद्धिजीवियों ने भारत चीन सहयोग पर जोर देते हुए एक भारत चीन महासंघ बनाने पर जोर दिया है, जिसका प्रस्तावित नाम 'चिंडिया' (Chindia) है।[31] आज से लगभग 115 वर्ष पहले ऐसा ही विचार गर्ग साहब के मस्तिष्क में प्रकट हुआ था। देखें चीन दर्पण का यह उद्धरण :–

"हिन्दोस्तान और चीन में बस हिमालय पहाड़ का फर्क है और हिमालय पहाड़ की आड़ है। अगर हिमालय पहाड़ नहीं होता तो शायद यह दोनों देश एक ही राजा की प्रजा होते। धर्म–कर्म, रीति रिवाज भी एक से ही होते। अब भी चीनियों के बहुत से दस्तूर, हिन्दुओं के से हैं, जैसा कि इस किताब (चीन दर्पण) को पढ़ने से जान पड़ेगा।"[32]

इस लेख का उद्देश्य इस बात में निहित है कि जब दो महान् पड़ोसी देश आपसी समस्याओं और सीमा सम्बन्धी विवादों पर वार्ता कर रहे हों और दोनों की छवि एक दूसरे के मन–मस्तिष्क में अच्छी है तो वार्त्ता सौहार्द्रपूर्ण माहौल में सार्थक परिणति की ओर बढ़ेगी। अगर वार्त्ताकार यह जानते हैं कि दोनों देश दो हजार वर्षों से शाश्वत मैत्री और सह अस्तित्व में विश्वास करते हैं तो विवाद का हल संभव है। पर दोनों देश परस्पर संदेह करते हों, एक दूसरे के मन में कोई दुराग्रह रखते हैं तो वार्त्ता निरर्थक और तनाव को बढ़ायेगी। दूसरी बात आज भारत और चीन विकास के असंभव सोपानों को पार करते आगे बढ़ रहे हैं। सम्पूर्ण विश्व उन्हें हसरत भरी निगाह से देख रहा है। आज आवश्यकता इस बात की है कि दोनों देश इस वास्तविकता को समझें कि हमारी विरासतें बेजोड़ हैं। दोनों की परंपरा, रीति–रिवाज, दस्तूर और सोच में बहुत साम्यता है। दोनों देश नैतिकता और पारिवारिक मूल्यों में विश्वास करते हैं। आज हमारे अध्ययन की विडंबना है कि हम पश्चिमाभिमुखी (Euro-centric) अध्ययन के पक्षधर हो गये हैं। हम इंगलैण्ड, अमेरिका, जर्मनी, फ्रांस आदि के बारे में ढेरों जानकारियां रखते हैं। एक आम भारतीय विदेश का मतलब स्वर्गिक राज्य यथा अमेरिका और इंगलैण्ड समझता है। ठीक इसके विपरित आम–भारतीय के मन पर स्फूट वृतांतों के आधार पर चीन की एक धुंधली छवि मात्र है। अध्ययन की इस दिशा और परिपाटी में परिवर्तन की आवश्यकता है। हजारों किलोमीटर का क्षेत्रीय एवं सीमा विवाद और इतनी उदासीनता या नकारात्मक भाव, भविष्य के लिए यह शुभ संकेत नहीं है। देखें हमारे ये महान् पूर्वज चीन के बारे में क्या सोचते थे :–

"चीन में हिन्दुओं की तरह जात–पात का भेद नहीं है। छुआ–छूत तो तनिक भी नहीं

है। सिर्फ घराने का भेद है। जो लोग घराने को बदनाम करने का कोई काम करते हैं तो उनकी सबसे बड़ी यही सजा है कि कुछ दिनों के लिए उन्हें घराने से अलग कर दिया जाये। (भारत में भी सामाजिक रीति–रिवाज, परंपरा भंजकों को जाति–बहिष्कृत किया जाता है) बाप का वंश चलाना चीनियों की धर्म की जड़ है और यही सबब है कि उनकी तादाद बढ़ती ही जाती है।''[33]

चीनी लोगों के रंग–रूप, नाक–नक्शे के बारे में 'चीन–दर्पण' का यह उद्धरण देखें:–

''चीनियों का मुंह कुछ हमारे देश के गोरखों से मिलता है –रंग गोरा, बाल काले, डाढी और मूंछ नाम मात्र की, गाल की हड्डी उठी हुई, आँख बादाम की तरह उभरी हुई और नाक का वासा बैठा हुआ होता है। दक्षिणी चीन के आदमी से उत्तर वाले ऊँचे और लम्बे होते हैं। औसत चीनी मर्द 5 फीट 4 इंच के होते हैं। सिर से पीठ पर एक बड़ी चोटी लटकती रहती है जिसको और बाल जोड़कर व फीते से गुंथकर बड़ी खूबसूरती से रखते हैं। चोटी के स्थान के अलावा पुरा सिर घुटा हुआ होता है। चीनी इतिहास का अध्ययन दिखाता है कि चीनी लोग हमेशा से यह चोटी नहीं रखते थे। जब देश पर मंचू लोगों ने कब्जा जमाया तो उन्होंने चीनी लोगों को गुलामी के प्रतीक के रूप में चोटी रखने के लिए मजबूर किया फिर धीरे–धीरे चीनी लोग इस चोटी से प्यार कर बैठे। हिन्दोस्तानियों के ठीक विपरित चीनी लोग दाढ़ी मूंछ नहीं रखते। चीन में नीले और काले रंग का कपड़ा बहुत लोक प्रसिद्ध है। चीनी लोग पुरानी आदतों के कायल हैं। महात्मा कन्फ्यूशियस ने उन्हें रात में नंगा सोने के लिए मना किया था पर ये रात में रजाई के अन्दर नंगे होते हैं। सर्दियों में भी चबूतरे पर नंगा सोते हैं और चबूतरे के नीचे आग जली होती है। दरिया या तालाब में नंगे स्नान करते हैं।''[36]

उनकी योग्यता पर गर्ग साहब लिखते हैं :–

''चीन के लोगों की यादाश्त बड़ी पैनी होती है। किताब के किताब रट जाते हैं। चीनी संतोषी और मेहनती होते हैं। अंग्रेज लोग और पश्चिमी लेखक आम चीनी को झूठा और लालची बताते हैं, पर ये दो बीमारियाँ भारत में भी हैं। पर ये दोनों देश पहले ऐसे नहीं थे।[37] पश्चिम की आधुनिकता और महत्वकांक्षा ने उन्हें ऐसा बना दिया है। मैंने यह बात करके देखा और पास जाकर पूछा तो पाया कि एक आम चीनी किसी भी कार्य को न तो छोटा मानता है न ही बड़ा। एक बार विश्वास जम जाने पर उनकी निश्छलता सामने आती है।[38] एक आम चीनी काफी हूनरमंद और परिश्रमी होता है। चीन के लोग पश्चिमी साम्राज्यवादी शक्तियों के फरेबी प्रवृत्ति के प्रतिक्रिया स्वरूप विदेशियों से खराब व्यवहार करते हैं। पर एक आम चीनी अपने चीनी भाई से बहुत अच्छा और स्नेहसिक्त व्यवहार करता है। उनकी आपसी तहजीब तो देखते ही बनती है। जब एक मलाहिन दूसरे से कुछ मांगती है तो

बड़ी कोमलता और आत्मीयता दिखाती है पर उधार मांगने वाले को भी अपनी आवश्यकता ठीक ढंग से उद्घटित करते हुए अदब से पेश आना होता है। बात बिगड़ जाने पर मल्लाहिनों द्वारा गाली भी अव्वल दर्जे की काढ़ी जाती है।"[39] कर्जदार से रास्ते में बेरूखी से कर्ज मांगना भारी पड़ सकता है। एक चीनी बुजुर्ग को अपने कफन के संदूक को दिखाने में बहुत खुशी होती है जिसे सबसे बड़ा बेटा नजर करता है। चीन के लोग आपकी तनख्वाह जानने को लालायित रहते हैं। पर सामान्य बातचीत में मुनासिब है कि आप उसकी सुंदर बीबी का जिक्र न करें और न ही उसकी जवान लड़कियों की कुशल क्षेम पूछें।"[40]

एक उद्धरण देखें :—

"दक्षिणी चीन के मांगलिक कृत्य और शादी विवाह के रीति-रिवाज भारत से मिलते जुलते हैं। जब घर की बहू को पुत्र रत्न की प्राप्ति होती है तो घर में बहुत खुशी होती है और जन्मोत्सव मनाया जाता है। पुत्र प्राप्ति के बाद समझा जाता है कि पुरखों (पूर्वजों) की पूजा (ancestor's worship) जारी रहेगी। बच्चों की पैदावार शायद ही चीन के बराबर किसी देश में होगी। भारत की तरह चीन में कन्यावध होता है। लड़कियों का जन्म बुरा माना जाता है।"[41] एक चीनी गीत को देखें :—

'जो तेरा बेटा होवेगा, बड़े पलंग पर सोवेगा।
पर गर बेटी हुई हमारे, सोच करेंगे मिलकर सारे।
सर्द जीम पर पड़ी रहेगी, सर्दी धूप सभी सहेगी।

चीन में संगीत के संबंध में इस उदाहरण को देखें :—

"गाना बजाना चीन की संस्कृति का हिस्सा है। देव पूजा का वाद्य मधुर और सुरीला होता है। जब बड़े-बड़े हाकिम (मंदारिन) एक दूसरे से मिलने चलते हैं तो आगे-आगे उनके ओहदे और रुतबे के अनुरूप वाद्य बजता है जिसके डंके की आवाज से ही लोग हाकिम की वरिष्ठता एवं शासन में उसके प्रभाव को समझ लेते हैं।"[42]

भारत की तरह चीन का मजदूर काम करता हुआ गाता है। किसान हल चलाता हुआ गाता है। महिलाएं धान की रोपाई (replantation) और फसल काटती हुई गाती हैं। आप सोच सकते हैं कि कितना करीब है चीन भारत के! मन्दिरों में बड़े-बड़े नगाड़े रखे जाते हैं। कोई गाँव मंदिर से खाली नहीं और कोई मन्दिर घंटे से खाली नहीं। टिनसिन के विक्टोरिया पार्क में एक हजार मन (400 क्विंटल) का घंटा टंगा है।[43]

ऐतिहासिक सम्बन्धों पर गर्ग साहब लिखते हैं :—

"मुंगफली चीन में बहुतायत में होती है। सर्वप्रथम यह उत्तरी भारत में चीन से आयी थी। जिसे आज भी हिन्दी प्रदेशों में 'चीनिया बादाम' बोला जाता है। गुड़, खांड और शक्कर

32

बनाना भारतीय पहले से जानते थे पर गन्ने से सफेद शक्कर बनाने की कला चीन से सीखा गया था। फलतः इसे आज भी चीनी बोलते हैं।''[44]

चीन की सांस्कृतिक एकता पर गर्ग साहब की टिप्पणी देखने योग्य है :–

''चीनियों ने जो कुछ पाया है वह तालीम और तहजीब से ही पाया है। सैकड़ों राज–बादशाहों के फेर–फार के होने पर भी इनका ज्यों का त्यों बने रहना, तामील और तहजीब की बदौलत ही है। चीन एक लम्बा चौड़ा मुल्क है। इतनी मुखतलिफ बोलियों और मुखतलिफ रीति–रिवाज को एक माला में पिरोना कठिन काम था।''[45]

गर्ग साहब ने ग्राम, कस्बों और बाजारों के नियोजन पर यह विचार व्यक्त किया है :–

चीनी लोग प्रकृति यथा पहाड़, नदी, पठार और जंगल के पास घर बनाने में उत्साही होते हैं। हर कस्बा और शहर के चारों तरफ परकोटे हैं और प्रत्येक घर के चारों तरफ दीवार है। मकानों में सबसे तारीफ की चीज उसकी छत है। छत की ढाल और उसके छज्जों के किनारों का उठान बड़ा सुंदर लगता है। चीन देश में बाजारों का नजारा मैं कभी नहीं भूलुँगा। खास करके दुकानों के साइनबोर्ड और उनके मुखतलिफ रंगों के सुनहरे हरूफों की जगमगाहट तो बरबस खदीददारों को अपनी ओर खिंचती हैं। मकानों को खूबसूरत बनाने के लिए चीनी लोग हरूफों (Calligraphy) का इस्तेमाल करते हैं। लिखे हुए कागज का चीनी भारत की तरह काफी इज्जत करते हैं और उन्हें पैरों से रौंदा जाना पसंद नहीं करते।[46]

चीन के लोग खाली नहीं बैठते। सभी व्यस्त और मस्त रहते हैं। कस्बे या शहर के बाजार में चले जाओ। आप पाओगे कि थियेटर सजा है और हजारों लोग बैठे हैं। कहीं बाजीगर तमाशा कर रहा है। कहीं कलाबाजी और हाथ की सफाई दिखाई जा रही है। कहीं राग है तो कहीं रंग है, तो कहीं किस्से–कहानी सुनने वालों की मजलिस लगी है।[47]

चीन के मू नामक चीनी इतिहासकार ने भारत और चीन के मूल्यों और परंपराओं की साम्यता व उनकी भौगोलिक अवस्थिति को देखते हुए इन्हें ब्रह्मांड का जुड़वा भाई कहा है।

गर्ग विरचित चीन–दर्पण साढ़े तीन सौ पेज की पुस्तक है। अतः सभी विवरणों को यहाँ देना संभव नहीं होगा। इस लेख का उद्देश्य है भारत और चीन की सभ्यताओं में 1962 ई. के युद्ध के बाद से जो खटास आई है उसको दूर करना।

चीन में तेरह मास और चीन दर्पण में 19वीं शताब्दी के चीन की आर्थिक अवस्था, विदेशियों द्वारा चीन का शोषण, वहाँ के लोगों की प्रति व्यक्ति आय तथा चीनी मुद्रा की क्षेत्रीय मूल्य वितरण पर भी प्रकाश डाला गया है। वहाँ की सर्दी, गर्मी और बरसात का विवरण दिया गया है। इन दोनों पुस्तकों में यह बताया गया है कि जिस प्रकार से 16वीं

शताब्दी में भारत में मुगलों का आगमन बाहर से हुआ और मुगल भारत के भाग्य विधाता हो गये, ठीक उसी प्रकार से मंचू लोग भी चीन के पश्चिमोत्तर भाग से आये थे। उन्होंने हूणों व मंगोलों को भगाने के बाद चीन पर अधिकार कर लिया और 20वीं शताब्दी तक शासन करते रहे हैं।

गर्ग साहब के चीन दर्पण में ऐसे कई विवरण और प्रसंग आते हैं जिनसे जानकारी प्राप्त होती है कि कई प्रांतों के भारतीय चीन में उस समय रह रहे थे और विभिन्न प्रकार की सेवाएं दे रहे थे। गर्ग साहब लिखते हैं:—

"चीन का नया साल फरवरी के महीने में आता है। इन दिनों में अपने मिहरबान डाक्टर मुहम्मद खाँ साहिब के यहाँ पैकिंग सैर करने के लिए ठहरा हुआ था। उम्मेद खाँ साहिब की पलटन 24 नम्बर पंजाब पोलिस की ड्यूटी पर होने से मुझे चीनियों के थियेटर देखने और उनकी हालात दरयाफ्त करने का अच्छा मौका मिला है। नये साल पर दुकानदार अपने बही खाते दुरूस्त करने में मगन हैं। थियेटर वाले भी शान-शौकत के साथ नये दिन पर तमाशा करने की तैयारी में हैं। नये दिन को चीनी नया कपड़ा पहनता है और शौकीन चीनी चंडू खाने में जाकर मौज मस्ती करता है।"[48]

जिस प्रकार से फाह्यान का यात्रा वृतांत 5वीं शताब्दी के भारत का, ह्वेनसांग का वृतांत 7वीं शताब्दी के भारत को जानने के बड़े स्रोत हैं, ठीक उसी प्रकार से ठाकुर गदाधर सिंह और महेन्दुलाल गर्ग के यात्रा वृतांत 19वीं शताब्दी के चीनी समाज, संस्कृति, रीति-रिवाज और जीवन मूल्यों के दर्पण हैं। पर आज बड़े-बड़े चीनीवेत्ता केवल दोनों देशों के विवादों पर ही स्तंभ लिखते हैं। वैसे लोगों की कृतियों का अध्ययन कम किया जाता है जो इन विवादों को सुलझाने में पृष्ठभूमि का काम कर सकते हैं।

सन्दर्भ एवं पाद टिप्पणी :—

1. Chang, Carsun, Buddhist Connection of China, The book company, Peking, 1951. P. 96
2. Xinru Liu, Ancient India and China, OUP, Delhi, 1994. PP. 141-142
3. Sen, S.N., India Through Chinese Eyes, University of Madras Press, 1956. preface
4. वहीं, पृ. 2
5. Ting His-Lin, Presidential Address in Sino-Indian Friendship Association, Peking. 1958.p.16
6. मार्ग की बाधाओं की परवाह किए बिना कई भारतीय चीन गए और चीन के अनुवाद विभाग में काम किया। कुमारजीव विभाग के अध्यक्ष थे और उनके नेतृत्व में 177

भागों में बौद्ध ग्रंथ अनूदित हुए। अन्य अनुवादकों में संघदेव, संघरक्षा, विमलाक्ष, बुद्धयश, धर्मयश और गुणवर्मन प्रमुख थे।

7. Chin Keh Mu, A Short History of Sino-Indian Friendship, Peking, 1958. P. 92
8. वही. पृ. 91
9. चीन के मू और एस.एन. सेन ने अपनी पुस्तकों में ऐसे सैकड़ों लोगों का नाम दिया है जो प्रोफेशनल के तौर पर बेहतर कैरियर की तलाश में चीन गए।
10. India House Correspondence, Calcutta, 1856 और महेन्दुलाल गर्ग की कृति चीन–दर्पण में ऐसे लोगों का स्फूट विवरण आया है।
11. सिंह, गदाधर, चीन में तेरह मास, लखनऊ 1901 ई., पृ. 7
12. Tan Chung, Triton and Dragon, New Delhi, 1979, p. 86.
13. Said, Edward, Orientatism, New York, 1978, p. 1
14. Marco Polo, Travels, New York, 1948, p. 21
15. Orientalism, New York, 1978, P. 3
16. Isaacs, Harold, American Images of China, NY 1958, pp. 92-93
17. चीन के आर्थिक उत्कर्ष और अन्य देशों की पिछड़ने की कथा Business Standard, Jan. 18, 2008, People's Daily Feb. 23, 2004 में छापी है और अन्य भारतीय अखबार भी छाप रहे हैं।
18. सुमन, क्षेमेन्द्र, हिन्दी के दिवंगत साहित्यकार, नागरीप्रचारणी सभा काशी, 1974, पृ. 174
19. इस यात्रा पर ठाकुर गदाधर सिंह ने **'मेरे एडवर्ड सप्तम की राजतिलक यात्रा'** शीर्षक से पुस्तक लिखी है।
20. गदाधर सिंह जी ने चीन में **तेरह मास** की प्रस्तावना में इस बात का उल्लेख किया है कि हम उसी मार्ग से चीन चले जिस मार्ग से हमारे पिता और पितामह युद्ध के सिलसिले में 19वीं शताब्दी के मध्य में चीन गए थे।
21. इस बात का भी प्रसंगवश इस पुस्तक में उल्लेख किया गया है।
22. चीन में तेरह मास, पृ. 210
23. हिन्दी के दिवंगत साहित्यकार, नागरी प्रचारिणी सभा, काशी।
24. यह सूचना नागरी प्रचारिणी सभी काशी के आर्यभाषा पुस्कालय के स्थापना के इतिहास में संग्रहित है।
25. चीन में तेरह मास, पृ. 1
26. चीन में तेरह मास, पृ. 2

27. गर्ग, महेन्दुलाल, चीन दर्पण, मथुरा, 1902, पृ. 1
28. वहीं, पृ. 2
29. अभ्युदय, चीन में प्रजातंत्र, 13 फरवरी, 1907, प्रयाग (सम्पादक पं. मदन मोहन मालवीय)
30. चीन में तेरह मास, पृ. 4
31. यह नाम 'टाइम्स ऑफ इण्डिया' दिल्ली के 2005 के एक संस्करण में आया था और एक चीनी विद्वान ने दिल्ली में आयोति सेमिनार में भाषण के दौरान इसकी चर्चा की थी।
32. चीन दर्पण, पृ. 1
33. चीन दर्पण, पृ. 3
34. चीन दर्पण पृ. 2
35. चीन देश चित्रमाला, इलाहाबाद, 1895, पृ. 10
36. चीन दर्पण, पृ. 7
37. चीन दर्पण, पृ. 10
38. चीन दर्पण, पृ. 13
39. वही, पृ.11
40. चीन दर्पण, पृ. 18
41. चीन दर्पण, पृ. 38
42. चीन दर्पण, पृ. 130
43. चीन दर्पण, पृ. 132
44. चीन दर्पण, पृ. 75
45. चीन दर्पण, पृ. 76
46. चीन दर्पण, पृ. 102
47. चीन दर्पण, पृ. 117
48. चीन दर्पण, पृ. 119

भारत में गिरमिटिया प्रथा : एक ऐतिहासिक अध्ययन

डॉ. राकेश कुमार दूबे [4]

भारत एक अति प्राचीन देश है और उसकी संस्कृति संसार की श्रेष्ठ संस्कृतियों में अपना विशिष्ट स्थान रखती है। अपनी सभ्यता, संस्कृति और धर्म के प्रचार-प्रसार के लिए भारतवासी प्राचीनकाल से ही दूसरे देशों को जाते रहे, जिसके फलस्वरुप विदेशों में भारतीय संस्कृति का प्रचार हुआ और भारत का नाम उज्जवल हुआ, पर व्यापारियों के रुप में आने वाली यूरोपिय जातियों में से एक अंग्रेजों ने भारत में राजनीतिक नियंत्रण स्थापित करने के बाद एक ऐसी प्रथा आरंभ की जो संपूर्ण भारतवासियों के लिए कलंक साबित हुई। अंग्रेजों ने अपने एवं स्वजातियों के आर्थिक लाभ के लिए भारत के भोले भाले मनुष्यों को पशुओं की भाँति ले जाकर विदेशों में गुलामों की तरह बेंचा और इस प्रथा को नाम दिया 'गिरमिटिया प्रथा' या 'शर्तबंदी प्रथा'। उपनिवेशों में इन भारतीयों पर पशुवत अत्याचार किया गया जिसकी मिशाल मिलना कठिन है। इस प्रथा से अंग्रेजों एवं अन्य यूरोपिय जातियों को तो अत्यधिक लाभ हुआ पर भारत के माथे पर यह एक कलंक के समान सिद्ध हुई ।

भारतवासी प्राचीन काल से ही दूसरे देशों को जाते रहें हैं जिसका उद्देश्य व्यापारिक और धार्मिक था। प्राचीन काल में भारतीयों का जो प्रवास हुआ था वह अत्यंत बुद्धिमत्तापूर्ण था जिसके फलस्वरुप अखिल विश्व में भारतीय गौरव का सितारा चमक उठा था। जावा, सुमात्रा, श्याम, सिंहल, बाली इत्यादि दक्षिण-पूर्व एशियाई देशों में भारतीय धर्म, आदर्श, सभ्यता, साहित्य और कला-कौशल के पुण्य प्रचार से भूमण्डल में भारत की गौरवान्वित पताका बड़े अभिमान से फहरा रही थी और असंख्य प्राणियों के हृदय मंदिर में महान हिंदुस्तान की प्रतिभापूर्ण प्रतिमा प्रतिष्ठित हो गई थी। परन्तु, आधुनिक काल में भारतवासियों का प्रवास मातृभूमि के लिए कलंक साबित हुआ और संसार में भारतीय अपकीर्ति का कारण बना। प्राचीन काल में भारतीयों ने प्रवास अपनी इच्छा से किया था परन्तु, आधुनिक भारत में प्रवास के

---

[4] डॉ. राकेश कुमार दूबे : सह संपादक, पुस्तक भारती पत्रिका

कारण वे विदेशी सरकार और विदेशी वणिक थे, जिन्होंने अपने स्वार्थ की बेदी पर मनुष्यता की बलि चढ़ाने में तनिक भी संकोच नहीं किया जिसके परिणामस्वरुप विदेशों में हिंदुस्तान 'कुलियों का देश' और हिंदुस्तानी 'कुलियों की जाति' के रुप में प्रख्यात हो गई।[1]

जब से भारत में समुद्र यात्रा निषेध की परंपरा बलवती होती गयी और 'घर की सूखी रोटी खाकर जीवन निर्वाह कर लेना भला, पर परदेश की मक्खन रोटी अच्छी नहीं' जैसी भावना जोर पकड़ती गयी, उसी क्रम में भारतीय कूप मंडूप बनते गये और उनकी सामाजिक, आर्थिक और सांस्कृतिक अवस्थाओं में पतन का मार्ग भी प्रशस्त होता गया। भारतीय यह भूल गये कि बिना खतरे में पड़े और तपस्या किये संसार में कोई उल्लेखयोग्य तथा महत्वपूर्ण कार्य नहीं किया जा सकता है। परिणाम यह हुआ कि सतत् संघर्षों एवं अनुसंधानों ने यूरोप को समुद्र का सम्राट बना दिया। यूरोप में ज्ञान-विज्ञान, शक्ति और संस्कारों की वृद्धि होती गयी और उसी परिमाण में एशिया विशेषकर भारत के ये गुण छीजते गये।[2]

अंग्रेज भारत में व्यापारी बनकर आये। 1757ई. में देशद्रोही मीरजाफर के विश्वासघात से प्लासी के युद्ध में सिराजुद्दौला की पराजय हुई और फिर एक-एक कर भारतीय रियासतों की स्वतंत्रता नष्ट होती गई और भारत के पैरों में विदेशी दासता और परवशता की विकट बेड़ी पड़ती गई। ईस्ट इंडिया कंपनी की अव्यवहारिक नीतियों के फलस्वरुप भारत की कारीगरी और दस्तकारी मिट्टी में मिल गई, उद्योग धंधे चैपट हो गये, रोजगार-व्यापार का संहार हो गया और यहां के उद्योगों के विनाश की समाधि पर लंकाशायर और मैनचेस्टर के कारखानों की नींव पड़ी। औद्योगिक क्रांति के कारण इंग्लैंड में तो खुशहाली का युग आरंभ हुआ पर भारत में दुःख, दारिद्रय और दासता का युग आरंभ हुआ।

औद्योगिक प्रगति के परिणामस्वरुप यूरोपिय देशों को अपने तैयार माल की निकासी और कच्चे माल की प्राप्ति हेतु साम्राज्य प्रसार का सहारा लेना पड़ा फलस्वरुप एशिया और अफ्रीका के देशों पर अधिकार करने की प्रक्रिया आरंभ हुई। अफ्रीका में अपने उपनिवेश स्थापित करने के लिए यूरोपिय जातियां लालायित हो रही थीं और इसके लिए अफ्रीका का बंदरबॉट शुरु हुआ। इस बंदरबॉट में इंग्लैंड ने अपनी शक्तिशाली नौसेना के बल पर सर्वाधिक क्षेत्रों पर अधिकार कर लिया। अफ्रीकी क्षेत्रों पर कब्जे के बाद वहां पर यूरोपियनों द्वारा गन्ने की खेती, बागान और

खानों को विकसित किया गया और ये समस्त काम गुलाम हब्सियों द्वारा कराया जाता और उनपर पशुवत् अत्याचार किया जाता था।

19वीं सदी के आरंभ में यूरोप में हुए सुधारवादी आंदोलनों एवं नेपोलियन के पतन के बाद आयोजित वियना कांग्रेस (1814-15ई0) में दास प्रथा को समाप्त करने का प्रस्ताव पास हुआ और यूरोप के देशों में दास-प्रथा समाप्त होनी आरंभ हुई। इंग्लैंड में भी 1833 के अधिनियम के तहत 1 अगस्त, 1834ई0 को दास-प्रथा का अंत कर दिया गया।[3] गुलाम हब्शियों की आजादी से उपनिवेश के यूरोपिय किसानों की बरबादी होने लगी और उन्होंने भारत की कम्पनी सरकार से सहायता की याचना की। भारत की अंग्रेज सरकार अपने देश-बन्धुओं को विपदा से उबारने के लिए तैयार हो गई। गुलामी तो दुनियां से उठ चुकी थी, भारत में उसकी पुनरावृत्ति करना कंपनी सरकार के बूते के बाहर की बात थी, इसलिए एक नई प्रथा प्रचलित हुई जो 'गिरमिटिया प्रथा' (Indentured system), 'शर्तबंदी प्रथा', 'प्रतिज्ञाबद्ध कुली प्रथा', 'मियादी गुलामी प्रथा' इत्यादि नामों से मशहूर हुई। गुलामी के युग में जहां हब्शी दास जीवनभर के लिए बिक जाते थे वहां शर्तबंदी प्रथा के अनुसार हिंदुस्तानी पांच साल के लिए बिकने लगे। इसलिए यह 'दासता की नई प्रथा' के रुप में प्रचलित हुई।

इस प्रकार 19वीं सदी के तीसरे दशक में जब संसार से गुलामी की प्रथा उठ गई तो इस अभागे देश में मियादी गुलामी का जन्म हुआ। इंग्लैंड ने 1833ई0 में दास-व्यवसाय का दाग तो धो बहाया, परन्तु उसके अगले ही साल भारत में परिवर्तित रूप में उसी गुलामी का घृणित पेशा अपनाया। विधि की विडंबना? बनैले और असभ्य हब्सी तो दासता के बंधन से मुक्त हुए- उनको स्वतंत्रतापूर्वक जीवन-यापन का अधिकार मिला; किन्तु उनकी जगह हिंदुस्तान की सभ्य संतान, राम और कृष्ण के वंशज, अकबर और शेरशाह की औलाद मियादी गुलाम के रुप में विदेशों के बाजार में बेंची गई। अतएव 1834 ई0 में मारीशस; 1838 ई0 में गुयाना; 1845 ई0 में त्रिनीडाड; 1847 ई0 में जमैका; 1854 ई0 में मांटिनिग्रो; 1854 ई0 में गुडलूप; 1856 ई0 में ग्रेनाडा; 1858 ई0 में सेंट लूसिया; 1860 ई0 में दक्षिण अफ्रीका; 1861 ई0 में सेंट

विंसेंट; 1873 ई0 में सूरीनाम; 1879 ई0 में फिजी; 1895 ई0 में पूर्वी अफ्रीका; 1899 ई0 में सीचेल्स आदि उपनिवेशों के लिए भारत से शर्तबंद गुलाम भेंजे जाने लगे जहां उन्हें लगभग 20 पौण्ड मे बेंचा जाता था।[4]

इन भारतीयों को यूरोपियन मालिकों के खेतों, बागानों अथवा खानों में नगण्य मजदूरी पर काम करना पड़ता था और उनपर जानवरों जैसा अत्याचार किया जाता था और वहां उनकी सुध लेने वाला कोई नहीं था। 'प्रवासी की पुकार' नामक यह कविता गोरों द्वारा भारतीयों पर किये जाने वाले आत्याचार का यथार्थ चित्र प्रस्तुत करती हैः

भूतल पर यदि जीवित दुःख का, नर्क देखना चाहो ।
इन गौरांग पिशाच, खलों का न्याय देखना चाहो ।।

हृदय थाम लो जरा वाचको! मोरिशस में आ जाओ ।
देख दुर्दशा निज बांधव की, दो दो अश्रु बहाओ ।। [5]

अंग्रेजों की ओर से भारत के सभीं प्रमुख नगरों में गुलाम भर्ती करने के लिए डिपो खुल गये, भोले-भाले भारतीयों को बहकाने के लिए आरकाटियों की नियुक्ति हुई। हमारे निरक्षर भाइयों और बहनों को बहकाने के लिए आरकाटियों ने जो तरकीब निकाली है उन्हें पढ़कर आश्चर्य हुए बिना नहीं रहता। आरकाटियों ने अपना एक नया भूगोल ही बना लिया था जिसका उदाहरण देखिए-

त्रिनिडाडः त्रिनिडाड में बस चीनी छाननी पड़ती है सो भी सवेरे के 8:00 बजे से लेकर दोपहर के 12:00 बजे तक। 22-30 रुपए प्रतिमाह मजदूरी के मिलते हैं। यह स्थान कोलकाता के बहुत नजदीक है।

फिजीः फिजी में लोग गन्ने और केले खा खाकर चैन की बंसी बजाते हैं। यह स्थान कुछ दूर नहीं है। जब मन किया, इच्छा हो तभी यहां से लौट सकते हैं । फिजी तो बस स्वर्ग है।

सूरीनामः श्रीराम, सूरीनाम या डच गयाना हिंदू लोगों का एक तीर्थ स्थान है। जगन्नाथ पुरी के निकट है। वहां हमारी कोठियां हैं।

जमैकाः कोलकाता के एक मोहल्ले का नाम है। यहां हमारे सेठों की धर्मशालाएं बन रही हैं। आदमियों को बारह आना और स्त्रियों को आठ आना प्रतिदिन के हिसाब से मजदूरी मिलती है। जो जाता है मालामाल हो आता है।

सीलोनः मद्रास के निकट के रबड़ और चाय के क्षेत्रों का नाम है। इसे रावण की लंका भी कहते हैं। सोना बहुत पाया जाता है और मोती तो मन चाहे जितने बटोर लाओ। यहां की पद्मिनी तो दुनिया में मशहूर ही है। जो वहां पहुंच जाता है मौज करता है।
मलायाः मद्रास से थोड़ी ही दूर है। यहां पर मजदूरों को कुछ काम ही नहीं करना पड़ता। हां थोड़ी सी पत्तियां तोड़नी पड़ती हैं जो चटपट टूट जाती हैं अथवा एक सुंदर वृक्ष से फूल तोड़ने पड़ते हैं । दिन भर धूप में पड़े रहो और संतोष के साथ मजे उड़ा कर रहो।[6]

ये आरकाटी लोगों को किसी भी प्रकार फॅसाकर डिपो पहुँचा देते थे और फिर कलकत्ता, मद्रास और बंबई के बंदरगाहों से इन अभागे नर-नारियों से लदे हुए जहाज-पर-जहाज उपनिवेशों को जाने लगे। भारत के पश्चिमी बिहार, पूर्वी उत्तर प्रदेश, मद्रास और बम्बई प्रांतों के लोग बंधुआ मजदूर के रुप में तो वहीं पंजाब, गुजरात, राजस्थान तथा बम्बई के लोग व्यापार इत्यादि के लिए गये। उपनिवेशों में जो लोग जो बम्बई बंदरगाह से गये वे 'बम्बईया', जो कलकत्ता बंदरगाह से गये वे 'कलकत्तिया', और जो मद्रास से गये वे सभीं सामान्य रुप से 'मदरासी' कहलाये। उपनिवेशों में जाने वालों की संख्या का बहुत कुछ ज्ञान भारत जीवन समाचार पत्र[7] और इस कविता से भी मिलता हैः

अब कितने बाहर भारतवासी उनका भी कुछ करुँ बखान।
भूख की ज्वाला ने जब मारे पहुँचे परदेशन में जाय।।
इनकी संख्या इस प्रकार है फीजी पहुँचे साठ हजार।
पौने 3 लाख हैं मारीसिस में डीनाटाड में 1 लाख 29 हजार।।
नौ लाख भारतीय सिंघल द्वीप में पुगरंडा में दस हजार।
बिंडवार्ड में दो हजार हैं और शम में चार हजार।।
गिलवर्ट द्वीप में बसे तीन सौ सेन्टलमेन्टस असी हजार।
न्यूजीलैण्ड में बसे पांच सौ दस हजार है जंजीबार।।[8]

जो भारतीय मजदूरों के रुप में उपनिवेशों में ले जाये गये उनकी सामाजिक अवस्था वहां पर अत्यन्त दयनीय रही। भारत में ही डिपो में, जहाजों पर, उपनिवेशों में खेतों पर गोरे प्लाण्टरों के हाथों से अनेंक प्रकार के अपमान सहने में-तात्पर्य यह कि पग-पग पर उन्हें किसी न किसी प्रकार के अनेंक कष्ट सहने पड़े। उपनिवेशों में उन्हें नगरों से दूर मलीन बस्तियों कुली लाइन में पशुओं की भॉति रखा जाता था और जीवित रहने के लिए जो मूल आवश्यकतायें

होती हैं उससे भी उन्हें वंचित रखा जाता। खेतों पर कठिन परिश्रम का एक उदाहरण अवलोकनीय हैः

नियमबद्ध हम अधपेटों को खेत गोड़ने पड़ते
अवधि पूर्ण होने के पहिले प्राण छोड़ने पड़ते!
जड़ यन्त्रों को भी तैलादिक पूर्ण दिया जाता है
अर्द्धाशन में हमसे दूना काम लिया जाता है!
हाथों में छाले पड़ जावें तो भी धरती गोड़ो
रोगी क्यों न रहो जीते जी काम कभी मत छोड़ो![9]

परिस्थितियों से तंग आकर कितने लोगों ने समुद्र में छलांग लगा दी, कितनों ने फॉसी लगा ली और कितनों ने विषपान कर अपनी जीवनलीला समाप्त कर ली। इस संदर्भ में सी. एफ. ऐंड्रूज की यह पक्ति इसका सत्यापन करती है कि “वह कुली दिल में ख्याल करता था कि इस खून का पसीना बना डालने वाली मजदूरी का अंत नहीं आएगा। 1 साल के बाद दूसरा साल इस प्रकार हर बार यही काम करना पड़ेगा। इससे बचने का कुछ उपाय भी नहीं है। बस इसका परिणाम यह होता था कि 1 दिन प्रातः काल में खोली में फांसी लगाकर मरा हुआ लटकता पाया जाता था। जिन्होंने मृत्यु के बाद इन कुलियों को देखा था उन्होंने मुझे एक बात बतलाई है वह यह कि इन कुलियों के पैर ऊपर की और पेट की तरफ दृढ़ता पूर्वक से जुड़े हुए पाए जाते थे। अगर कुली चाहता तो वह पैर आसानी से नीचे लटक कर जमीन को छू जाते। इससे प्रकट होता है कि कुली के दिल में मरने की इच्छा उसकी जीवित रहने की इच्छा से कहीं अधिक प्रबल होती थी।“[10] प्रवासी भारतीयों का इतिहास भारतीय इतिहास का अत्यंत लज्जास्पद तथा करुणाजनक अध्याय रहा है। शायद ही किसी अन्य देश के मनुष्यों को परतंत्रता का ऐसा कटु फल चखना पड़ा हो।

गिरमिटिया मजदूरों की समस्याओं को उजागर करने एवं उनसे जनमानस को परिचित का कार्य कई भारतीयए प्रवासी भारतीय एवं विदेशी व्यक्तियों ने किया था। इस क्षेत्र में प्रथम प्रयास आर्य समाजियों का था और उसके बाद महात्मा गांधी, भवानीदयाल संयासी, सी. एफ. ऐंड्रूज, हेनरी पोलक एवं गोपालकृष्ण गोखले सदृश लोगों का इस क्षेत्र में विशेष योगदान था। गोपालकृष्ण गोखले ने 1910 और 1912ई. में इस प्रथा को पूर्णतः बंद करवाने का प्रयास किया

था।1912 में गोखले ने बड़ी कौंसिल में प्रतिज्ञाबद्ध कुलियों की भर्ती एकदम बंद करवाने के लिए प्रस्ताव किया। इस प्रथा को स्वयं 'कुत्सित, धोखेबाजी पर स्थित और बल द्वारा संरक्षित' बतलाया और कहा कि "जो देश इसे सहन करता है उसकी सभ्यता पर यह कलंक स्वरुप है"। भारतीय सदस्यों के समर्थन करने पर भी डब्ल्यू. क्लार्क ने सरकार की ओर से प्रस्ताव का विरोध किया और केवल कुछ बातों के संबंध में जॉच कराना आवश्यक समझा जिससे उसके दोष दूर किये जा सकें।[11] गोखले इस प्रथा को पूर्णतः बंद करवाने में असफल रहे थे।

इस कार्य में पूर्ण सफलता पं. ममदनमोहन मालवीय (25 दिसंबर, 1861-12 नवंबर, 1946ई.) को मिली जब उन्होंने 20 मार्च, 1916ई. को केंद्रिय असेंबली में प्रतिज्ञाबद्ध कुली प्रथा बंद करने का आह्वाहन किया था और अपने प्रस्ताव के पक्ष में प्रबल प्रमाण दिया था। उसी का परिणाम था कि ब्रिटिश सरकार ने 1917ई0 में इस घृणित प्रथा को आधिकारिक रुप से पूर्णतः बंद कर दिया । अपने प्रस्ताव में, जिसका सारांश निम्नलिखित है, मालवीयजी ने कहा था कि अध्यक्ष महोदय! मैं यह प्रस्ताव उपस्थित करना चाहता हॅ़ू किः

"यह कौंसिल, सपरिषद् गवर्नरजनरल से सिफारिश करती है कि कुली प्रथा का अंत करने के लिए शीघ्रातिशीघ्र उपाय काम में लाने चाहिए।"

"आज से लगभग 80 वर्ष पूर्व भारत में प्रतिज्ञाबद्ध कुली.प्रथा का जन्म हुआ था। ब्रिटिश उपनिवेशों में पार्लियामेंट द्वारा दासत्व.प्रथा का अंत होने के बाद ही यह उपाय काम में लाया गया था। यह बात सन् 1834ई0 की है। उस समय ब्रिटिश उपनिवेशों के गोरे भूमिपतियों ने दासत्व.प्रथा के नष्ट होने से अपने व्यवसाय को चैपट होते देखए भारत से मजदूर प्राप्त करने का उपाय सोचा। दासत्व.प्रथा के नष्ट होने से वे उस हानि को सहन नहीं कर सकते थेए और उनका उद्देश्य ऐसे मजदूर प्राप्त करने का था जो उनकी इच्छानुसार कार्य कर सकें।"

"इस प्रथा के परिणामस्वरुप बहुत सी भयंकर बुराइयां उत्पन्न हो गईं तथा कुली.प्रथा की जा ॅच के लिए मारीशसए ब्रिटिश गयाना तथा नेटाल में कमीशन नियुक्त किये गये। उसी समय भारत में बहुत से क्षेत्र कुली भर्ती करने के लिए स्थापित किये गये जिससे बच्चे भगाने की तथा अन्य भयंकर कुरीतियां उत्पन्न हो गयीं। इस दोष को दूर करने के लिए भारतीय व्यवस्थापिकाओं में प्रवासित होने के नियमों में सन् 1882ई0 में संशोधन उपस्थित किये गये

और 1883ई0 में इस संबंध में एक विधान भी बन गया जिसका उद्देश्य प्रवासी भारतीयों को सावधनी से तुरंत रजिस्टर में दर्ज कर लेना थाए जिससे उनका जल्दी से पता लग सके तथा देश के उत्तरी भाग के कुली भर्ती करने वाली कोठियों का मजिस्ट्रेटों द्वारा निरीक्षण हो सके। किंतु भारत सरकार के 1883ई0 के प्रस्ताव तथा इल्बर्ट एवं सर एडवर्ड वर्क की बातों से स्पष्ट हो गया कि 1883ई0 के विधान से कुली भर्ती करने का कार्य और भी अधिक सुलभ हो गया।"

"सन् 1890ई0 तक भारतीय प्रजा प्रवासी भारतीयों की दशा से बिल्कुल अपरिचित रही, जब तक कि महात्मा गांधी ने इस प्रथा के दोषों की पोल न खोलनी आरंभ की। किंतु भारत सरकार तथा भारतीयों ने उसकी महत्ता उसी समय अनुभव की जबकि ट्रांसवाल सरकार ने भारत विरोधी नीति का पालन करना प्रारंभ किया। उस समय से प्रवासी भारतीयों की दशा गहन अध्ययन का विषय बन गई है, और यह कहने में कोई अत्युक्ति न होगी कि प्रारंभ से ही इस समस्या ने जनता को इतना विचलित कर दिया थाए तथा प्रवासी भारतीयों के इस असहनीय व्यवहार के परिणामस्वरुप लोकमत इतना क्षुब्ध हो उठा हैए जितना इससे पहले वह कभी न हुआ था।"

"1910ई0 में गोपालकृष्ण गोखले ने कौंसिल में नेटाल के लिए कुली भर्ती करने की प्रथा का अंत करने के लिए प्रस्ताव किया था और भारत सरकार ने उनकी बात मानकर नेटाल के लिए कुली भेंजने की प्रथा को बंद कर दिया था। दो वर्ष पश्चात् उन्होंने दूसरा प्रस्ताव उपस्थित किया था, जिसमें इस प्रथा को पूर्णतः बंद करने की सम्मति दी थी और इस प्रथा के दोषों का वर्णन करते हुए इस प्रथा को "राक्षसी, अन्यायपूर्ण, छल के आधार पर आश्रित तथा बलात्कार" कहकर पुकारा था ओर साथ में यह भी कहा था कि "यह प्रथा न्याय तथा मानवता के सिद्धांतों के एकदम विपरीत है, तथा जो राष्ट्र इसे स्वीकार करता है, उसकी सभ्यता के ऊपर अमिट कलंक है।" उस समय सरकार ने इस प्रथा को बंद करना उचित न समझा और उपनिवेशों की दशा जानने के लिए एक कमेटी नियुक्त की जिसमें मेकनील और चिममनलाल सदस्य थे, जिसकी रिपोर्ट के प्रति जनता ने घोर निराशा एवं असंतोष प्रकट किया था।"

"शर्तबंदी.कुली प्रथा क्या है? यह वही प्रथा है जिसके द्वारा साधारण, अशिक्षित, अनभिज्ञ तथा निर्धन ग्रामवासी अपने घर बार, सगे संबंधियों से अलग करके उन दूर स्थानों में जाने के

लिए बाध्य किये जाते हैं, जहां की दशा से वे एकदम अपरिचित हैं। वहां जाकर उन्हें 5 वर्ष तक ऐसी परिस्थितियों में काम करना पड़ता है, जहां वे अपने स्वामियों की दया के मोहताज हैं। उन्हें उन स्वामियों की अधीनता में कार्य करना पड़ता है, जो उनकी भाषा, रीति-नीति तथा आचार-व्यवहार से एकदम अपरिचित होते हैं जहां शर्तों के पालन न करने पर कठोर शारीरिक दण्ड दिया जाता है।"

"यह प्रथा एकदम अन्यायपूर्ण है। इस प्रथा को न तो कानून की दृष्टि से और न ही भारत सरकार के विधानों की दृष्टि से ही प्रतिज्ञाबद्ध समझौता कहा जा सकता हैं। 1883ई0 के बिल पर जब कौंसिल में वाद.विवाद हो रहा था तभीं कृष्टोदासपाल द्वारा यह प्रस्ताव रखा गया था कि जिस प्रवासी से जिन शर्तों का पालन करने के लिए प्रतिज्ञापत्र लिखाया जाय, वे शर्तें उसे समझा देनी चाहिए तथा उसकी दूसरी लिखित प्रति उनको भी मिलनी चाहिए।" यह प्रस्ताव लार्ड रिपन के विशेष मत देने पर स्वीकृत किया गया था और विधान में यह धारा रखी गयी थी कि 'कुली भर्ती करने वालों को चाहिए कि वे प्रत्येक प्रवासी को उस प्रतिज्ञा-पत्र की एक.एक प्रति दें तथा मजिस्ट्रेट और स्थानीय पुलिस कर्मचारी को उसकी असली नकल उनकी आज्ञा होने पर उनके संमुख उपस्थित करें, पर इस विधान का पालन नहीं किया गया।"

"इस कुली प्रथा की सबसे बुरी बात तो इसका नैतिक अधःपतन है। कानून के अनुसार कुली स्त्रियों की संख्या मनुष्यों की संख्या का 40% होनी चाहिए, और स्त्रियां पुरुषों की संबंधी भी न हों तो भी कोई बात नहीं है। स्त्रियों की न्यूनता एवं चारित्रिक दुर्बलता के कारण नैतिकता का घोर पतन हुआ है। यह प्रथा आत्महत्या तथा मनुष्यहत्या के लिए भी उत्तरदायी है। 1908 से 1912ई0 तक आत्महत्याओं की संख्या कुलियों में प्रत्येक दस लाख पीछे 926 थी।"

"यह प्रथा धोखे से और बल से चलायी जाती है। कुलियों के लिए यह प्रथा एक शाप है। स्वतंत्र जनता की मान-मर्यादा तथा मजदूरी को भी इससे गहरा धक्का लगता है, और भारत का नाम बदनाम होता है। पूँजीपतियों के लिए तो यह प्रथा लाभदायक है, क्योंकि अपने स्वार्थ के लिए वह मजदूर को अपनी कठपुतली बनाए रख सकता है। ......महोदय! ऐसी प्रथा सुधारी नहीं जा सकती। उसका तो अंत ही हो सकता है।.......ब्रिटिश सरकार ने दासता का अंत कर

दिया और उसके लिए दो सौ पचास लाख पौण्ड उसने हर्जाना दिया। भारत-सरकार ने अपनी अफीम की आय को इसलिए छोड़ दिया था कि चीनी लोगों का उससे नैतिक अधःपतन हुआ था। उसी भारत-सरकार से हम इस नीच तथा नीति.विरुद्ध कुली-प्रथा के उन्मूलन की प्रार्थना कर रहे हैं, और हमें आशा है कि हमारी प्रार्थना व्यर्थ न जायेगी। मेरा विश्वास है कि श्रीमान् की सरकार हमारी प्रार्थना को ध्यान में रखकर इस प्रथा को मिटाने का जल्दी से जल्दी उपाय करेगी।"[12]

मालवीयजी के प्रस्ताव का ही परिणाम था कि ब्रिटिश सरकार ने 1917ई0 में भारत में इस प्रथा को पूर्णतः बंद कर दिया। इस घटना के बाद देश-विदेश की पत्र-पत्रिकाओं ने मालवीयजी के प्रयास की पूरे मनोयोग से सराहना की थी। यह घटना इतनी महत्वपूर्ण थी कि इस घटना के कई वर्ष बाद भी प्रवासी भारतीयों में सबसे चर्चित रहे भवानीदयाल संयासी ने दक्षिण अफ्रीका से प्रकाशित हिंदी पत्रिका में मालवीयजी का चित्र प्रकाशित किया था और उनका आभार प्रकट करते हुए लिखा था कि "पूज्य मालवीयजी भारतके उन नररत्नोंमें एक हैं जिनपर बूढ़ी भारत माता अभिमान कर सकती है। आपनें प्रवासी भाइयों की भी बड़ी सेवा की। कुली-प्रथाके उच्छेद के लिये आपने जो उद्योग किया था उसे हम कभी नहीं भूल सकते।"[13]

मालवीय जी के प्रयास से यद्यपि इस कुप्रथा का अंत हो गया परंतु इस प्रथा के कारण उपनिवेशों में ले जाये गये भारतीयों को असंख्य कष्टों एवं यातनाओं को सहना पड़ा जिसकी मिशाल मिलनी कठिन है। इस प्रथा के कारण भारतीयों का सामाजिक धार्मिक एवं सांस्कृतिक पतन तो हुआ ही पर सबसे अधिक उनका नैतिक एवं चारित्रिक पतन हुआ जिसे केवल स्मरण कर ही शरीर कंपायमान हो उठता है। पुरुषों के साथ ही भारतीय महिलाओं के साथ जैसा व्यवहार गोरी जातियों ने किया, वह हमेंशा के लिए उनकी जाति के माथे पर कलंक के समान विद्यमान रहेगा। अंग्रेजों ने 10 आदमी पीछे केवल तीन स्त्रियों को उपनिवेशों में भेंजा था और वहां पर भी उनपर मनमाना अत्याचार किया गया। ये पंक्तियां इस बात को अक्षरशः प्रमाणित करती हैः

दस नर पीछे तीन नारियाँ, थकीं और शंकित सी!
देखो, लोट रही है कैसी, पत्थर में अंकित सी!
बुझे हुए दीपक से मन हैं, नहीं निकलती वाणी!

हे भगवान! मनुज हैं ये भी अथवा गँगे प्राणी!!14

उपनिवेशों के गोरे प्लाण्टरों और ओवरसियरों को भारतीय स्त्रियों पर तनिक भी दया नहीं आती थी और उन्हें भी भारतीय पुरुषों के समान ही कोड़ों से पीटा जाता था। उनको उनके दुधमुँहे बच्चों से भी दिन में दूर रखा जाता था और इससे भी बढ़कर उनके सतीत्व को भंग करने का कोई भी मौका ओवरसियरों द्वारा छोड़ा नहीं जाता था। एक भारतीय हृदय की ये पंक्तियां सबूत के तौर पर प्रस्तुत है:

देखो दूर खेत में है वह कौन दुःखिनी नारी।
पड़ी पापियों के पाले है वह अबला बेचारी।।
देखो कौन दौड़कर सहसा कूद पड़ी वह जल में।
पाप जगत से पिण्ड छुड़ाकर डूबी आप अतल में।।15

इस प्रकार अंग्रेजों द्वारा पढ़े-लिखों की अपेक्षा ऐसे स्त्री पुरुष उपनिवेशों में लाये गये जो किसी भी दृष्टि से प्रवास के योग्य नहीं थे। इस 'थर्ड क्लास' मनुष्यों का विदेश गमन भारत की प्रतिष्ठा के लिए घातक सिद्ध हुआ। इसका कारण यह था कि स्वतंत्र देश के नागरिकों पर किसी देश की सरकार अमानवीय व्यवहार नहीं कर सकती है क्योंकि ऐसा करने से उसके अपने देश के नागरिकों के साथ भी दूसरे देशों में वैसा ही व्यवहार किया जाता है। उस समय भारत पराधीन था और जब संसार से दासता उठ गई थी, उस समय भारत गुलामी की जंजीरों में बँधा था और इसी कारण भारत में ही नहीं विदेशों में भी भारतीयों के साथ बड़ा अमानवीय व्यवहार किया गया। पश्चिम की यह नस्लभेदी परम्परा भारतीयों के प्रति इतनी बलवती होती गयी कि उसका असर आज भी दिखलायी पड़ता है। आज भी यदि किसी भी जगह किसी गोरे के द्वारा यदि किसी भारतीय पर नस्लीय टिप्पणी की जाती है तो उसके कारण के मूल में यहीं कलंकित करने वाली गिरमिटिया प्रथा होती है।

संदर्भ सूचीः

1. विशाल भारत, वर्ष -1, अंक- 2, फरवरी, 1928, प्रवासी प्रेस, कलकत्ता, पृष्ठ 204

2. दिनकर, रामधारी सिंह, संस्कृति के चार अध्याय, लोकभारती प्रकाशन, इलाहाबाद, सं. 2006, पृष्ठ 571

3. एक भारतीय हृदय, प्रवासी भारतवासी, सरस्वती सदन इंदौर, 1918, पृष्ठ 40

4. संयासी, भवानीदयाल, प्रवासी की आत्मकथा, फाईन आर्ट प्रेस, अजमेर , 1943, प्राक्कथन पृष्ठ 3

5. प्रवासी पत्रिका, वर्ष-1, अंक-2, दिसंबर, 1947, फाईन आर्ट प्रेस, अजमेर, पृष्ठ 15

6. एक भारतीय हृदय, प्रवासी भारतवासी, पृष्ठ 48-49

7. भारत जीवन पत्र (साप्ताहिक) 21 फरवरी, 1901ई., भारत जीवन कार्यालय, बनारस सिटी, पृष्ठ 7

8. पेंगोरिया, बाबूराम, राष्ट्रीय आल्हा, जैन प्रेस, आगरा, 1930, "भारत प्रवासी" शीर्षक 11वीं कविता

9. एक भारतीय हृदय, प्रवासी भारतवासी, पृष्ठ 92

10. एक भारतीय हृदय अनु. फ़िजी में भारतीय प्रतिज्ञाबद्ध कुली प्रथा, मू. ले. सी. एफ. ऐंड्रूज और डब्ल्यू. डब्ल्यू. पियर्सन, प्रताप पुस्तकालय, कानपुर, 1919, प्रस्ता. पृष्ठ 34

11. मर्यादा पत्रिका, भाग-11, संख्या-2, फरवरी, 1916, अभ्युदय प्रेस प्रयाग, पृष्ठ 109

12. तिवारी, उमेशदत्त सं. महामना के भाषण, महामना मालवीय फाउंडेशन, वाराणसी, 2004, पृष्ठ 470-485

13. हिंदी पत्रिका, नवंबर, 1923, जगरानी प्रेस, जेकोब्स, नेटाल, दक्षिण अफ्रीका, पृष्ठ 23

14. प्रवासी पत्रिका, वर्ष-1, अंक-4, मार्च, 1948, पृष्ठ 5

15. एक भारतीय हृदय, प्रवासी भारतवासी, पृष्ठ 151

सूरीनाम का हिंदुस्तानी समाज

भावना सक्सैना [5]

सीमाओं के परे बसते हैं हृदय; समंदरों के पार लहलहाती हैं वंशमूल की बेलें। जिन्हें समय, काल व भौगोलिक सीमाएं न बांध पाएं, क्या उन्हें शब्दों की सीमाएं बांध सकती हैं? प्रवासी भारतीय, हिंदुस्तानी या भारतवंशी, आप किसी भी नाम से पुकारें, संदर्भ है उन हस्तियों का जो भारत से दूर अपने दिल में भारत को संजोए अपना अस्तित्व बनाए हुए हैं और विश्व फलक पर भारत का नाम रोशन कर रहे हैं। जी हाँ, भारतवंशी समूचे विश्व में फैले हुए हैं, और हर क्षेत्र, हर विधा हर फन में भारत का तिरंगा उंचा करने का मार्ग प्रशस्त करते जा रहे हैं। किसी ने सही ही कहा है कि *भारत से भारतवंशियों को बाहर ले जाना जितना सरल है भारतवंशियों से भारत को अलग कर पाना उतना ही कठिन या असंभव है।*

भारत सरकार द्वारा भी प्रवासी भारतीयों के योगदान को रेखांकित करने के लिए 2003 से नौ से ग्यारह जनवरी को प्रवासी भारतीय दिवस का आयोजन किया जाता है। 31 जुलाई, 2009 तक भारतीय मूल के 4.56 लाख व्यक्तियों ने भारतीय प्रवासी नागरिकता के तहत पंजीकरण कराया। इस संख्या में शामिल हैं दक्षिण अमेरीका के सूरीनाम में बसे भारतीय मूल के लोग। भारत से 16000 कि.मी. दूर लातिन अमेरिका उपमहाद्वीप के शीर्ष पर बसे सूरीनाम देश में इन्हें पहुँचे हुए 146 वर्ष हो चुके हैं।

1863 में विश्व भर में दास प्रथा की समाप्ति के बाद 1870 में ब्रिटेन की रानी विक्टोरिया और हॉलैंड के सम्राट विलियम तृतीय के बीच एक समझौता हुआ जिसके तहत भारत से सूरीनाम के लिए शर्तनामे पर मजदूरों की भर्ती शुरु हुई और पुरानी दास प्रथा को शर्तबंधी का नाम देकर पुनःजीवित किया गया। सूरीनाम के लिए भारतीय मजदूरों के निर्यात के लिए डच एजेंटों ने कलकत्ता में अपना मुख्य डिपो खोला और भर्ती के लिए गोरखपुर, इलाहबाद, बनारस, बस्ती व मथुरा में उपकेंद्र खोले। उत्तर प्रदेश के पूर्वी भागों व बिहार की ग्रामीण जनता

---

[5] भावना सक्सैना : पूर्व अतासे, भारतीय राजदूतावास, सूरीनाम

के बीच यह प्रचार किया गया कि समुद्र के बीचोबीच श्रीरामद्वीप हैं जहाँ हर प्रकार की सुख सुविधाएं हैं और बेहतर जीवन के साथ धर्म कमाने का भी लाभ मिल सकता हैं।

श्रीरामदेश के सुख और धर्म प्राप्ति की लालसा में भोले-भाले लोग अनजाने स्थान पर जाने को तैयार हो गए । भर्ती किए गए कुल 410 लोगों में से अधिकांश उत्तर प्रदेश के थे और इन सभी को कलकत्ता ङिपो से 26 फरवरी 1873 को लालारुख जहाज से रवाना किया गया। अनेक कठिनाइयों खराब मौसम आदि का सामना करते हुए यह जहाज तीन माह एक सप्ताह बाद 5 जून 1873 को पारामारिबो पहुँचा और भारतीयों के कदम सूरीनाम की पावन धरती पर पड़े, कालांतर में 64 जहाजों द्वारा 34304 भारतीय मजदूर यहाँ लाये गए।

लालरुख से सूरीनाम आगमन के पश्चात हिंदुस्तानियों को जिस कठिन दौर से गुजरना पड़ा वह एक दर्द भरी कहानी हैं, यहाँ पहुंचने पर इन सभी लोगों को एक डिपो में छोटी छोटी कोठरियों में रखा जाता था, इन कोठरियों का आकार इतना छोटा होता था कि जिसमें व्यक्ति सीधा लेट भी न पाये। और फिर यहीं पर श्रम शक्ति का बंटवारा कर के अलग अलग प्लैंटेशनों पर भेज दिया जाता था। उदाहरण के लिए पहले जहाज लालरुख से आए श्रमिकों को प्लैंटेशन अलायंस, जुलन में, आलखमार, होइलैंड और रेसोलूसी प्लैंटेशन में भेजा गया। एक गाँव के लोगों को प्रायः अलग अलग स्थान पर भेजा जाता, यहाँ तक कि कहीं कहीं एक परिवार के लोग जो यहाँ आए वह भी यहाँ आकर बिछड़ गए। कुली शब्द से संबोधित इन भारतवंशियों के साथ बहुत अच्छा व्यवहार नहीं किया जाता था।

दुख दर्द की यह दास्तां समय के साथ भारत भी पहुंची और वहाँ शर्तबंधी समाप्त करने के लिए आवाज़ उठाई गयी जिससे दिल्ली में नई क्रांति शुरू हुई और परिणाम स्वरूप 20-03-1916 को लॉर्ड हार्डिंग ने कानून जारी किया और उसी समय से सूरीनाम में भारतीय मजदूरों का आना बंद हुआ किंतु जो भारतीय मजदूर सूरीनाम पहुँच चुके थे उन्हें एक कठिन दौर से गुजरना पड़ा जो एक दर्द भरी कहानी हैं, किंतु ये हिंदुस्तानी यहाँ अकेले नहीं आए थे, उनके साथ था उनका धर्म और संस्कृति । धर्म संस्कृति व भाषा के अतुल्य खजाने ने काली अँधेरी रातों में उनका साथ दिया और एक मशाल बनकर उनका मार्गदर्शन किया। ध्यान देने का मुख्य बिन्दु यह है कि वर्षों के संघर्षों के बाद आज हिंदुस्तानी वंशजों ने इस देश में अपना स्थान

बनाया है। अपने पूर्वजों का नाम रोशन किया है, उन पूर्वजों का जो गिरमिट काटने एक अंजान देश आए थे और जिनमें से बहुत अपना मूल नाम भी खो चुके थे। अथक जिजीविषा व संस्कारों ने इनकी आने वाली पीढ़ियों को सिंचित व पोषित किया और इतना समर्थ बनाया कि आज उन कुली मजदूरों की दूसरी तीसरी पीढ़ियाँ आर्थिक सामाजिक, सांस्कृतिक, राजनीतिक स्तर पर उन्नति कर के देश के सभी उच्च पदों पर आसीन रह चुकी हैं और अभी भी हैं।

हिंदुस्तानी समुदाय की आर्थिक प्रगति

यहां, सूरीनाम में हिंदुस्तानियों के 1873 में प्रथम आगमन के बाद उनकी जनसांख्यिकीय प्रगति व आर्थिक स्थिति के विकास का वर्णन किया गया है। संदेव हीरा ने, हिन्दुस्तानी आबादी के आर्थिक विकास को चार चरणों में वर्गीकृत किया। यह अपने आप में अंतिम नहीं हैं फिर भी इनसे हिंदुस्तानियों की आर्थिक स्थिति के महत्वपूर्ण परिवर्तनों का संकेत मिलता है, ये चार चरण हैं :

1. 1873-1916; अनुबंधित श्रम
2. 1916-1940; छोटे पैमाने पर कृषि
3. 1940-1980; हिंदुस्तानियों की पूंजी में वृद्धि
4. 1980-वर्तमान

1873 में शर्तबंधी के तहत आए पहले मजदूरों को भारत वापस लौटने से रोकने के लिए डच सरकार ने उनको स्थाई रूप से वहां रहने के लिए प्रोत्साहित किया और मुफ्त जमीन और उन्हें 110 डच गिल्डर की राशि दी गई। इसका लाभ उठाते हुए करीब 3 हजार हिंदुस्तानी सूरीनाम में ही रह गए। सरकार की ओर से प्राप्त जमीन पर उन्होंने खेती आरंभ की, और खेतीबाड़ी करके जीवन यापन करने लगे। कुछ वर्षों के बाद उन्हें यह एहसास हुआ कि सिर्फ कृषि के आधार पर वहां बने रहना कठिन है, इससे वह समाज में अपना स्थान नहीं बना सकते तो उन्होंने काम के अन्य पहलुओं पर भी ध्यान दिया। बहुत से लोगों ने चावल की खेती तो नहीं छोड़ी क्योंकि वह उनका मुख्य व्यवसाय था किंतु उन्होंने अन्य कार्यों के साथ चावल उगाना जारी रखा विशेषकर निकेरी के पश्चिमी जिले में क्योंकि उससे उन्हें काफी लाभ होता था। आज भी बहुत से हिंदुस्तानी चावल के बड़े बड़े खेतों के मालिक है।

बीसवीं शताब्दी के आरंभ से अधिकाधिक हिंदुस्तानी दूसरे क्षेत्रों में कार्य करने लगे जैसे व्यवसाय और परिवहन। ईसाई मिशनरियों द्वारा दी जा रही शिक्षा के परिणाम स्वरुप वह यह अनुभव करने लगे के शिक्षित होने से वह समाज में ऊंचा उठने लगेंगे। उन्होंने अपने बच्चों को स्कूल भेजना शुरु किया और समय के साथ उनकी अगली पीढ़ी देश की विभिन्न सेवाओं में नौकरियों के लिए पात्र होने लगी

इसमें डच सरकार का यह विनियम भी सहायक था कि उस कॉलोनी में जन्म लेने वाले सभी बालक डच माता पिता के बालकों के समान ही डच नागरिकता के लिए पात्र थे किंतु फिर भी दोनों विश्वयुद्ध के बीच तक सिर्फ कुछ ही हिंदुस्तानी अध्यापक, पुलिस और निचले स्तर के सरकारी कर्मचारी बन सके।

हिंदुस्तानी समुदाय के पहले चिकित्सक और अन्य विषयों के स्नातक दूसरे विश्वयुद्ध के बाद ही डच विश्वविद्यालयों से वापस लौटे। उनमें से कुछ बहुत जल्दी विभिन्न व्यवसायों जैसे चिकित्सा और विधि, न्यायपालिका, प्रशासन और बैंकिंग राजनयिक सेवाओं आदि। साथ ही उन्होंने राजनीति में भी पदार्पण किया।

उनकी आर्थिक स्थिति में सुधार के बावजूद, हिन्दुस्तानी आबादी के एक बड़े हिस्से की समाजिक स्थिति अनुकूल नहीं थी। डच अभिजात वर्ग और क्रियोल जनसंख्या दोनों उन्हें हेय दृष्टि से देखते थे।

1940 से 1980 तक चले तीसरे चरण में हिंदुस्तानी वर्ग पूंजी का संचय करने में और चावल की खेती में बहुत सफल रहा। थोक व्यापारियों और निर्यातकों को विशेष रूप से चावल की खेती से बहुत लाभ हुआ। इस समूह से एक समृद्ध मध्यम वर्ग का उदय हुआ। उनकी सामाजिक स्थिति में सुधार हुआ और वे अपने बच्चों, ज्यादातर बेटों को स्कूल के लिए, भेजने के लिए सक्षम थे। नतीजतन, एक हिन्दुस्तानी बौद्धिक अभिजात वर्ग का उदय हुआ। कृषि के क्षेत्र में छोटे किसानों पर बड़ी बिजली चालित कृषि कंपनियां हावी होने लगीं। परिणामस्वरूप हिंदुस्तानी अन्य क्षेत्रों जैसे सिविल सेवा, खनन उद्योग, उद्यमशीलता, निर्माण में भी सक्रिय होने लगे। हिंदुस्तानी किसानों के कम होने के परिणामस्वरूप शहरीकरण हुआ। 1921 में केवल

11% हिन्दुस्तानी पारामारिबो में रहते थे। 1964 में इस संख्या में 32% तक की वृद्धि हुई थी। इन सभी घटनाओं के परिणामस्वरूप हिंदुस्तानी संस्कृति का विकास और प्रसार हुआ और कुल मिलाकर, सूरीनाम में हिंदुस्तानियों को महत्व मिला और सामाजिक स्थिति में उन्नयन हुआ। आज भारतवंशियों ने सूरीनाम में व्यवसाय के हर क्षेत्र में अपना विशिष्ट स्थान बनाया है। शर्तबंधी के तहत गए श्रमिकों के वंशज धान के बड़े निर्माता तो हैं ही, साथ ही सूरीनाम में आटे के सबसे बड़े निर्माता 'भिखारी' हैं। इनके अतिरिक्त दलीप सरजू, कुलदीप सिंह और बैताली यहाँ के अन्य बड़े व्यापारियों में से हैं। बाद में व्यवसाय की दृष्टि से सूरीनाम पहुँच कर सिंधी समुदाय ने भी अपना विशिष्ट स्थान बनाया है। कृपलानी स्टोर्स से पारामरिबो शहर का हर व्यक्ति परिचित है।

राजनीति के क्षेत्र में विकास

प्रोफेसर एफ.ई.एम मित्रासिंह के अनुसार भारतीय श्रमिकों से संबंधित पहली राजनीतिक घटना मरियम बर्ग प्लैंटेशन में हुए उपद्रव को माना जा सकता है। श्रमिक प्लैंटेशनों पर उनसे लिए जा रहे अत्यधिक कार्य व मँझा और अधिकारियों के व्यवहार से असंतुष्ट थे। एक सरकारी रिपोर्ट के अनुसार भी अफसरों से मतभेद के कारण 1876 में अनेक प्लैंटेशनों पर समय समय पर झगड़े होने लगे थे। कहीं कहीं आग भी लगाई गयी थी जिसके परिणाम स्वरूप कई मजदूरों की मृत्यु भी हुई। इनमें उल्लेखनीय हैं अलाइन्स प्लैंटेशन, मरियम बर्ग प्लैंटेशन, जुलन और सोर्ख प्लैंटेशन हैं। कहीं कहीं तो सेना बुलाने की अवश्यकता भी पड़ी। इन सभी झगड़ो का कारण अत्यधिक कार्य, कम मजदूरी से उत्पन्न असंतोष था। प्लैंटेशनों में हुए झगड़ों में सबसे बड़ी घटना शायद मरियम बर्ग की रही। जो 29 जुलाई सन 1902 में घटी जिसमें कई मजदूर गोलियों का निशाना बने और बहुत खून खराबा हुआ। मरियम बर्ग प्लैंटेशन में कम मजदूरी के कारण असंतोष था और संघर्ष चल रहा था। वहाँ के सभी मजदूरों ने मिलकर एक अर्जी मँझा जेम्स मेफर जिन्हें वह मासा मेवा पुकारते थे को किंतु मासा मेवा ने अर्जी अस्वीकार कर दी। इस पर मजदूर भड़क उठे और क्रोधित श्रमिकों ने उसके दफ्तर में ही मंझा को कटलस से मार डाला। समाचार सुनकर सेना पारामारिबो शहर और अन्य थानों से पुलिस और फौजी अफसर वहाँ पहुंचे किंतु तब सब ओर शांति थी। अगले दिन खोज पड़ताल करने पर 21 मजदूरों को दोषी पाया गया और कैद कर लिया गया; तब अन्य मजदूर उन्हें छुड़ाने गए और दफ्तर को

चारों ओर से घेर लिया। ऐसी हालत देख कर प्रोक्योरर जनरल ने सेना से हवाई फायर करने को कहा ताकि मजदूर डर कर भाग जाएं किन्तु मजदूर नहीं डरे और मुक़ाबला करने लगे जिसके परिणामस्वरूप 17 मजदूर मारे गए और 39 घायल हुए। मारे गए मजदूरों का अंतिम संस्कार एक साथ एक ही गड्ढे में किया गया। मरियम बर्घ में इन मजदूरों की याद में एक स्मारक बनाया गया है कुछ लोग उस स्थान की खोज में लगे हैं जहां उन्हें दफनाया गया था।

1927 में सभी हिंदुस्तानियों को डच नागरिकता प्रदान किए जाने के बाद डच सरकार ने फैसला लिया कि हिंदुस्तानियों को राजनीति में स्थान मिलना चाहिए। तदोपरांत 1930 में राजनीतिक चेतना उल्लेखनीय रूप से जागृत हुई जब हिंदुस्तानी स्कूली शिक्षा अधिकारी श्री क्लेमेंस बिस्वामित्र के रूप में पहली बार एक हिंदुस्तानी को कोलोनियल एस्टेट्स का सदस्य नियुक्त किया गया। उनका पांडित्य और रौब ऐसा था कि बुर्जुआ मतदाताओं अर्थात वह शिक्षित वर्ग जो सरकार के शुल्क अदा करता है द्वारा दिए गए मतों में वे 90% मतों से चुनाव जीत गए।

राजनीति के क्षेत्र में एक और महत्वपूर्ण विकास था 1946 में भारतीय मूल के श्री असगर करामत अली ने सूरीनाम की पहली राजनीतिक पार्टी का गठन। इस पार्टी का उद्देश्य स्थानीय स्कूलों में इस्लाम और हिंदुओं के प्रति संवेदनशील व्यवहार अपनाने की मांग करना था। इसके तुरंत बाद दो और हिंदुस्तानी पार्टियों का गठन हुआ लोगों और इंडोनेशिया के कुछ लोगों द्वारा एक समूह का गठन। 1949 में तीनों पार्टियों ने मिलकर संयुक्त हिंदुस्तानी पार्टी (वी.एच.पी) बनाई जिसका नेतृत्व श्री जगन्नाथ लक्ष्मण का राजनीतिक नामकरण हुआ कुछ अन्य भारतीय मूल के लोगों ने भी हिंदू और मुस्लिम राजनीतिक दलों का गठन किया था किंतु सुधारवादी दृष्टिकोण रखने वाले लक्ष्मण यह मानते थे कि उनका राजनीतिक भविष्य इस संयुक्त राजनीतिक पार्टी में ही है क्योंकि उन्हें यह विश्वास था कि एक ऐसे देश में जहां कई धर्मों के लोग रहते हैं वह सिर्फ धर्म को राजनीतिक आंदोलन का आधार बनाना बहुत संकीर्ण होगा। शीघ्र ही यह संयुक्त हिंदुस्तानी पार्टी मुस्लिम और हिंदू पार्टियों के साथ जुड़कर कार्य करने लगी और उन्होंने 1949 में आयोजित चुनावों में भाग लिया। इस नई सहयोगी पार्टी की सफलता हिंदू और मुस्लिम के साथ होने में थी और इसके बाद उन्हें हिंदू-मुस्लिम विवाह और मरणोपरांत क्रिया के अधिकार भी मिलने लगे। इसके साथ ही ईद और होली को राष्ट्रीय

अवकाश घोषित किया गया। 1970 के आरंभ में लछमन और वी.एच.पी ने सूरीनाम को स्वतंत्र किए जाने का कड़ा विरोध किया क्योंकि उन्हें लगता था कि सत्ता क्रियोल वर्ग के पास चली जाएगी। श्री जगरनाथ लछमन हिंदुस्तानियों के अग्रणी नेता रहे और राजनीति को ऐसी दिशा प्रदान की कि आने वाले वर्षों में सूरीनाम की राजनीति में हिंदुस्तानी वंशजों ने अपना स्थान बनाया और समय के साथ साथ विशिष्ट पद ग्रहण किए। सूरीनाम के तीसरे राष्ट्रपति बने श्रीमान रामदत्त मिसिर। सूरीनाम की राजनीतिक स्थिति में यह एक कठिन दौर था, एक ऐसा समय जिसके बारे में आज कोई सोचना भी नहीं चाहता किन्तु श्री मिसिर ने देश की बागडोर 1988 तक बखूबी संभाली और सूरीनाम में लोकतन्त्र की बहाली में महत्वपूर्ण योगदान दिया, इस संबंध में सूरीनाम के ही भूतपूर्व राष्ट्रपति श्री जूल्स वेदन्बोश्च का कहना है "श्री रामदत मिसिर ने लोकतंत्र के निर्माण कार्य में अतुल्य योगदान दिया है। चौथे राष्ट्रपति श्री राम सेवक शंकर जो हिंदुस्तानी मूल के रहे। उनके नेतृत्व में देश ने बहुत तरक्की की। पूर्व उप राष्ट्रपति श्री सरजू व मौजूदा उप राष्ट्रपति, रौबेर्ट अमीराली भी हिंदुस्तानी मूल के ही हैं। इसके अतिरिक्त कई हिंदुस्तानी समय समय पर मंत्री पदों पर आसीन रह चुके हैं जैसे श्री स्टानली रघुबरसिंह, श्री गणेश कंधई, श्री अश्विन अधीन आदि। सुश्री इंद्रा ज्वालाप्रसाद राष्ट्रीय असेंबली की सभानेत्री रही हैं।

शिक्षा के क्षेत्र में विकास

सूरीनाम में भारतीय आप्रवासियों में साक्षरों की संख्या बहुत कम थी फिर भी जो लोग शिक्षित थे उन्होंने हिंदी पढ़ाई लिखाई की परम्परा को बनाए रखने का प्रयत्न किया और इसमें अशिक्षितों ने अपनी भावी पीढ़ी के भविष्य को ध्यान में रखते हुए पूरा सहयोग दिया । आरम्भ में हिंदी की शिक्षा धार्मिक अनुष्ठान पूजा आदि कराने वाले पंडितों द्वारा अपने घरों या लोगों के घर जाकर दी जाती थी । गाँवों में हिंदी की पढ़ाई के लिए छोटी-छोटी पाठशालाएँ खोली गईं थी जिनमें प्रायः सायंकाल अथवा अन्य सुविधा के समय पढ़ाई होती थी । आरम्भ में भारतीय अभिभावकों ने अपने बच्चों को डच भाषा के सरकारी स्कूल में भेजना पसंद नहीं किया। इसमें भाषागत माध्यम की कठिनाई भी थी और पाश्चात्य संस्कृति की उन्मुक्तता के प्रभाव से भावी पीढ़ी में उच्छृंखलता आ जाने का डर भी । सन 1890 में डच सरकार की ओर से केवल भारतीय बच्चों के लिए स्कूलों की स्थापना हुई जिसमें शिक्षक भी भारतीय थे । इसमें

हिंदी व अन्य विषयों की भांति डच भाषा भी पढ़ाई जाती थी । इन्हें कुली स्कूल कहा गया । लगभग **15** वर्ष तक इस प्रकार के स्कूल चलते रहे । धीरे-धीरे भारतीयों के मन से सरकारी स्कूलों में बच्चों को भेजने की झिझक दूर हो गई और इन विशिष्ट कुली स्कूलों को **1906** में समाप्त कर दिया गया। इसके बाद भी सन **1929** तक सरकारी स्कूलों में हिंदी की शिक्षा दी जाती रही। किंतु 1927 से सूरीनाम में जन्म लेने वाले हर बालक को डच-सूरीनाम नागरिकता दी जाने लगी और उन्हें सूरीनाम के नागरिक के रूप में आमेलित किया जाने लगा।

अथक परिश्रम कर हिंदुस्तानी मातापिता अपने बालकों को पढ़ाते रहे जिसके परिणामस्वरूप हिंदुस्तानी वंशजों का एक शिक्षित समूह तैयार हुआ जिसमें वकील, चिकित्सक, शिक्षक, अधिकारी सब थे। श्री विश्वामित्र जी भारतीयों के प्रथम वकील हुए, और दूसरे श्री जगरनाथ लछमन जो हिंदुस्तानियों के अग्रणी नेता रहे और राजनीति को दिशा प्रदान की। श्री चंदी साऊ, श्री हीरा सिंह, श्री बाबूराम, श्री शिवप्रसाद, श्री हरी मूंगरा, श्री ज्ञान अधीन, श्री गजधर, श्री भगवानदीन, श्री करामत अली, श्री मित्रासिंह, श्री रामनिवास, श्री त्रिभुवन सिंह, श्री अजोध्या, श्री मिश्र, श्री बाल उमराव सिंह, श्री राम दिहल, श्री रघुबरसिंघ तथा श्री वंशराज जाने माने वकील रहे हैं तो डॉ॰ अधीन, डॉ॰शुक्ल, डॉ॰ करामत अली, डॉ॰ राधाकृष्ण, डॉ॰ गफ़ूरखान, डॉ॰एस॰ मूंगरा, डॉ॰ एल मूंगरा, डॉ॰ तिवारी, डॉ॰ रघुनाथ, डॉ॰ विशेश्वर, हीरासिंह, डॉ॰ रतन, डॉ॰ जीत नाराइन, डॉ॰ जमालुद्दीन, डॉ॰ पुनवासी, यहाँ के प्रसिद्ध चिकित्सकों में हैं। श्रीमति कृष्णा हुसैनअली मथुरा पुलिस चीफ रह चुकी हैं।

सामाजिक स्थिति

आज लगभग पांच लाख की आबादी वाले इस देश में 33 प्रतिशत लोग हिंदुस्तानी मूल के हैं। विषम परिस्थितियों में कड़ी मेहनत से सवाँरे गए इस देश की वर्तमान पीढ़ी के स्वर में आज भी अपने आज-आजी(दादा-दादी) का दर्द व्यक्त होता है और उन्हें नमन करने के लिए वे अपने धर्म, जाति, संस्कृति को अमूल्य धरोहर के रूप में संभाल रहे हैं और आगामी पीढ़ी को सौंप रहे हैं। अपनी परिस्थितियों भौगोलिक स्थितियों व विभिन्न संस्कृतियों के आदान-प्रदान से, प्रकट रूप में, पहनावे, रहन सहन में समय की आवश्यकतानुसार परिवर्तन अवश्य आए किंतु हृदय में

आज तक भारत बसा है। प्रत्येक हिंदुस्तानी वंशज जीवन में एक बार भारत जाने की लालसा रखता है और हिंदी को अपनी अस्मिता का प्रतीक मानता है। भारत से आने वाले सभी व्यक्तियों को विशेष सम्मान दिया जाता है, उनका हाथ चूमकर स्वयं को धन्य मान लिया जाता है। यहाँ के हिंदुस्तानियों का जीवन भारतीय संस्कृति की प्रतिकृति है।

यहाँ दिन भोर होते ही आरंभ होता है, सुबह 7 बजे सब स्कूल व दफ्तर खुल जाते हैं और तीन-चार बजे बंद हो जाते हैं ताकि हर व्यक्ति शाम का समय परिवार के साथ व्यतीत कर सके। पाश्चात्य संस्कृति के प्रतिकूल यहां के परिवार अभी भी एक सूत्र में बंधे हैं। बहिन जी, भाई जी, श्रीमती जी, श्रीमान जी आदि स्नेहासिक्त संबोधन सहज ही सुनाई देते हैं। हर व्यक्ति जुबान का पक्का है। आमतौर पर पहनावा यूरोपीय है किंतु मंदिर में, व विशेष अवसरों पर भारतीय परिधान ही पहने जाते हैं। भारतीय भोजन पसंद किया जाता है और विशेष अवसरों, कथा, पूजा, निमंत्रण पर पूर्णतः भारतीय व्यंजन-रोटी, कढ़ी, दाल, फुलौरी, गुझिया आदि ही पकाए जाते हैं। संस्कृति संजोए रखने और उसके प्रसार के लिए पूजा व भोजन संबंधी वस्तुओं के महंगे होने पर भी उनका खुला प्रयोग किया जाता है।

रामायण, गीता,सत्यार्थ प्रकाश को जितना सम्मान यहाँ दिय़ा जाता है कुल प्रतिशत में आंकें तो संभवतः भारत से अधिक होगा। भारत में आज जब महानगरीय बनने की होड़ है यहां संस्कृति संजोए रखने का ध्येय है, उसे लुप्त न होने देने का बेजोड़ प्रयास है।

हिंदी सेवा का कार्य स्वेच्छा से किया जाता है। भारतीय संगीत और नृत्य की कक्षाएँ भी मंदिरों में चलती हैं। अनेक समाज व भजन मंडलियां हैं, जो हर अवसर पर एकत्र होती हैं।यहाँ आर्य समाज व सनातन धर्म दोनों के ही अनुयायी काफी संख्या में हैं। बहाई मत के प्रचारक भी हैं। कुल मिलाकर लगभग 134 मंदिर व धार्मिक केंद्र/सभाएँ हैं। इन मंदिरों में प्रार्थना व उत्सवों के अतिरिक्त हिंदी भाषा व धर्म संबंधी शिक्षा दी जाती है।

सभी हिंदुस्तानी घरों में खुला आंगन अथवा अहाता अवश्य छोड़ा जाता है और सनातन धर्म का पालन करने वाले परिवारों में सफेद, नारंगी, लाल, पीली पताकाएं जिन्हें यहां झंडियां पुकारते हैं गड़ी रहती हैं। वर्ष में कम से कम एक बार किसी भी अवसर पर कथा-पूजन करके उन्हें बदला जाता है। दुर्गा, काली, सरस्वती, हर रूप में देवी पूजी जाती हैं। जगह-जगह पर निजी मंदिर हैं जहां सप्ताह में एक अथवा दो बार पूजा बैठक होती है या यहीं की कहें तो मंदिर लगता है । मंदिर आने वाला हर व्यक्ति हलवा, लड्डू आदि प्रसाद अपने हाथ से बना कर लाता है जिसे बहुत भक्तिभाव से तैयार किया जाता है, प्रसाद बनाने के बर्तन अलग रखे जाते हैं।

लगभग दो घंटे तक लगने वाले मंदिर में लोग श्रद्धाभाव से बैठकर भजन कीर्तन करते व प्रवचन सुनते है। भारत के मंदिरों से सिर्फ एक ही असमानता है कि यहां मंदिरों में बैठने की व्यवस्था चर्च के समान बेंचों पर होती है।

नवरात्रि व अन्य त्योहारों व विशेष अवसरो पर मंदिर अवश्य खुलते हैं और पूर्ण श्रद्धाभाव से भक्तगण ईश्वर का गुणगान करते हैं। दशहरा से पहले कईं स्थानों पर रामलीला का आयोजन होता है और रामायण के प्रसंग खेले जाते हैं, जिसमें स्थानीय लोग बढ़-चढ़ कर अत्यंत उत्साहपूर्वक भाग लेते हैं। बच्चों को संस्कृति से जोड़ने के सायास प्रयास किए जाते हैं और अभिनव प्रयोगों द्वारा रामलीला को अधिक आकर्षक बनाने का प्रयास किया जाता है, ऐसा ही एक प्रयोग हनुमान को उड़ाने का था।

दीपावली का त्योहार यहां अत्यंत उत्साहपूर्वक मनाया जाता है, सामुदायिक भव्य आयोजन देखते ही बनता है। सूरीनाम के केंद्रीय स्थल पर एक बहुत बड़ा दिया (लगभग चार फुट गहरा व आठ फुट व्यास) जलाया जाता है और सांस्कृतिक कार्यक्रम आयोजित किए जाते हैं। यह दिया नरक चतुर्दशी की रात्रि से दीपावली की रात तक प्रज्ज्वलित रहता है। सभी हिंदुस्तानी अपने घर पर लक्ष्मी पूजन व रोशनी करते हैं।

होली को फगवा नाम से जाना जाता है, और पूर्णिमा को होलिका दहन करके अगले दिन बहुत हर्षोल्लास से मनाया जाता है, और यह होली तक ही सीमित नहीं, इसमें बुढ़वा मंगल और शीतला माता पूजन भी शामिल हैं।

कोई भी नया कार्य करने से पहले पंडित से परामर्श किया जाता है, विशेषकर गृह-निर्माण से पहले, कब नींव रखनी है, किस माह में निर्माण आरंभ करना है, गृह-प्रवेश कब करना है आदि, नई कार खरीदने पर उसे मंदिर ले जाया जाता है, ग्रह विचार व ग्रह-शांति पूजा कराई जाती है। जन्म से मृत्यु तक के सारे संस्कार पूर्ण विधि-विधान से संपन्न किए जाते हैं। जन्म पर सोहर गाए जाते हैं। रीति के अनुसार मुंडन संस्कार अवश्य व सामर्थ्य के अनुसार धूमधाम से किया जाता है। कुछ परिवारों में यज्ञोपवीत संस्कार भी आवश्यक हैं।

बहु जातीय समाज में भी विवाह हिंदू रीति से किया जाता है, विवाह से पहले भतवान, लावा भूंजने, मेहंदी व वागदान की रस्में आज भी प्रचलित हैं। कुछ परिवर्तन बॉलिवुड फिल्मों के परिणामस्वरूप भी हो रहे हैं, किंतु यहां के विवाह आयोजन में एक अच्छी बात यह है कि विवाह संस्कार पूरा होने से पहले न तो फिल्मी संगीत बजाया जाता है और न ही मदिरा-पान की अनुमति रहती है, सभी आमोद-प्रमोद विवाह संपन्न होने के पश्चात।

किसी घर में मृत्यु होने पर वहां दस दिन तक हर शाम मृतक की आत्मा की शांति के लिए

प्रार्थना सभा होती है जिसमें परिजनों को ढाढस बंधाने के लिए मित्र आदि एकत्र होते हैं, प्रवचन व भजन होते हैं।

भाषा (सरनामी हिंदी)

इन हिंदुस्तानियों की दूसरी, तीसरी और चौथी पीढ़ी द्वारा बोली जाने वाली भाषा को सरनामी हिंदी कहा जाता है। सरनामी हिंदी प्रायः एक नई भाषा मानी जा सकती हैं भारतीय भाषाओं की अन्य विदेशी भाषिक शैलियों के ही समान सरनामी का उद्भव भारतीय श्रमिकों के सूरीनाम आगमन के पश्चात हुआ। इस भाषा का आधार कई भारतीय भाषा भाषियों का सपर्क में आना है।

सूरीनाम के आप्रवासी कार्यालय के रजिस्टरों के आधार पर द क्लार्क ने अनुमान लगाया (1953) कि यहाँ आने वाले 80% भारतीय श्रमिक मूलतः उत्तर प्रदेश (आगरा, अवध) के विभिन्न जिलों से थे और 13% बिहार से जहां अलग अलग भाषाएं बोली जाती हैं। (जैसे भोजपुरी, अवधी, मगही, मैथली, ब्रज तथा अन्य भाषाएं) ये सभी भाषाएं संबद्ध हैं किंतु इसका अर्थ यह नहीं की सभी लोग इन भाषाओं को आपस में बोलते थे। संभव हैं कि इन लोगों ने अपनी भाषाओं के वह रूप छोड़ दिए जो बाकी भाषा भाषी नहीं समझ पाते थे। और क्योंकि किसी एक भाषा विशेष के समूह की अधिकता नहीं थी तो सभी भाषाओं का एक मिश्रण तैयार होकर सामने आया।

उदाहरणस्वरूप:-

हमार बाप काम करे हैं-
मनई लिखे पढे हैं
हमार माई खरे जवाब देइस

कहा जा सकता है कि सरनामी भोजपुरी, अवधी, मगही, मैथली, ब्रज तथा अन्य बोलियों की मिश्रित भाषा हैं जिसमें कालांतर में डच, स्रनांग तोंगो, जावानीज व अंग्रेजी भाषा के शब्दों का समावेश हुआ है। कुछ लोगों का मानना है कि यह भोजपुरी के सबसे करीब है तो कुछ अवधि का अधिक समावेश मानते हैं। इस क्षेत्र में भाषवज्ञानिक शोध अपेक्षित है।

सन 1961 में श्री ज्ञान अधीन ने सरनामी को सरकारी मान्यता दिलवाने की दिशा में ठोस प्रयास किए। क्रियोल राष्ट्रीयता के समय जब स्रनांग तोंगो को महत्व दिया जा रहा था तब

उन्होने हिंदी के सरनामी रूप को मान्यता दिलवाने के लिए राष्ट्रीय स्तर पर बहस चलाई और इसे राष्ट्र की महत्वपूर्ण भाषा घोषित करवाया। श्री अधीन ने सरनामी को रोमन लिपी में लिखने का प्रस्ताव भी रखा।

सरनामी का पहला मुद्रित पाठ पैरेबल आफ द प्राँडिगल सन 1956 में क्रोस्की रोशनी नामक पत्रिका में छपा। इसे सरनामी में छापने का मुख्य कारण हिंदुस्तानी वर्ग में सरनामी का अधिक प्रभाव होना था। इसके बाद सरनामी में बाइबिल के कई पाठ छपे।

सरनामी का पहला साहित्यिक पाठ वर्ष 1968 में पारामारिबो में छपा। यह थी श्रीनिवासी (मार्तिन हरिदत्त लक्षमन) की कविता **बुलाहट** थी। यह कविता किसी राजनीतिक प्रतिक्रिया स्वरूप नहीं बल्कि सूरीनाम में साहित्यिक वास्तविकता के एक अक्स के रूप में उभरी थी।

वर्ष 1973 में श्री मोंतीलाल मारहे ने सरनामी हिंदी की पहचान के लिए भाषाविद के रूप में संग्राम शुरू किया। सन 1977 में सरनामी कलेक्टिफ झुम्पा राजगुरू की स्थापना की गई, झुम्पा राजगुरू शर्तबंदी के तहत आया एक श्रमिक था जो 1902 में अलाएन्स प्लांटेशन विद्रोह का नेता रहा। ध्यान देने योग्य बात हैं कि इस कलेक्टिफ का आधार नीदरलैंडस में हैं। वस्तुतः सरनामी हिंदी संबंधी सभी गतिविधियां नीदरलैडंस में आरम्भ हुई।

1970 व 80 के दशकों में सरनामी में कई कविताएँ पुस्तकें और पत्रिकाएं छपीं। 1980 में नीदरलैंड में प्रवास कर चुके सूरीनामी हिंदुस्तानियों के एक समूह ने सरनामी हिंदी में लेख , कविताएं कहानियां छापकर सरनामी को ऊँचा स्तर दिलाने का प्रयास किया इसके अतिरिक्त सरनामी के मानकीकरण की प्रक्रिया आरम्भ की गई, श्री ज्ञान अधीन की अध्यक्षता में एक समिति गठित की गई जिसमें सरनामी लिखने के संबध में प्रस्ताव रखा गया। श्री मोंतीलाल मारहे ने सरनामी हिंदी के व्याकरण का विवरण दिया।

सन 1990 के दशक में सरनामी हिंदी को पूर्ण रूप से विकसित सूरीनामी भाषा मान लिया गया। सरनामी में पहला लंबा गद्य 1984 में प्रकाशित रबिन एस बलदेव सिंह का उपन्यास **स्तीफा** था। इसके बाद इन्हीं का दूसरा उपन्यास **सुनवाई कहाँ** सन 1987 में छपा। अप्रेल 1984 में द हेग में सरनामी नीदरलैंड संस्था की स्थापना की गई और इस संस्था ने सरनामी कलेक्टिफ झुम्पा राजगुरू के कार्यों को अपने हाथ में ले लिया।

दामस्तीग के अनुसार सरनामी नीदरलैड संस्था का एक कार्य सरनामी हिंदी पाठों का प्रकाशन था। दामस्तीग का मानना हैं कि यदि पाठ सामान्य प्रकाशनों द्वारा प्रकाशित किये जाते तो बेहतर था किंतु ऐसा करने में किसी की कोई रुचि नहीं थी क्योंकि ऐसे प्रकाशनों की बिक्री सीमित थी और इसका कारण सरनामी हिंदुस्तानियों की कमी नहीं अपितु सरनामी पाठ न पढ़ने की परम्परा था।

इसके अतिरिक्त उस समय डच भाषा में सरनामी हिंदी पर बहुत से लेख छपे। इन लेखों की विषयवस्तु भाषा की स्थिति, सरनामी हिंदी शिक्षण , लिपि का प्रस्ताव और सरनामी हिंदी मुहावरे व लोक कथाएं थी।

सन 1978 में श्री मोंतीलाल मारहे का एक महत्वपूर्ण लेख छपा - **वारम** (Waarom toch die emancipatie van het Sarnami अर्थात सरनामी हिंदी का emancipation उद्धार - क्यों इस लेख में पहली बार सरनामी हिंदी के पुनर्मूल्यांकन के सबंध में एक सुव्यवस्थित गुहार थी और उसके पक्ष में सुदृढ़ तर्क थे।

श्री मारहे के लेख के अतिरिक्त कुछ अन्य महत्वपूर्ण प्रकाशन रहे। इनमें उल्लेखनीय हैं- शीला सहतू बैजनाथशाह मास्टर का सरनामी हिंदी व्याकरण पर शोधपत्र(सन 1975 में) सरनामी कलेक्टिव झुम्पा राजगुरू के ऐसा समाचार में लेख। ऐसा समाचार सरनामी पत्रिकाओ का आधार बनी। के बैजनाथ का सरनामी हिंदी साहित्य पर शोधपत्र (सन 1978 में), श्री डी रामलाल व श्री आर रामलाल की सरनामी हिंदी की मूल निर्देशिका सन 1977) सीता किशन द्वारा वैज्ञानिक लेख जिनमें मुख्य था उनका उनका स्नातकोत्तर शोधपत्र(Lexical interference in Sarnami – a sociolinguistic approach) और जीत नरायन व टी दामस्तीग की सरनामी हिंदी पुस्तक- **का हाल** जिसे विशेष रूप से उन लोगों के लिए तैयार किया गया है जो अपने आप हिंदी(देवनागरी) पढ़ना लिखना और जानना चाहते हैं। इस पुस्तक की विशेषता यह है कि इसमें डच,अँग्रेजी, सरनामी, स्रनाँग व जावा को माध्यम बनाया गया है। यह पाँचों मुख्य भाषाएँ हैं और जिन्हें भी इनमें से कोई भी भाषा आती है वह सरलता से हिंदी व देवनागरी लिपि सीख सकता है।

सरनामी संबधी यह आंदोलन सन 1970 व 80 के दशक में चरम पर था किन्तु सन 1990

तक आते आते इसकी तीव्रता कम होने लगी । इस दौरान सूरीनाम में 1986 में सूरीनामी मंत्री परिषद ने निर्णय लिया कि सरनामी हिंदी रोमन लिपी में छपेगी। (यह सूरीनाम के सरकारी राजपत्र में संकल्प सॅख्या 4562 में पारित हुआ । 1983 से 1992 के बीच **भाषा** नामक पत्रिका छपी जिसमें सरनामी हिंदी पर लेख छपे। जून 1983 में पारामारिबो में सरनामी पर पहला सेमिनार आयोजित किया गया । सन 1985 व 1986 में पारामारिबो की वैज्ञानिक सूचना संस्था ने सरनामी हिंदी में लोककथाओं की दो पुस्तकें निकाली। समर इंस्टीटयूट आफ लिंग्विस्टिक ने सरनामी पर कई पुस्तकें प्रकाशित कीं जैसे ङइसकाम्प की पाठय पुस्तक (सन 1980 में) आज सूरीनामी हिंदुस्तानी सरनामी हिंदी को अपनी मातृभाषा तो मानते हैं किन्तु उसका प्रयोग मुख्यतः घर के भीतर तक ही सीमित है। कार्यालयों, सार्वजनिक स्थानों आदि पर डच व्यवहार में लाई जाती हैं तथा औपचारिक स्थानों, पूजा स्थलों आदि में मानक हिंदी का प्रयोग किया जाता है। यहाँ हिंदी को बहुत सम्मान और आदर दिया जाता है

सूरीनाम में हिंदी – वर्तमान स्वरूप

आज सूरीनाम में हिंदी की स्थिति सुदृढ़ है। वर्ष 1873 से 1928 तक सूरीनाम में सरकारी विद्यालयों जिन्हें कुली स्कूल कहा जाता था, में हिंदी शिक्षण की व्यवस्था थी। 1929 से सरकारी विद्यालयों में हिंदी शिक्षण बंद कर दिया गया और हिंदी शिक्षण का बीड़ा उठाया धार्मिक व सामाजिक संस्थाओं व स्वाध्याय मंडलों ने उठाया। आज हिंदी की सुदृढ़ स्थिति का श्रेय इन्हीं संस्थाओं को जाता है। मंदिरों में हिंदी कक्षाएँ लगाई जाती और धार्मिक ग्रंथों की शिक्षा भी दी जाती। यहाँ आर्य समाज व सनातन धर्म दोनों के ही अनुयायी काफी संख्या में हैं। बहाई मत के प्रचारक भी हैं। कुल मिलाकर लगभग 134 मंदिर व धार्मिक केंद्र/सभाएँ हैं। इन मंदिरों में प्रार्थना के अतिरिक्त हिंदी भाषा व धर्म संबंधी शिक्षा दी जाती है। हिंदी सेवा का कार्य स्वेच्छा से किया जाता है।

आरंभ में हिंदी सीखने-सिखाने का स्रोत थीं नाथूराम की पहली से चौथी पुस्तक। वर्ष 1960 में भारतीय सांस्कृतिक केंद्र की ओर से बाबू महातम सिंह यहां आए। सूरीनाम आने से पहले वे गयाना में हिंदी शिक्षण कर रहे थे। सूरीनाम में मानक हिंदी शिक्षण का पूरा श्रेय बाबू महातम सिंह को जाता है। आपके प्रयास से यहाँ विधिवत रूप से हिंदी शिक्षण आरंभ हुआ और

एक नई उर्जा का संचार हुआ। आज तक जो स्थानीय हिंदी अध्यापक पढ़ा रहे हैं वह बाबू महातम सिंह जी से पढ़े हुए हैं और सदैव उनके प्रति आदर से नत रहते हैं। वर्तमान आकलन के अनुसार यहाँ लगभग पचास हिंदी अध्यापक निःस्वार्थ रूप से सतत हिंदी अध्यापन कर रहे हैं और अन्य लोगों को इसके लिए प्रेरित कर रहे हैं।

सन् 1977 में यहाँ सूरीनाम हिंदी परिषद की स्थापना की गई। जिसे सूरीनाम सरकार द्वारा मान्यता प्रदान की गई है। सूरीनाम हिंदी परिषद अखिल सूरीनाम में प्रतिवर्ष हिंदी की परीक्षाएँ आयोजित करता है, ये परीक्षाएँ राष्ट्रभाषा प्रचार समिति, वर्धा-भारत द्वारा निर्धारित पाठ्यक्रम के अनुसार ली जाती हैं। यहाँ प्रथमा, मध्यमा, उत्तमा, प्रवेश, परिचय, कोविद, रत्न, की परीक्षाएँ आयोजित की जाती हैं। परिचय परीक्षा का स्तर हाई-स्कूल, कोविद का इंटरमीडिएट तथा रत्न का स्तर स्नातक के समकक्ष है। सिर्फ रत्न परीक्षा के प्रश्नपत्र राष्ट्र भाषा प्रचार समिति वर्धा-भारत से तैयार हो कर आते हैं व उनकी जाँच भी वहीं पर होती है।

हिंदी को लोकप्रिय बनाने में जनसंचार माध्यमों का भी अत्यधिक योगदान है। पहले रेडियो और अब रेडियो के साथ-साथ टेलीविजन, यहाँ ऐसे कई चैनल हैं जो दिन भर हिंदी के गाने और फिल्में दिखाते है। विभिन्न चैनलों में नवीनतम फिल्मों को दिखाने की होड़ रहती है। यहाँ के बहुत से लोग हिंदी गाने बहुत अच्छी तरह गाते हैं। लोकगीतों को भी मौखिक विरासत के रूप में सौंपा जाता रहा है। लोकगीत भारतीय प्रवासियों द्वारा लाई गई मौखिक परंपरा का एक हिस्सा थे। जैसे-जैसे सामाजिक चेतना जागृत हुई, गाने की टोलियां बनने लगी, ये संगठित समूह अपनी सांस्कृतिक विरासत को संजोए रहे। आज भी यहां अनेक रामायण समाज और भजन मंडलियाँ हैं जो विशेष अवसरों पर एकत्र होती हैं।

हिंदी फिल्में देखकर भी काफी लोग हिंदी सीखे हैं। कुछ समय पहले घर पर बिजली ठीक करने आए एक कामगार का शुद्ध उच्चारण सुनकर जब मैंने पूछा कि उसने हिंदी कहाँ पर सीखी तो उसका उत्तर था फिल्मों से। यहाँ बहुत से लोग ऐसे भी हैं जो बहुत शुद्ध हिंदी बोलते हैं किंतु उन्हें लिपि ज्ञान बिलकुल नहीं है। लिपि ज्ञान की दिशा में अधिक कार्य अपेक्षित है।

सूरीनाम में हिंदी ज्ञान आज प्रतिष्ठा का प्रतीक है यहाँ आपस में हिंदी/सरनामी बोलने में किसी प्रकार का कोई संकोच अनुभव नहीं किया जाता। इतना सब कुछ होने के बाद भी हिंदी शिक्षण में कुछ कठिनाइयों का सामना करना पड़ता है। इसका मुख्य कारण है यहाँ की बहुभाषिक स्थिति। सात-आठ वर्ष का होते-होते यहाँ का हर बच्चा कम से कम चार-पाँच भाषाओं के संपर्क में आता है। राजभाषा व संपूर्ण शिक्षा प्रणाली डच में होने के कारण घर पर डच का वर्चस्व रहता है और यहाँ इसके प्रति वही मानसिकता है जो भारत में अँग्रेजी के प्रति है

कि डच ज्ञान के बिना अच्छी नौकरी मिलना संभव नहीं है। इस वर्ग का मानना है कि हिंदी पढ़ने से कोई आर्थिक लाभ नहीं होता। इसके अतिरिक्त अनेक छात्रों की समस्या समयाभाव भी है। स्कूल व कॉलेज की पढ़ाई के साथ हिंदी कक्षाओं में उपस्थित होना कठिन लगता है और वे पहले या दूसरे स्तर के बाद कक्षा में आना बंद कर देते हैं। हिंदी पढ़ने से यहाँ के लोगों को कोई व्यावसायिक या आर्थिक लाभ नहीं होता, बस उन्हें आत्म-संतुष्टि मिलती है। इन सब बातों के रहते भी सूरीनाम में हिंदी छात्रों की संख्या में निरंतर वृद्धि न सिर्फ हर्ष का विषय है अपितु यह भी दर्शाती है कि भाषा व संस्कृति प्रेम के समक्ष सभी समस्याएँ गौण हो जाती हैं आज सूरीनाम का हर हिंदुस्तानी हिंदी को अपनी अस्मिता का प्रतीक मानता है।

हाल ही में सूरीनाम में आम चुनाव हुए, यह देखकर हार्दिक प्रसन्नता हुई कि हिंदुस्तानी पार्टी ने अपने चुनाव प्रचार में हिंदी का व्यापक प्रयोग किया। यह हिंदुस्तानी वर्ग के दिल तक पहुँचने का प्रयास था। परिणाम चाहे जो भी रहे इस से यह स्पष्ट होता है कि हर हिंदुस्तानी का हृदय अपनी मातृभाषा हिंदी प्रेम से ओतप्रोत है।

सूरीनाम में हिंदी साहित्य

सूरीनाम में हिंदी साहित्य रचना कब से प्रारंभ हुई यह निश्चित रूप से कह पाना कठिन हैं। सन् 1873 में जब भारतीय श्रमिकों को यहाँ लाया गया तो उनके पास लिखने-पढ़ने की सुविधा नहीं थी दिन भर के कठिन परिश्रम के पश्चात वे संध्या को आपस में बैठते व किस्से-कहानियाँ कहते, गीत गाते तथा बच्चों को लोरियां सुनाते, महाभारत, रामायण, पंचतंत्र, हितोपदेश, बीरबल बादशाह की कहानियाँ सुनाते, महात्मा गाँधी, स्वामी विवेकानन्द और महर्षि दयानंद के विचारों पर चर्चा करते। इस तरह मौखिक साहित्य जीवित रहा।

धीरे-धीरे उनके अपने अनुभव, दिन भर की कठिनाइयां और जीवन का दर्द शब्दों में उभर कर आने लगा। और जैसे विलयम वर्डस्वर्थ ने कहा हैं कि काव्य हृदय की तीव्रतम अनुभूतियों की सहज अभिव्यक्ति है, तो अनुभूतियां अभिव्यक्त होने लगी और काव्य रचना आरंभ हुई किंतु यह मौखिक था। दिन भर के श्रांतक्लांत श्रमिक अपने अनुभवों को पद्य (दोहा, तौपाई, गीत, भजन, इत्यादि) में प्रकट करते। कुछ लोगों ने लिखना भी आरंभ किया लेकिन अधिकांश उत्पीड़ित वर्ग के पास कोई साधन नहीं था। पंडित लक्ष्मी प्रसाद बलदेव (बग्गा), श्री मंगल प्रसाद, मुंशी रहमान खान, बाबू चंद्रमोहन रणजीत सिंह, महादेव खुनखुन की आरंभ की गई परंपरा का भली प्रकार निर्वहन हो रहा है।

यहां के प्रमुख कवि और लेखक हैं- पंडित लक्ष्मी प्रसाद बलदेव (बग्गा), श्री मंगल प्रसाद, मुंशी रहमान खान, बाबू चंद्रमोहन रणजीत सिंह, महादेव खुनखुन, अमर सिंह रमण, डॉक्टर

जीत नराइन, सुरजन परोही, पं. हरिदेव सहतू, रामनारायण झाव, रामदेव रघुबीर, सुरजनाराइन सिंह सुभाग, प्रेमानंद भोंदू। लेखन से जुड़े अन्य लोग हैं सुशीला बलदेव मल्हू, संध्या भग्गू, तेजप्रसाद खेदू, सुशीला सुक्खू, देवानंद शिवराज, धीरज कंधई, रामदेव महाबीर।

    सूरीनाम के कुछ लेखक हॉलैंड जा बसे हैं किंतु उन्होंने भी हिंदी / सरनामी साहित्य को काफी स्मृद्ध किया है ये हैं- पंडित सूर्यप्रसाद बीरे, रबीन सतनाराइनसिंह बलदेवसिंह, राजमोहन, सुश्री चाँदनी, चित्रा गयादीन, मार्तिन हरिदत्त लछमन श्रीनिवासी, राज रामदास। साथ ही नए साहित्यकारों की लम्बी सूची है जैसे अमित अयोध्या, वीना अयोध्या, विकास समोधी, डॉक्टर कारमेन जगलाल, कृष्णा कुमारी भिखारी, संध्या लल्कु, तारावती बद्री, लीलावती कल्लू, सुमित्रादेवी बलदेव। ये सभी नए कवि और लेखक मुख्यतः मानक हिंदी में ही लिखते हैं। इनकी रचनाएँ शब्द-शक्ति नामक पत्रिका में छपती रहती हैं।समय समय पर यहाँ कई हिंदी पत्र-पत्रिकाएँ निकलती रही हैं, जैसे आर्य दिवाकर से धर्म-प्रकाश और वैदिक संदेश, बाबू महातम जी के निर्देशन में शांतिदूत, सूरीनाम हिंदी परिषद से सूरीनाम दर्पण और हिंदीनामा, तथा सूरीनाम साहित्य मित्र संस्था की शब्दशक्ति। किंतु साधनों के अभाव में इनका सतत प्रकाशन नहीं हो पाता है। पिछले वर्ष सूरीनाम साहित्य मित्र संस्था द्वारा प्रकाशित प्रथम कविता संग्रह एक बाग के फूल का विमोचन हुआ। यह सूरीनाम के वरिष्ठ और नवोदित 27 कवियों की कविताओं का संग्रह है और यह पहला अवसर है कि यहाँ इस तरह का संग्रह प्रकाशित हुआ है। इसमें सरनामी व खड़ी बोली हिंदी में लिखी देश-प्रेम व आम जनजीवन के लगभग प्रत्येक पहलू पर लिखी कविताएँ हैं जो देवनागरी व रोमन दोनों लिपियों में हैं।

    सूरीनाम के हिंदी लेखकों की रचनाएं संभवतः शिल्प की दृष्टि से विद्वानों को आकर्षित न करें, उनमें भाषागत अशुद्धियां भी मिलें किंतु भारत से दूर इन प्रवासी भारतीयों की सुख दुख की सहज भावाभिव्यक्ति अवश्य मिलेगी। सूरीनाम के सभी साहित्यकार हिंदी में लिखकर अपने को भारत से जुड़ा हुआ पाते हैं। इनकी कविताओं में संस्कृति और उससे जुड़ाव की झलक है, भाषा-प्रेम की अभिव्यक्ति है, हिंदी सीखने के लिए प्रेरणा है। समस्त जीवन की अनुभूतियों के बहुआयामी चित्र हैं और अतीत की वेदना है और साथ में है धार्मिक आस्था, भक्ति और लोकजीवन का संगीत।

    सूरीनाम का हिंदुस्तानी समाज आरंभ से अपनी भाषा व संस्कृति के प्रति सजग रहा और विषम परिस्थितियों के बावजूद अपनी भाषा की ज्योति को जलाए रखा। अपनी भावाभिव्यक्ति के लिए वह अपनी भाषा का प्रयोग करना चाहता है। इन सभी तथ्यों को देखते हुए लगता है

कि हिंदी के अधिक प्रचार प्रसार के लिए ईमानदार प्रयास और सृजनात्मक दृष्टिकोण की आवश्यकता है। साथ ही यहाँ के हिंदुस्तानी मूल के नेताओं और महत्वपूर्ण व्यक्तियों को सरकारी स्कूलों में हिंदी शिक्षण को स्थान दिलाने का सच्चा प्रयास करना होगा और इन प्रयासों के साथ यदि भारत सरकार के य़ोगदान का सही व सार्थक उपयोग किया जाए तो निश्चय ही हिंदी भाषियों की संख्या में उत्तरोत्तर वृद्धि होगी क्योंकि आम हिंदुस्तानी का मानना है –

"जे हम ना बतियइए अपन भासा तो लड़कन के का बतइए, कौन भासा आजा बोली उ ना जानि" (यदि हम अपनी भाषा में बात नहीं करेंगे तो बच्चों को क्या बताएँगे कि उनके दादा, परदादा कौन सी भाषा बोलते थे।)

कला व कलाकार

हिंदुस्तानियों का जीवन किसी न किसी रूप में संस्कार, धर्म और समाज के आधार पर चलता है और इसी पर संस्कृति कायम हैं। नृत्य संगीत और कला सब इसी से जुड़े हैं और इनके बिना हिंदुस्तानी संस्कृति अधूरी है। हिन्दुस्तानी संस्कृति में कलाकारों का स्थान अमूल्य है। मूर्तियों के बिना मंदिरों की शोभा नहीं होती, और नृत्य संगीत के बिना उत्सव पूरा नहीं होता। हिंदुस्तानियों के मनोरंजन के लिए जन्म व जवानी से लेकर बुढ़ापे तक हर अवसर पर कलाकार भाग लेते हैं। इसके बाद अंतिम यात्रा तक भी हम भजन और पूजा-पाठ के लिए इन कलाकारों की सहायता लेते हैं।

सूरीनाम आने वाला भारतीय समुदाय मुख्यतः पूर्वी उत्तर प्रदेश के आजमगढ़, गोरखपुर, बस्ती गोंडा, फैजाबाद, जौनपुर, गाजीपुर, व बलिया जिलों और बिहार के सरन, मुजफ्फरपुर, दरभंगा, शाहबाद, पटना और गया जिलों से था जहां भोजपुरी, अवधी, मगही, मैथिली, ब्रज भाषाएँ बोली जाती हैं । सूरीनाम आने वाले हिंदू वर्ण व्यवस्था को मानते थे और अपनी अपनी पंरपराओं को साथ लाए थे।अपने उर अंतर में भर कर लाये थे होली दीपावली के त्योहार, अपने अपने रीति-रिवाज और गीत - हर अवसर के गीत। दिन भर के कठिन परिश्रम के बाद ये अपने साथ लाये रामचरितमानस की चौपाइयां पढ़ते आपस में मिल-बैठकर भजन करते किस्से कहानियाँ कहते और लोकगीत गाते। अतः लोकगीत भी भाषा धर्म व संस्कृति के प्रचार का माध्यम रहे। और लोकगीत इन भारतीय प्रवासियों द्वारा लाई गई मौखिक परंपरा का एक हिस्सा थे। जैसे-जैसे सामाजिक चेतना जागृत हुई, गाने की टोलियां बनने लगीं, ये संगठित

समूह अपनी सांस्कृतिक विरासत को संजोए रहे और पीढ़ी दर पीढ़ी लोकगीतों को मौखिक विरासत के रूप में सौंपा जाता रहा। 140 वर्ष की यात्रा के उपरांत आज भी सूरीनाम में लोकगीतों की परंपरा बनी हुई है। एक समय था जब सूरीनाम में महिलाओं के बैंड भी काफी प्रचलित थे, इनमें अग्रणी रहीं श्रीमती द्रौपदी, फिर श्रीमती औधराजी घिसाई दूबे। बैठक गाना महारानी श्रीमती विष्णुवती कुशाल आज भी बैठक गाने की दुनिया में एक महान व्यक्तित्व हैं। और इसी तरह गाने वालों में हैं श्रीमती मोती माला भोलासिंह।

सूरीनाम में लोक संगीत का ही एक और आयाम है – बैठक गाना। आजीविका और सुखमय जीवन की तलाश में सुंदर स्वप्न सजोए 140 वर्ष पहले जब हिंदुस्तानी वंशज गिरमिट काटने सूरीनाम के बीहड़ में पहुंचे तब उनका जीवन अत्यधिक दुखमय हो गया था। दैनिक जीवन के कष्ट, अपनी आकांक्षाओं के पूरे न होने का दर्द, परिवार से विछोह, और निराशा से घिरे दिन भर के कठिन श्रम से थके हारे भारतवंशी पूर्वजों के पास मनोरंजन का कोई साधन नहीं था; तब वह लोग संध्या के समय एक साथ मिल बैठ कर अपना दुख हलका करते थे, कुछ गा बाजा लेते थे, यह मुख्यतः बिरहा के गीत होते थे और खजड़ी पर गाए जाते थे। कभी रामायण पर चर्चा हो जाती थी, तो कभी किस्से कहानियों में कुछ समय व्यतीत किया जाता था। धीरे धीरे जैसे जैसे इन लोगों को कुछ साहस बढ़ा गीतों की ध्वनि व साज की आवाज बढ़ने लगी। प्रतिष्ठित बैठक गाना गायक श्री क्रिस रामखेलावन कहते हैं – "बचपन में जब गाँव में बिजली नहीं थी तो रात में एक ही काम होता था, हिंदी पढ़ना और गाना गाना। संस्कृति जिंदा रखने का जुनून था! शुरुवात भजन से की जो माँ सिखाती थी। सितारी बाबू कहे जाने वाले एक ही व्यक्ति थे जिन्हें संगीत का कुछ ज्ञान था।" गिरमिट पूरा करके वापस लौटने वाले व्यक्तियों के माध्यम से संदेसा भेज कर नए आने वाले जहाजों पर हारमोनियम व ढोलक गंगाए जाने लगे। कुछ लोगों ने स्वयं ढोलक बनाने का प्रयास भी किया। और जब सुर के साथ बाजे बजने लगे तो गाने स्वयं निखरने लगे। बैठक गाना नाम के पीछे दो कारण समझ आते हैं, पहला तो जो इसका शाब्दिक अर्थ है; बैठक अर्थात सभा और दूसरा यह कि उस समय बैठने के लिए अक्सर धान की भूसी पर कपड़ा बिछा कर बैठने की व्यवस्था होती थी, जिस पर बैठ कर ये गिरमिटिया श्रमिक गाना गाते थे।। उसी से नाम पड़ गया बैठक गाना। तब ऊंचे स्वर में भजन, किस्से

कहानियाँ आल्हा आदि गाये जाते थे। धीरे धीरे यह बदला और साथ में आए ढोलक, हारमोनियम और दंडताल; आज कुछ समूह ऑर्केस्ट्रा को भी साथ लेकर चलते हैं।

चूंकि सूरीनाम आने वाला समुदाय अधिकांशतः उत्तर भारत से था तो उसी के आधार पर यहाँ का लोक संगीत और बैठक गाना विकसित हुआ। आज यह दक्षिण अमरीका, विशेष रूप से सूरीनाम और गयाना और कैरीबियाई देशों में त्रिनिदाद में बहुत अधिक प्रचलित है।

बैठक गाने के बोल साहित्य की छंदबद्धता एवं अलंकारों से मुक्त हो मानवीय संवेदनाओं के संवाहक के रूप में मधुर मिठास घोल कर हमें तन्मयता के लोक में पहुंचा देते हैं। इन गीतों के विषय, सामान्य मानव की सहज संवेदना से तो जुड़े हुए हैं ही कालांतर में यह मनोरंजन प्रधान हो गए। प्रकृति की सुंदरता, सुख-दुःख और विभिन्न संस्कारों और हंसी मज़ाक को समेटे बैठक गाना आज सूरीनाम की विशेषता बन गया है। न सिर्फ सूरीनाम यह यहाँ से नीदरलैंड्स भी पहुँच चुका है। ढोलक, हारमोनियम व डंडताल के साथ गाये जाने वाले गीतों को सुनकर लोग झूमने लगते हैं। डंडताल एक लंबी खोखली छड़ होती है जिसे अर्धगोलाकार (यू आकार के) धातु के टुकड़े से बजाया जाता है। कहा जाता है कि इसका आविष्कार बैल गाड़ी में जुते बैलों को हाँकने के लिए प्रयुक्त छड़ से हुआ जिसे पहले पहल घोड़े की नाल से बजाया जाता था। समय के साथ यह परिष्कृत हो गया। धीरे धीरे बैठक गाना बहुत लोकप्रिय हो गया।आरंभ में सिर्फ भजन व किस्से कहानी ही बैठक गानों में गाये जाते थे, फिर जैसे जैसे युवा वर्ग इस से जुड़ा अनेक परिवर्तन हुए ऑर्केस्ट्रा शामिल हुआ और हंसी मज़ाक का समावेश अधिक हुआ। आज सूरीनाम में नियमित रूप से बैठक और चटनी गानों के स्टेज शो होते हैं और टिकटयुक्त शो सदैव हाउसफुल जाते हैं। बैठक गाना गाने वाले गायकों में जो नाम मुख्य रूप से गिने जाते हैं वह हैं, उस्ताद रामप्रसाद रामखेलावन, स्व॰ रामदेव चैतू, श्री हरी शिवबालक और बैठक गाना को एक नया आयाम देने वाले श्री क्रिस रामखेलावन जिन्होंने चटनी गाने को एक नया ज़ायका दिया। इन सभी कलाकारों ने जिस तरह उत्तर भारत की लोकगायन परंपरा को ज़िंदा रखा है उसकी मिसाल ढूंढना मुश्किल है।

धर्म, संस्कृति के साथ साथ भारत की प्राचीन कलाओं व विद्याओं का भी प्रसार सूरीनाम में बखूबी हुआ है और इसमें शामिल हैं दक्षिण भारतीय प्राचीन नृत्य कला, भरतनाट्यम। विविध

संस्कृतियों को समाहित करने वाले इस देश में भी भारतीय नृत्य का फलता फूलता स्वरूप निश्चय ही गौरव की बात है। और इस नृत्य ने जिस तरह जाति-पांति के भेदभाव को विस्मृत करा दिया है वह भारत के लिये भी शिक्षा ग्रहण करने की बात है। जब बात जड़ों की मिट्टी की आती है तो यहाँ हिन्दू मुसलमान का भेद भी नहीं रहता।

140 वर्ष पूर्व जब हिंदुस्तान से अनुबंधित श्रमिक सूरीनाम पहुंचे तब वह अपने साथ सिर्फ कुछ धार्मिक ग्रंथ ले कर यहाँ पहुंचे थे। संभवतः उनमें ईश्वर के कुछ चित्र अथवा प्रतिमाएँ रही हों। जैसे जैसे समय व्यतीत हुआ तस्वीरें धुंधली होने लगीं और प्रतिमाएँ खंडित, और ईश्वर का रूप कल्पना पर निर्भर हो गया। यूं भी ईश्वर का साकार रूप मानव कल्पना की ही देन है किंतु सूरीनाम के संदर्भ में ऐसा होने का अर्थ था ईश्वर का जो रूप प्रचलित है उस से थोड़ा अलग होना। कब कहाँ कैसे मूर्तियान गढ़ना आरंभ हुआ यह कह पाना तो कठिन है किंतु आम धारणा है किसूरीनाम में देवी देवताओं कि मूर्तियों में सौन्दर्य चेतना का जागरण लगभग 60 के दशक में हुआ जब बहु सांस्कृतिक समुदायों ने अपने अपने समुदायों पर ध्यानाकर्षित करना आरंभ किया। और फिर धीरे धीरे आते जाते पथिकों द्वारा लायी प्रतिमाओं के माध्यम से भारत में प्रचलित रूप फिर से सूरीनाम में प्रतिमा रूपों में दिखाई देने लगे।

कृष्णप्रसाद खेदू का नाम मूर्तिकार व राष्ट्रीय प्रतीकों के निर्माता के रूप में जाना जाता है। बाबा माई की मूर्ति और जय किसान के निर्माता श्री खेदू को कईं पुरस्कारों के साथ साथ सूरीनाम के राष्ट्रपति से प्राप्त होने वाला उच्चतम पुरस्कार नाइट ऑफ गोल्डन पाम अवार्ड भी प्राप्त हो चुका है किन्तु फिर भी खेदू जी का व्यक्तित्व अत्यंत सहज व सरल है और हृदय अपनी संस्कृति से जुड़ा है। मूर्तिकला से ही जुड़ा एक और परिवार है परिवार रामबली मनोरथ जिसमें श्री तुलसी मनोरथ, श्री जगदीश प्रसाद मनोरथ और जयदेव प्रसाद मनोरथ।

इन सभी के अतिरिक्त बहुत से प्रतिष्ठित हिंदुस्तानी वंशज हैं जो अपने पुरखों को नमन करते अपने अपने स्तर पर अपने तरीके से अपनी संस्कृति की धारा को सतत रूप से बहा रहे हैं और उसके पोषण के लिए संघर्षरत है। यहां उन सभी का उल्लेख करना संभव नहीं किंतु यह समुदाय आज भी स्वयं को भारत से बहुत जुड़ा हुआ मानता है, आत्मा में भारत को बसाए रखता है।

स्रोत –

1. MitraSingh & harpal Narita s: Hindostanen van Contactarbeiders tot Surinamers 1873-1998, Stichting Surinams Hindostanse Immigratie,

Paramaribo, Suriname, 1998. p.273
2. Caught between Christianization, assimilationand religious independency - The Hindustani community in Suriname, Erik Roosken
3. हरिदेव सहतू; सूरीनाम की भाषाओं के संदर्भ में हिंदी की स्थिति; शोधाध्ययन, 1986, pp. 76
4. Theo Damsteegt, Sarnami a living language in Language Transplanted, the Development of Overseas Hindi, edt by, Richard K. Barz and Jeff Siegel; published by Otto handrassowitz Wiesbadden, pp. 130
5. Theo Damsteegt, Sarnami as an Immigrant Koine in Atlas of the Languages, edtd by Eithne B. Carlin Arendz, published by KITLV Press, Royal Institute of Linguistics and Antropology, 2002, pp 345.
6. Tim Van Der Avoird, Determining Language Vitality; Tilburg University; 2001
7. Raymond S. Chickrie ; Muslims in Suriname: Facing Triumphs and Challenges in a plural society, Jouranal of Muslim Minority Affairs.
8. Brief History of Hindustani pop music in Suriname, Tjait Ganga

शर्तबन्दी गुलामी प्रथा की अभिव्यक्ति

सुधा शर्मा [6]

गोस्वामी तुलसीदास की ये पंक्तियाँ- **'पराधीन सपनेहूँ सुख नाहिं'** पूर्णरूपेण चरितार्थ होती हैं जब हम गिरमिटिया मजदूरों की हृदय विदारक पीड़ा को सुनते हैं और मन आशंकित हो जाता है कि सम्पूर्ण धन - सम्पदाओं का स्वामी भारतवर्ष कभी सोने की चिडिया की उपाधि से अलंकृत, अपरिमित प्राकृतिक सम्पदाओं से परिपूर्ण था, उसी भारत के लोग इतनी दयनीय अवस्था में कैसे पहुँच गये कि उसकी पीड़ा को सुनकर हृदय विदारक आह निकल पडती है। आँखों से बरबस ही आँसू छलक पडते हैं।

वैसे तो विश्व के अनेक हिस्सो में पहले से ही दास प्रथा प्रचलित थी। इनको बाजारों में बेचा जाता था और उनपर अमानवीय अत्याचार किये जाते थे। दासों की दुर्दशा के कारण 19वीं शताब्दी के प्रारम्भ से ही दास प्रथा के विरूद्ध लोगों द्वारा विरोध प्रारम्भ हो गया। इस विरोध के बढ़ते दबाव के कारण 1814 में दास व्यापार कानून को समाप्त कर दिया गया। लेकिन कानून समाप्त होने के उपरान्त भी दास व्यापार चलता रहा। जनदबाव के फलस्वरूप ब्रिटिश मंत्रिमंडल सोचने के लिए बाध्य हुआ और उसने 5 जुलाई, 1833 को दासता उन्मूलन विधेयक संसद में प्रस्तुत किया, जो 11 महीनों पश्चात लम्बे वाद-विवाद के उपरान्त 30 अगस्त, 1834 को अधिनियम बना।

मॉरिशस के इतिहासकार के. हजारीसिंह के अनुसार 1833 को जब हाउस ऑफ कॉमन्स ने दास प्रथा के विरुद्ध कानून पास किया तो मॉरीशस के छियासठ हजार (66,000) दासों ने मुक्ति पाई और गोरे मालिको के खेतों में काम करने से मना कर दिया।

दास प्रथा की समाप्ति से उपनिवेशों में कृषि कार्य व चीनी उद्योग बन्द होने के कगार पर पहुँच गया। उपनिवेशों की बिगड़ती आर्थिक स्थिति को सँभालने के लिए बागान मालिको ने औपनिवेशिक मंत्रालय के माध्यम से भारत में ब्रिटिश सरकार के समक्ष भारत से कुशल मजदूरों

---

[6] सुधा शर्मा : भूतपूर्व शिक्षक, मेरठ

को उपनिवेशों में भेजने का प्रस्ताव रखा। इसका परिणाम यह हुआ कि मॉरीशस के बागान मालिकों ने इस कार्य के लिए जेम्स ऑवरनाट को भारत में भेजा और अब उपनिवेशों के चीनी उद्योगों तथा अन्य उद्योगों की रक्षा के लिए श्रमिक आवश्यकता की पूर्ति करने के लिए उपनिवेशवादी शक्तियों ने एक नये प्रकार की दासता प्रारम्भ की जिसे 'शर्तबंदी प्रथा' (Agreement system) नाम दिया और इस प्रकार मृत दास प्रथा नये कलेवर 'गिरमिटिया प्रथा' के रूप में पुन: जीवित हो उठी। इस बदली हुई प्रथा का चेहरा, रूपरंग दास प्रथा जितना ही भयानक और शोषण करने वाला था। इस नई प्रथा गिरमिटिया मजदूरी को ब्रिटिश इतिहासकार ह्यूंग टिंकर (Hugh tinker) ने 'एक नये प्रकार की गुलामी' के रूप में परिभाषित किया।

सर्वप्रथम इस क्रम में मारिशस पहला देश था, जहाँ शर्तबंदी प्रथा के अन्तर्गत सन् 1834 में भारतीय श्रमिकों को गन्ने के खेतों में काम करने के लिए भेजा गया।

एक समय यह माना जाता था कि ब्रिटिश राज्य का सूर्य कभी अस्त नहीं होता। इसका स्पष्ट अर्थ यह था कि ब्रिटिश राज्य ने विश्व के सभी देशों को अपना गुलाम बनाया। सन 1760 के बाद इंग्लैण्ड में औद्योगिक क्रान्ति प्रारम्भ हुई। ब्रिटेन ने एशिया, अफ्रीका और आस्ट्रेलिया में उपनिवेशवाद का प्रारम्भ किया। इन देशों के लिए बहुत बड़ी संख्या में मजदूरों की आवश्यकता थी । इस आवश्यकता पूर्ति हेतु अंग्रेजों की निगाह अविभाजित भारत के मेहनती व ईमानदार मजदूरों पर पड़ी । 1757 से अंग्रेजी राज द्वारा जारी लूट तथा भारतीय किसानों, कारीगरों की बर्बादी, धार्मिक, सामाजिक भेदभाव ने जिस गति से जोर पकड़ा, उससे समाज का प्रत्येक व्यक्ति भूखमरी के कगार पर पहुँच गया। अंग्रेजों ने आम भारतीयों को एक-एक रोटी तक के लिए मोहताज कर दिया और गुलामी की शर्त पर लोगों को विदेश भेजना प्रारम्भ किया। इन्हीं मजदूरों को 'गिरमिटिया' कहा गया । गिरमिट शब्द अंग्रेजी के 'Agreement' शब्द का अपभ्रंश माना जाता है। शर्तबंदी के अनुसार प्रवास करने वाले अधिकतर लोग अशिक्षित थे। वे एग्रीमेंट शब्द का उच्चारण भी नहीं कर पाते थे। एग्रीमेंट शब्द इनके लिए गिरमिट बन गया और इन्हें गिरमिटिया मजदूर कहा जाने लगा। इसी को 'शर्तबंद कुली प्रथा' तथा 'इंडियन इंडेन्चर सिस्टम' भी कहा गया। जिस कागज पर अँगूठे का निशान लगवाकर हर साल हजारों मजदूर

दक्षिणी अफ्रीका या अन्य देशों को भेजे जाते थे उसे मजदूर और मालिक 'गिरमिट' कहते थे । इसी दस्तावेज के आधार पर मजदूर गिरमिटिया कहलाते थे। अत: अंग्रेज प्रत्येक साल दस से पन्द्रह हजार मजदूर गिरमिटिया बनाकर फिजी, ब्रिटिश गुयाना, डच गुयाना, ट्रिनीडाड, टोबेगो, नेटाल (दक्षिणी अफ्रीका) आदि देशों को ले जाने लगे और यह कृत्य सरकारी नियम के अन्तर्गत था।

वास्तव में गुलाम और गिरमिटिया में कोई खास अन्तर नहीं था। केवल अन्तर था तो इतना कि गुलाम पैसा चुकाने पर भी गुलामी से मुक्त नहीं हो सकता था लेकिन गिरमिटियों के साथ यह बन्धन नहीं था। गिरमिटिये पाँच साल बाद छूट सकते थे लेकिन इस छूट का कोई विशेष लाभ नहीं था क्योंकि इन गिरमिटियों के पास अपने देश लौटने के लिए पैसे नहीं होते थे। उनके पास केवल यही विकल्प रहता था या तो वे अपने ही मालिक के पास काम करे या अन्य मालिक के गिरमिटिये हो जाएँ। ये गिरमिटिये बेचे भी जाते थे। काम न करने पर, कामचोरी करने पर प्रताडित किये जा सकते थे। इन गिरमिटियों को, चाहे वो स्त्री हो या पुरुष, विवाह करने की अनुमति नहीं थी। कुछ गिरमिटिये विवाह भी करते थे तो भी उनपर गुलामी वाले नियम लागू होते थे। जैसे कि औरत किसी को भी बेची जा सकती थी। बच्चे किसी और को बेचे जा सकते थे। गिरमिट पुरूषों के साथ जो औरतें जाती थी उनमें से युवा औरतों को मालिक लोग रखैल बनाकर रखते थे और उनका जी भरकर यौनशोषण करते थे। आकर्षण समाप्त होने पर और गिरमिटिये को सौंप दी जाती थी। गिरमिटियों की सन्तानें भी मालिको की सम्पत्ति होती थी। यह मालिक की इच्छा पर निर्भर था कि इन बच्चों से बडा होने पर अपने यहाँ काम कराये या अन्यों को बेच दें।

गिरमिटियों को केवल जीवित रहने लायक भोजन वस्त्रादि दिये जाते थे। इन्हें शिक्षा प्राप्त करना या मनोरंजन करने की अनुमति नहीं थी। ये 13 से 18 घंटे तक प्रतिदिन कमरतोड़ मेहनत करते थे। अमानवीय परिस्थितियों में काम करते- करते सैकडों मजदूर घोर संकटों को झेलते थे। कुछ अमानवीय परिस्थितियो में अकाल मृत्यु का ग्रास बन जाते थे।

इन परिस्थितियों को झेलने के लिए ये भारतीय इसलिए मजबूर थे क्योंकि यह ऐसा समय था, जब गरीबी, लाचारी, बेरोजगारी और भुखमरी से त्रस्त हिन्दुस्तान की जनता सुकून का जीवन व्यतीत करना चाहती थी। विषम परिस्थितियों में घिरे भारतीयों के लिए सुकून के

जीवन का अर्थ केवल रोटी, कपड़ा और मकान था। वो भी पेट भरने के लिए दो वक्त की रोटी, तन ढकने के लिए मात्र कपडा और आँधी, तूफान, धूप और गर्मी से बचने के लिए सिर पर छत। क्योंकि गुलाम देश के बदतर हालात में भारतीयों को ये साधारण आवश्यकता भी नसीब नहीं थी। ऐसे में मजबूर भारतीयों के पास चालाक अंग्रेजों के एग्रीमेंट पर काम करने के लिए अन्य देशों में जाने के अलावा कोई चारा नहीं था। एक ऐसा देश जहाँ कोई अपना नहीं था। अपनों से दूर रहने के गम में ये मजदूर इतना टूट जाते थे कि कई दिनों तक इन्हें नींद नहीं आती थी। ये अपनों की याद में रोते थे, बिलखते थे, चिल्लाते थे और स्थिर हो जाते थे। एग्रीमेंट के चक्कर में फँसे होने के कारण ये अपने घर भी वापिस नहीं आ पाते थे और ये सिलसिला वर्षों तक चलता था। अन्त में इन्हें विदेश को ही अनमने मन से स्वीकार करना पडता था।

गिरमिटिया मजदूरों को उनके कार्यों, वेतन, रहने का स्थान और स्थिति के बारे में गुमराह किया जाता था। इन मजदूरों को कार्यस्थल पर काफी कठिन परिस्थितियों का सामना करना पडता था। पर्याप्त भोजन, स्वच्छ पानी और स्वास्थ्य सेवा का नितान्त अभाव था। बिकाराम ने इस पीड़ा को इन शब्दों में व्यक्त किया है -"गिरमिटिया मजदूर महज शब्द नहीं है, 80 साल का वो घाव है, जो अंग्रेजों ने हमें दिया है।" गिरमिटियों की दशा को प्रमाणित करने के लिए एक गिरमिटिया के रूप में फिजी में गये पं. तोताराम सनाढ्य, जो हिरनैगा (फिरोजाबाद) में उत्पन्न हुए थे, का जिक्र अति आवश्यक है, जिन्होंने विषम परिस्थितियों में भी धैर्य को नहीं त्यागा। उन्होंने एक किताब लिखी 'फिजी में मेरे 21 वर्ष'। यह उनकी अपनी पीड़ा नहीं वरन् पूरे गिरमिटिया मजदूरों की पीडा थी। इसमें अपनी यात्रा का वर्णन करते हुए वे लिखते है कि सबसे पहले हमें रेल में लादा गया। न तो गाड़ी में बैठे हुए मनुष्यों और न बाहर के आदमियों से बातें कर पाते थे। य़दि आपस में बातचीत करते तो उठा दिये जाते थे। यह ट्रेन स्पेशल थी गिरमिटियों को ले जाने के लिए, जो सीधे हावड़ा पहुँची। इमीग्रेशन अफसर ने हम सबको एक पंक्ति में खडा कर दिया और कहा "तुम फिजी जाते हो वहाँ तुम्हें 13 आने रोज मिलेंगे, 5वर्ष तक खेती का काम करना होगा।अगर तुम वहाँ से पाँच वर्ष बाद लौटे तो अपने पास से किराया देना होगा। अगर 10 वर्ष बाद लौटोगे तो सरकार अपने पास से भाड़ा देगी। तुम लोग वहाँ से बहुत रूपया ला सकते हो। केवल 13 आना नहीं बल्कि ऊपर से भी कमा सकते हो। वहाँ बड़े

आनन्द से रहोगे। फिजी क्या है? स्वर्ग है।

जहाज में एक आदमी को डेढ और छह फुट जगह दी गई। जब कोठरी से बाहर लाया गया तो मैंने देखा कि जबरदस्ती चमार, कोसी, ब्राह्मण इत्यादि सभी को एक जगह बैठाकर भोजन कराया जाता । लगभग सबको मिट्टी के जूठे बरतनों में पानी पिलाया गया। जहाँ कोई बोला बस फिर क्या था खूब पीटा गया। मैंने यह व्यवस्था देखकर कहा" मैं इन लोगों के साथ भोजन नहीं करूँगा,चाहे भूखा मर जाऊँ। उस अफसर ने कहा - "मर जाओ, कोई डर नहीं, तुम्हें नदी में में फेंक देंगे।"

जहाज में हमें चार बिस्कुट, आधी छटाँक चीनी दी गई। इन्हें गोरे लोग डॉग बिस्कुट कहते थे। और गोरे लोग इन बिस्कुटों को अपने कुत्तों को खिलाया करते थे। बिस्कुट इतने नरम थे कि घूँसों से टूटे और पानी में भिगोकर खाये गए। जिस प्रकार पक्षी को पिंजरे में बँद कर दिया जाता है, उसी प्रकार हमें भी बँद कर दिया गया। पीने के लिए दिन में दो बार एक-एक बोतल पानी पीने के लिए मिलता था और खाने में वही मछली पकती थी और भात बनता था। कुछ मछली खाने से और कुछ समुद्री बीमारी से पीडित हो गये थे, कुछ तो संसार से ही विदा हो गये थे। इन्हें समुद्र में फेंक दिया गया।

जैसे ही जहाज वहाँ पहुँचा त्यों ही पुलिस ने हमें घेर लिया जिससे कि हम वहाँ से भाग न जाएँ। सवेरा होते ही लेागों से पूछा गया "कौन खाने का काम करेगा? कौन टोपस का काम करेगा ? हमारे भोले भाई नहीं जानते थे कि टोपस क्या बला है। बाद में पूछा तो आज्ञा दी गई कि टट्टियाँ साफ करो। जबरदस्ती लोगों से मल उठवाया गया।

फिजी में जाकर 8 फीट चौडी और 13 फीट लम्बी कोठरी तीन लोगों को रहने के लिए, उठने, बैठने, खाना बनाने के लिए दी गई । जो विवाहित थे। वे एक कमरे में साथ रह सकते थे। अन्यथा एक कमरे में तीन एक साथ रहते थे।

पहले छह महीनों में स्टेट से रसद मिलती थी। इसके लिए दो शीलिंग, 4 पैसे, प्रति सप्ताह के हिसाब से काट लिए जाते थे। प्रतिदिन 10 छटाँक आटा, 2 छटाँक अरहर की दाल,और आधा छटाँक घी के हिसाब से सप्ताहभर की रसद एक दिन मिल जाते थे। हम लोग चार दिन में सप्ताह की रसद खाकर बाकी दिन एकादशी का व्रत रखते थे या किसी पुराने भारतवासी से

उधार आटा मिल गया तो उसी से अपना पेट भर लेते थे।

सभी लोग नित्य प्रात: उठाये जाते थे। प्रत्येक मनुष्य को 1300 फुट से लेकर 1300 फुट लंबी 6फुट चौडी गन्ने की लैन कुदाली से दिनभर में नराने के लिए दी जाती थी। इसको फुल टास्क (Full task) कहते थे। फुल टास्क न होने पर पैसे काट लिए जाते थे। तबियत खराब होने का भी विश्वास नहीं किया जाता था। अत्यधिक काम होने के कारण फुल टास्क न हो पाता था। और मजिस्ट्रेट द्वारा दफा कायम हो जाती थी। मजिस्ट्रेट 10 शीलिंग से लेकर एक पौंड तक जुर्माना ठोक देता। इस प्रकार बिचारो का 15 या 20 दिन का वेतन जुर्माने में ही चला जाता। पं. लिखते हैं कि मुझे 21 साल के अनुभव में 40,000 भारतवासियों में एक भी ऐसा नहीं मिला जिसने लगातार 5 वर्ष तक पूरा काम किया हो। साधारण मनुष्य 10 शीलिंग यानि साढे सात 20 रू.प्रतिमास से अधिक नहीं कमा पाता। फिजी में रेट भारत से दूने तेज हैं।सैंकडों भूखे मरते हैं, कितने ही लोगों को इतना कठिन परिश्रम करके भी आधे पेट ही रहना पडता है।

काले रंग से उन्हें बहुत नफरत थी। काले लोगों को बिल्कुल अलग बैठाया जाता था। पानी के गौरे लोग जब हमसे रसीद लेते थे तो उसे लोहे के चिमटे से पकडते थे फिर जलती हुई गंधक का धुँआ देते। पूछने पर कहते "तुम्हारी छुई हुई रसीदों से बिमारी लगने का डर लगता है इसलिए रसीद को संक्रमण से दूर करते है।

गिरमिटिये के रूप में गई कुंती व नारायणी की पीडा स्त्रियों के कष्टों को बताने के लिए पर्याप्त है। 1913 में कुंती को साहु केरे नामक केले के खेत में जानबूझकर सब स्त्रियों और पुरूषों से पृथक घास काटने का काम दिया गया। वहाँ उसके साथ पाश्विक अत्याचार करने के लिए सरदार और ओवरसियर पहुँचे। ओवरसियर के इशारे पर सरदार ने कुंती का हाथ पकडा। कुंती हाथ छुडाकर भागी मजबूर होकर नदी में कूद पडी। वहीं पर एक भारतवंशी की डोंगी मिल गई और उसने कुंती को डोंगी पर चढा लिया। लेकिन बेचारी गिद्धों से कब तक बचती। 13 अप्रेल को कुंती को 20 जरीब घास काटने को दी गई और उसके पति को एक मील की दूरी पर काम दिया गया। विरोध करने पर कुंती का पति इतना पीटा गया कि वह अधमरा हो गया। मजिस्ट्रेट से शिकायत करने पर उत्तर मिला " खेत पर क्या हुआ उससे हमारा कोई संबन्ध नहीं।

नारायणी नामक स्त्री का बच्चा पैदा होते ही मर गया। ब्रिटिश नियमानुसार प्रसव के लिए

तान माह की छुट्टी मिलती थी। लेकिन यह भ्रम फैलाने के लिए था। कमजोरी होने पर वह काम पर नहीं गई। जबरदस्ती काम पर जाने के लिए बाध्य करने पर उसने मना किया तो इस पर ओवरसियर ने उसे इतना पीटा गया कि वह बेहोश होकर गिर पडी। मजिस्ट्रेट के सामने भी उसे पकडकर ले जाया गया । वह स्वयं एक फर्लांग भी चलने के काबिल नहीं थी। अत्याधिक पिटाई के कारण वह अपना मानसिक संतुलन भी खो बैठी थी।

ओवरसियर लोग जूतों की ठोकरों से भारतीयों को पीटना और घूँसों की मार से जड से दाँत तोडना खूब जानते थे। ये लोग कपड़े जला देते थे, लात मारकर खाना फेंक देते हैं। ओवरसियर के मनमाने अत्याचार से व कठिन परिश्रम के डर से कितने ही लोग जेलखाने में ही फाँसी लगाकर मर गये। ओवरसियर किसी से नाराज हो ते उसपर दलेल बोल देते थे। दलेलवालों को सबसे ज्यादा काम करना पडता था। इतना ही नहीं ओवरसीयर अकेले में ले जाकर उसे खूब पीटते थे।

एक बार एक आरकटी ने 60 काबुली पठानो को बहकाकर फिजी में भेज दिया। ये खूब लम्बे चौडे थे। अत: सेना में भर्ती होना चाहते थे। लेकिन वहाँ इन्हें कुली का काम दिया गया। मना करने पर पीटा गया, पुलिस बुलाई गई। अंत में इन्हें कुली का काम ही करना पडा।

एक अन्य घटना गोरे लोगों की ईमानदारी का सशक्त प्रमाण है जिसका उल्लेख पं. तोताराम ने किया है "फिजी में बार्इनर साहब एक पुराना फ्लैटर है उसने 800 एकड़ भूमि पट्टे पर ली। उसने सोचा अपने खर्चे पर जंगल साफ कराने में हजारों का खर्चा हो जाएगा। उसने सोचा इन गिरमिटियो से मुफ्त में जमीन को साफ कराया जाए। अत: उसने किसी तरह भारतवंशियों को बहकाया और 200 लोगों को बुलाया और कहा"इस जमीन को साफ कर लो और जोतो बोओ। और जमीन को भारतवंशियों में बाँटकर एक एक कागज पर लिखकर दिया कि इस भूमि को तुम 5 या 10 वर्षों तक काम में लाना और एक पौंड प्रति एक माह के हिसाब से दाम दे देना। उन बेचारों ने बडे परिश्रम से अपने पास के पौंड खर्च करके उस जंगल को ठीक किया। और एक वर्ष तक खेती की दूसरा वर्ष प्रारम्भ होते ही उस बाइनर ने सबको निकाल दिया।

फिजी में विवाहित पति पत्नियों को भी अपनी शादी की रजिस्ट्री करानी पडती थी। वे भारतीय वैवाहिक पद्यति को मान्यता नहीं देते थे। रजिस्ट्री करायी 5 शीलिंग देना पडता

था।यदि रजिस्ट्री न कराये तो पुरूषों की मृत्यु के पश्चात उसका धन उसकी स्त्री को न मिलकर इमीग्रेशन दफ्तर भेज दिया जाता था।

इस अमानवीय गुरमिटिया प्रथा के विरूद्ध महात्मा गाँधी ने दक्षिण अफ्रीका से अभियान प्रारम्भ किया। भारत में गोपाल कृष्ण गोखले ने इम्पीरियल लेजिस्लेटिव कॉउन्सिल में मार्च 1913 में गिरमिटिया प्रथा समाप्त करने का प्रस्ताव रखा। कॉउन्सिल के 13 सदस्यों ने तय किया कि जब तक यह अमानवीय प्रथा समाप्त नहीं की जाती तब तक वे हर साल यह प्रस्ताव पेश करते रहेंगे।

दिसम्बर, 1916 में कांग्रेस अधिवेशन में महात्मा गाँधी ने 'भारत सुरक्षा और गिरमिट प्रथा अधिनियम' प्रस्ताव रखा। इसके एक माह बाद फरवरी, 1917 में अहमदाबाद में गिरमिट प्रथा विरोधी एक विशाल सभा आयोजित की गई। इस सभा में सी. एफ. एण्ड्रूज और हैनरी पोलाक ने भी प्रथा के विरेध में भाषण दिया। इसके अलावा गिरमिटिया मजदूरी की प्रथा को समाप्त करने में पं. मदन मोहन मालवीय, सरोजिनी नायडू ,जिन्ना जैसे भारतीय नेताओं का भी बडा योगदान था। तोताराम सनाढ्य और कुंती जैसे फिजी के गिरमिटियो का भी इस अमानवीय प्रथा को समाप्त करने में बहुत बडा योगदान है। इसके बाद गिरमिट विरोधी अभियान जोर पकडता गया। मार्च 1917 में गिरमिट विरोधियों ने अंग्रेज सरकार को एक अल्टीमेटम दिया कि मई तक यह प्रथा समाप्त की जाए। लोगों के बढते आक्रोश को देखते हुए अन्तत: सरकार को गम्भीरता से सोचना पडा । 13 मार्च को ही सरकार ने अपने गजट में यह निषेधाज्ञा प्रकाशित कर दी कि भारत से बाहर के देशों को गिरमिट प्रथा के तहत मजदूर न भेजे जाएँ। इस प्रकार 1834 में शुरू हुई यह कुप्रथा 1917 में निषिद्ध घोषित हुई।

फिजी था गिरमिटियों का पहला ठिकाना। 18 वी सदी में भारत से पहले गिरमिटिया मजदूरों की खेप फिजी पहुँची थी। भारत से करारबद्ध श्रमिको का वर्ष 1834 में दासता के उन्मूलन के बाद मॉरीशस तथा अन्य स्थान, जहाँ गिरमिटिये गये, जैसे सूरीनाम, गुयाना, समेकित द्वीपसमूह (रियूनियन आईलैंड), फिजी की ओर प्रस्थान करना इतिहास के अनकहे आख्यानो में से एक है लेकिन अनेक मामलों में भारतीय प्रवासी समूह और उनकी यात्रा ने आधुनिक प्रजातान्त्रिक राष्ट्र राज्यों की नींव रखी। राजनीतिक सशक्तीकरण की उनकी इच्छा

इन क्षेत्रों में प्रजातंत्र, बहुसमूहवाद व बहुजातिवाद के उद्भव के सर्वाधिक उदाहरणो में है।

19 वी शताब्दी के महान प्रवासी समूह में भारतीय महिलाओं द्वारा अदा की गई भूमिका, जिससे ब्रिटिश फ्रेंच साम्राज्यों के कई पूर्ववर्ती कालोनियों का सुधार के द्वारा कायाकल्प हुआ। प्रारम्भ में महिलाओं की कमी, जो एक गंभीर सामाजिक समस्या थी, होने के कारण सामाजिक अडचनों एवं कभी कभी धार्मिक परिसीमाओं से परे विवाह करने की आवश्यकता पडी। करारबद्ध तथा विशेषकर महिला समूह ने कभी भी अपने अतीत, अपनी संस्कृति, अपनी भाषा अथवा अपने धर्म से सम्बन्ध विच्छेद नहीं किया। उन्होंने भारत माता के साथ अपने सम्बन्ध को अक्षुण्ण बनाए रखा और परम्परागत उत्सव जैसे होली, दीवाली, मुहर्रम का समारोह मनाना जारी रखा। ये परिवार की महिलाएँ ही थी जिन्होंने परिवार में भोजपुरी बोले जाने को बनाए रखने में अपनी अहं भूमिका निभाई। इन्होंने मौखिक परन्पराओं एवं भाषा से जुडाव बनाए रखा और इस संस्कृति की वाहक के रूप में आवश्यक भूमिका अदा की।

भारतीय करारबद्ध महिलाओ ने पत्रों, याचिकाओं एवं वक्तव्यों के माध्यम से अतीत के साथ न केवल अपने सांस्कृतिक सम्बन्ध को बनाए रखा वरन् अपनी पहचान को भी स्थापित किया और इसका कारण यह था कि उन्हें पूँजीगत उत्पादों में, विशेषकर बगान, कृषि, अर्थव्यवस्था में असमान रूप से लगाया गया। अर्थात स्त्रियों के साथ किये गये भेदभाव का परिणाम भी कहा जा सकता है। उस समय की महिलाओं को इंसान न मानकर वस्तु के रूप में माना जाता था। वे अपने लिए स्थायी जीवनसाथी चाहती थी जिससे पारिवारिक खुशियो को प्राप्त किया जा सके और इसके लिए वे तन मन से प्रयासरत रहती थी। इस प्रयास के परिणामस्वरूप पूर्व के वर्षों में पुरुष तथा करारबद्ध महिलाओं के बीच का अनुपात स्थायी पारिवारिक जीवन बचाने में सहायक सिद्ध हुआ। करारबद्ध भारतीय महिलाओं की बढ़ती संख्या ने करारबद्ध आबादी को सांस्कृतिक सृजनशीलता और परिवार के कुछ मानको के पुनर्गठन को एक नई दिशा प्रदान की। कैरीबियन तथा मॉरीशस में संरक्षित अभिलेखों तथा मौखिक रिकार्डों और इन महिलाओं के पत्रों में इनके द्वारा अपने धर्म और अपनी संस्कृति को संरक्षित रखने के उनके प्रयासों के मर्मस्पर्शी प्रमाण मिलते हैं।

कुछ लेखकों ने लिखा है कि कैरेबियन तथा मॉरीशस में विनम्र करारबद्ध महिलाएँ दो साड़ी, एक लौटा और तुलसीदास की रामायण की एक प्रति के साथ आई। इसका प्राय: उल्लेख

मिलता है कि "एक समुदाय की इस आध्यात्मिक आवश्यकता में कैरेबियन में भारतीय संस्कृति का उद्भव हुआ और यह फलती- फूलती रही।"

इस विषय में यह कहा जा सकता है कि इसका बहुत बडा श्रेय इन करारबद्ध महिलाओं को जाता है। इन करारबद्ध महिलाओं के अनवरत संघर्ष ने परिवर्तन का प्रारम्भ किया, अन्याय के विरूद्ध आवाज मुखर की। अपनी संस्कृति को संरक्षित रखने और अपनी पहचान को विकसित करने में सराहनीय क्षमता का परिचय दिया। और यह कार्य दमनात्मक राज्य विधायनों, बागान कृषि आचार संहिता तथा साम्प्रदायिक प्रतिबंध अथवा पारीवारिक नियन्त्रण, जो उनकी गतिशीलता को सीमित करने के लिए बनाए गये थे, के बावजूद सम्भव हो गया। इन्होंने स्वयं से संबद्ध समुदायों की स्थापना एवं विकास में, राष्ट्रीय राज्यों के निर्मीण में, जो बाद में कैरेबियन अथवा मॉरीशस या फिजी में बने, में अपना पूर्ण योगदान दिया।

लोकमानस स्मृतियों का एक साझा कोश है। पीडा एवं प्रताडना का अनुभव चाहे वह संवेदना के स्तर पर हो या संस्कृति के स्तर पर हेा, साहित्य में सृजित हेकर भावी पीढियों तक संप्रेषित होने के साथ ही लोकमानस का हिस्सा बन जाता है।

औपनिवेशिक प्रणाली के अन्तर्गत विश्व में फैले भारतवंशियों के संदर्भ में यह संप्रेषण लोक एवं साहित्य दोनों स्तरो पर हुआ है। गिरमिटिया अनुभव भारतीय डायस्पोरा का एक साझा अनुभव रहा। भारतवंशियों ने अपने मेजबान समुदायों एवं स्थानीय परिस्थितियों से समायोजन करते हुए कौशल एवं सृजनात्मकता के साथ अपनी पहचान को संरक्षित रखने के लिए कठिन संघर्ष किया। भारतीय डायस्पोरा के उद्भव में भारतीय भाषाओं, धार्मिक मूल्यों को बनाए रखने में विविध साक्ष्य प्राप्त होते हैं। संरक्षण एवं अनुकूलन के इन्हीं प्रयासो के कारण वर्तमान वैश्विक सांस्कृतिक विविधता में भारतीय डायस्पोरा भारत का प्रतिनिधित्व करने वाली एक महत्वपूर्ण शक्ति के रूप में उभर रही है।

गिरमिटिया मजदूरों की पीडा को एक फिजी में गये गिरमिटिया पं. तोताराम सनाढ्य ने अपनी किताब 'फिजी में मेरे 21 साल' में विस्तृत रूप से लिखा है। भारतीयों ने इतनी कठिन परिस्थितियों में भी अपने हालत, विचार लिखे। तोताराम जी एक साधारण आदमी थे, गिरमिटिया थे, हिन्दी पढ लिख सकते थे, फिजीशियन भाषा के ज्ञाता थे। थोडी सी टूटी-फूटी

अंग्रेजी भी जानते थे। अंग्रेजी तथा हिन्दी का अनुवाद दूसरों से कराना पडता था। वे विद्वान नहीं थे, लेकिन कट्टर देशभक्त थे। उन्होंने फिजी में रहकर भी सनातन धर्म की पताका को, हिन्दी भाषा को प्रचलित किया।

फिजी की धार्मिक स्थिति सुधारने में तोतारामजी ने काफी काम किया। उनके ही प्रयत्न का ही फल था कि सन् 1902 में फिजी के नाबुआ जिले में रामलीला प्रारम्भ हुई। उन्होंने लगातार 7-8 वर्ष तक रामलीला का प्रबन्ध किया। यह रामलीला दो उद्देश्यों से करायी जाती थी- एक तो यह कि प्रवासी भारतवासियों के हृदय में अपने धर्म के तथा उत्सवों पर श्रद्धा बनी रहे तथा शर्तबंदी भाई-बहनों को दुखों को जानने का अवसर मिले। तोताराम जी के बारे में यह उक्ति सटीक बैठती है - "अग्नि स्वर्ण को परखती है, संकट वीर पुरुषों को।" या शिवानंद के शब्दों में - "आत्मिक शक्ति ही वास्तविक शक्ति है।"

भारत से करारबद्ध श्रमिको का वर्ष 1834 दासता के उन्मूलन के बाद मॉरीशस तथा अन्य गन्तव्य देशों जैसे सूरीनाम, गुयाना, पुन: समेकित द्वीपसमूह (रियूनियन आइलैंड) फिजी की ओर प्रस्थान करना इतिहास के पन्नों पर दर्ज नहीं है लेकिन अनेक मामलों में भारतीय प्रवासी समूह और उनकी यात्रा ने आधुनिक प्रजातंत्र की नींव रखी। राजनीतिक सशक्तिकरण की उनकी इच्छा इन क्षेत्रों में प्रजातंत्र, बहुसमूहवाद व बहुजातिवाद के उद्भव के सर्वाधिक उदाहरणों में है।

गिरमिटिया मजदूरों के जरिये कैरेबियाई देशों में फाग पहुँचा था। कैरेबियाई देशों गुयाना, सूरीनाम एवं त्रिनिनाद में भी रंगों का पर्व पूरे जोश और उमंग के साथ मनाया जाता है और इस दिन भारतीय मूल के लोग गुंजिया गुलगुले से लेकर भांग वाली ठंढ़ई तक का मजा लूटते है। उन्नीसवी सदी के अन्त तथा बीसवी सदी की शुरूआत में गिरमिटिया मजदूर के रूप में गुयाना, सूरीनाम और त्रिनिनाद में जा बसे। भारतीय मूल में होली खेलने की शुरूआत की थी जिसे इन देशो में फाग के नाम से जाना जाता है। गुयाना और सूरीनाम में तीस फीसदी से अधिक आबादी भारत मूल के लोगों की है और यहाँ एक बेहद महत्वपूर्ण बात यह है कि फाग के अवसर पर राष्ट्रीय अवकाश होता है। 1970 के दशक में बहुत से गुयानावासी अमरिका के रिचमंड हिल और जमैका के क्वींस में जा बसे । ये लोग फाग को अपने साथ नये देश में ले गए।

आज रिचमंड हिल में होली के मौके पर फाग परेड निकाली जाती है। रिचमंड हिल में तो फाग परेड की लोकप्रियता का अँदाजा इसी बात से लगाया जा सकता है कि एक दिन पहले आम जनता के लिए ट्रैफिक एडवाइजरी जारी की जाती है ताकि लोग परेड मार्ग पर वाहन लेकर न जाएँ। परेड का संचालन और आयोजन 'फगवा परेड समिति' करती है।

इन कैरेबियाई देशों की होली काफी कुछ भारत की होली से मिलती जुलती है। इसका कारण है कि यहाँ बसे भारतीय मूल के अधिकतर लोग बिहार,उत्तर प्रदेश और हरियाणा के हैं। इन देशों में न केवल फाग खेला जाता है बल्कि होलिका दहन भी होता है और फाग का महीना शुरू होते ही लोग एक- दूसरे के घरों या मन्दिरों में जाकर फाग के गीत गाते हैं।

ये बात तो शत- प्रतिशत सच है कि विषम परिस्थितियों में लोग गिरमिटिया मजदूर बने लेकिन यह भी सत्य है कि कई देशों में अब राष्ट्रप्रमुख भी भारतीय मूल के ही है । अपना वतन छूटने के बावजूद भी गिरमिटिया मजदूरों ने साबित कर दिया कि हम वहाँ से चलना शुरू करते हैं, जहाँ आकर लोग थम जाते हैं। किसी शायर ने सही कहा है -

कुछ बात है कि हस्ती, मिटती नहीं हमारी ।
सदियों रहा है दुश्मन, दौर-ए ज़माँ हमारा ।।

अमेरिका के पॉलिटिकल साईंटिस्ट डॉ. विष्णु बिसराम ने कहा कि यह वर्षों पहले मजदूर के रूप में बिहार से मॉरीशस, सूरीनाम आदि देशों में गए आज वहाँ विभिन्न क्षेत्रों में सफलता के महत्वपूर्ण पायदान पर हैं। उन्होंने कहा कि यह गरीबी और अभाव से भी उनके पुरुषार्थ का अद्‌भुत नमूना है।

फिजी की राष्ट्रभाषा अंग्रेजी है, किन्तु मूल निवासियों की भाषा तथा हिन्दी को भी मान्यता प्राप्त है। हिंदी फिल्म तथा भारतीय संगीत फिजी में काफी लोकप्रिय है। दिवाली, होली, ईद आदि पर्व फिजी में बडे समारोह के रूप में मनाए जाते है। "यहां की रामलीला तीन दिन तक चलती है और मीलों चलकर लोग इसमें भाग लेने आते है। सुवा के गिरजाघरों में भी दिवाली के दीए जलते हैं।

गिरमिटया के रूप में आए भारतीयों की संतानों ने तथा भारत से बाद में आये हुए लोगों ने अन्य जातियों के साथ मिलकर फिजी के विकास के लिए कठिन परिश्रम किया है। इनमें से

कई आज महत्वपूर्ण उत्तरदायित्वपूर्ण पदों पर कार्य कर रहे है।

फिजी के भारतवंशी तमिल, तेलगु, केरल, बिहार, यू. पी., राजस्थान तथा पंजाब आदि प्रान्तों से आये थे। आज वे अपने परिवार सहित हिन्दी बोलते हैं। फिजी रेडियो पूरे दिन हिंदी का प्रोग्राम चालू रखता है। हिन्दी के चार साप्ताहिक पत्र है।

भारत से बारह हजार (12000) मील दूर होते हुए भी तीसरी, चौथी पीढ़ी के भारतीयों ने फिजी में अपनी भाषा, अपनी संस्कृति और धर्म को सुरक्षित रखा है। फिजी में आर्य समाज, सनातन धर्म, मुस्लिम लीग, कबीर पंथ सभा, सिख गुरूद्वारा समिति आदि धार्मिक संस्थाएँ अपना- अपना कार्य आनन्दपूर्वक कर रही हैं। दीपावली, होली, रामनवमी, ईद इत्यादि त्यौहार आज उसी प्रकार मनाए जाते है जैसे वे पचास वर्ष पहले मनाए जाते थे।

प्रवासी भारतवंशियों का भारतीय संस्कृति के प्रचार-प्रसार में योगदान (अमेरिका के विशेष सन्दर्भ में)

इला प्रसाद [7]

यह भारतीय संस्कृति की ही विशेषता है कि भारत से बाहर गए भारतीय अपने अंदर एक छोटा सा भारत बसाये घूमते हैं। वे जहाँ भी जाते हैं एक भारत बना लेते हैं । अपनी विशिष्ट भाषा- शैली, खान- पान, पर्व - त्यौहार, रीति - रिवाज और वेश भूषा के माध्यम से न वे केवल अपने अपनाये देश में, उसकी संस्कृति में, कुछ नया जोड़ते हैं वरन अपने विशिष्ट जीवन मूल्यों के प्रति आग्रही रह कर वे अपनी जिजीविषा को भी पोषित कर रहे हैं, उसके लिए ईंधन जुटा रहे हैं । पीढ़ियाँ गुजर जाती हैं, तब भी वे अपनी पहचान नहीं भूलते, भाषा बदल जाती है, संस्कार नहीं छूटते। भोजन भी एक हद तक बदल जाता है, त्योहार नहीं छूटते। जिप्सियों से लेकर दुनिया के हर कोने में बसे भारतवंशियों तक, सबका सच कमोबेश यही है । यही सच अमेरिका में बसे भारतवंशियों का भी है । भारतीयों की एक पूरी पीढ़ी है जिसने अमेरिका को अपना स्थायी आवास बना लिया है और अमेरिका के समाज को अपने कठोर श्रम, कार्यकुशलता, विद्वत्ता और प्रतिबद्धता से समृद्ध किया है । यह आप्रवासन आज भी चल रहा है और चलता रहेगा । नौकरी, विज्ञान, राजनीति, कला, शिक्षण, तकनीक, व्यवसाय, सेना, चिकित्सा - जीविका का कोई क्षेत्र ऐसा नहीं है जहाँ भारतवंशियों की विशिष्ट उपस्थिति न हो। आंकड़े बतलाते हैं कि एक आम भारतवंशी एक अमरीकी की तुलना में अधिक शिक्षित और समृद्ध है । इसके मूल में वे जीवन मूल्य हैं जो हमारी भारतीय संस्कृति का अभिन्न अंग हैं । यही कारण है कि अपनी विशिष्ट जीवन शैली से भी वे अमेरिका के वृहद बहुसांस्कृतिक, बहुभाषी समाज को उतना ही प्रभावित कर रहे हैं ।

संस्कृति का सीधा सम्बन्ध भाषा से है और भारत से आये बहभाषी समाज ने संस्कृति का जो बहुआयामी विस्तार अमेरिका की जनता के सामने प्रस्तुत किया है वह अमरीकियों को

---

[7] डॉ. इला प्रसाद : **प्राध्यापक, युनिवर्सिटी पार्क, ह्यूस्टन, अमेरिका**

अक्सर ही अचम्भे में डाल देता है । वे या तो इसे पचा नहीं पाते या फिर पचाना नहीं चाहते । जो टकराहट जीवन मूल्यों की यहाँ है वह भारतवंशियों के लिए अक्सर ही विषम स्थिति पैदा करती है और इसका समाधान मात्र यह है कि हम अधिक से अधिक अपनी संस्कृति की पहचान उन्हें करायें। हमारी भाषायें, हमारे पर्व- त्यौहार, हमारी वेशभूषा, भोजन, रीति - रिवाज और उनसे जुड़े संस्कार - इन सबकी पूर्ण नहीं तो आंशिक ही सही, समझ उन्हें मिल सके। जिससे एक शांतिपूर्ण सहअस्तित्व का वातावरण बन सके। बना रहे । प्रवासी भारतीयों द्वारा रचित साहित्य जो बृहद फलक प्रस्तुत करता है, वह जब अंगरेजी में रचा जाता है तो वह भी आम अमेरिकी मानस तक पहुँचता है । इसलिए अमेरिका में, भारतवंशियों द्वारा रचा जा रहा हिंदी, अंगरेजी और सभी भारतीय भाषाओं का साहित्य भी महत्वपूर्ण हो जाता है । अमेरिका में बसे भारतवंशी अपनी भाषा और साहित्य के प्रति भी उतने ही आग्रही हैं, बल्कि शायद अधिक आग्रही हैं क्योंकि अपनी जड़ो से दूर होकर उन्होंने अपनी जड़ो को भारत में बसे भारतीयों से बेहतर पहचाना है । यहाँ हम उन सब पर विचार करेंगे। किन- किन क्षेत्रों में भारतवंशियों ने अपने को स्थापित किया है और अमेरिकी समाज को इससे कितना लाभ हुआ है, उसकी भी चर्चा करेंगे ।

अमेरिका में भारतीय पूजा-प्रार्थना स्थल - उन्नीसवीं शताब्दी के आरम्भ से ही भारतीयों - विशेषकर सिख समुदाय का अमेरिका में आगमन आरम्भ हो चुका था । 1913 में ओकलैंड, कैलीफोर्निया में पहले सिख गुरूद्वारे की स्थापना हुई । तब अमेरिका में भारत वंशियों की कुल संख्या दो हजार थी और यह संख्या वस्तुत: पंजाब से आये और कैलिफोर्निया में बसे उन सिखों की संख्या है ।[1] गुलाम भारत से पलायन के बावजूद इन सिखों को श्वेत अमेरिकनों की दुर्भावना और प्रबल विरोध का सामना करना पड़ा, उन पर आक्रमण हुए और कानून बना कर उन्हें अमेरिका में जमीन खरीदने, श्वेत महिलाओं से विवाह करने आदि से रोका गया । स्थितियाँ समय के साथ बदलीं लेकिन आज भी सिखों पर आक्रमण हो रहे हैं जिसकी मूल वजह उन्हें गलती से मुसलमान समझ लिया जाना है। वर्तमान में अमेरिका में 5 लाख सिख हैं जो अड़तीस राज्यों में फैले हुए हैं । इनके गुरुद्वारों की कुल संख्या संख्या 300 के आसपास है। ये गुरद्वारे मात्र प्रार्थना के केंद्र ही नहीं हैं वरन अधिकांश गुरुद्वारों के अंदर ही पंजाबी स्कूल

चलते हैं जिनमे गुरुमुखी की शिक्षा दी जाती है। यह उचित भी है क्योंकि गुरुग्रंथ साहब का पठन- पाठन इसी भाषा के माध्यम से सबसे सही तरीके से हो सकता है। बच्चे मात्र भाषा ही नहीं सीखते वरन शबद गायन भी सीखते हैं और गुरूद्वारे के मंच पर अपनी कला का प्रदर्शन भी करते हैं। पंजाबी भाषा का जो पाठ्यक्रम है उसमे पूरे अमेरिका या राज्य के स्तर पर कितनी एकरूपता है, यह शोध का विषय है। आम तौर पर ये प्राइमरी स्कूल हैं। पंजाबी भाषा में लेखन को प्रोत्साहन देने के लिए गुरूद्वारे में बच्चों के लिए विभिन्न प्रतियोगितायें भी होती हैं जहाँ बच्चे स्वरचित रचनाओं का संगत के सामने पाठ करते हैं।[2]

इसके अतिरिक्त पूरे अमेरिका में भारतीय मंदिरों की संख्या 500 से अधिक है। सबसे अधिक मंदिर न्यूयार्क, कैलिफोर्निया और टेक्सास में हैं। अमेरिका में पचास राज्य हैं और कोई भी राज्य ऐसा नहीं जहाँ हिन्दू मंदिर न हों। इन मन्दिरों में भी गणेश मंदिर, हनुमान मंदिर , शिरडी साईं मंदिर, स्वामीनारायण मंदिर, मीनाक्षी मंदिर, बालाजी मंदिर, राधा - कृष्ण मंदिर, इस्कॉन, दुर्गाबाड़ी, सौम्य काशी शिवालय, अष्टलक्ष्मी मंदिर, शिव शक्ति मंदिर से लेकर गुरुवायरन मंदिर, चार धाम मंदिर, पशुपतिनाथ मंदिर- जो नेपाल के मंदिर की अनुकृति है, आदि तमाम देवी देवताओं के मंदिर हैं। वास्तविकता यह है कि मंदिर किस देवी देवता का होगा यह बहुत हद तक इस बात पर निर्भर करता है कि मंदिर स्थापना कमिटी में किन लोगों का बाहुल्य है और किसने कितना अनुदान दिया है। उदाहरण के लिए ह्यूस्टन के सिद्धिविनायक मंदिर में, शिव और माँ अम्बा की मूर्तियों के अतिरिक्त राधा कृष्ण, राम सीता लक्ष्मण और हनुमान, झूलेलाल- जो सिंधियों के द्वारा पूजे जाते हैं और शनि देवता की भी मूर्तियां हैं। अपने आप में यह एकता अच्छी भी है कि सबने अपने अपने पूजा स्थल बिना किसी बैर भाव के एक साथ एक स्थान पर स्थापित कर लिए हैं। यह ऐक्य अन्य राज्यों के कई अन्य मंदिरों में भी देखने को मिल जाता है। शैव, शाक्त और वैष्णव का आपसी विरोध भारत में होगा, भारतवंशी अमेरिकियों ने इस देश में मिलकर जीना सीखा है। मंदिर के नाम भी कई बार इसी कारण से किसी देवी देवता के नाम पर न होकर सनातन हिन्दू मंदिर या हिन्दू मंदिर होते हैं जहाँ सभी देवी देवताओं के साथ शिरडी साईं भी विराजमान मिल सकते हैं।

इन मंदिरों के अतिरिक्त विभिन्न ध्यान केंद्र भी अमेरिका में फैले हुए हैं। वेदांत सोसायटी,

आर्य समाज, चिन्मय मिशन, इंडिया कल्चर सेंटर, ब्रह्मकुमारी ईश्वरीय विद्यालय, ईशा फाउंडेशन, स्वामी योगानंद सेल्फ रियलाइजेशन फेलोशिप सहित कई अन्य आश्रम, प्रेक्षा ध्यान केंद्र, पतंजलि योगपीठ, सत्य साईं सेंटर, जैन सोसायटी, वीरशैव समाज, मार थोमा चर्च, तेलुगु क्रिश्चियन फेलोशिप, साधु वासवानी सेंटर, हार्टफुलनेस मेडिटेशन आदि कई नाम हैं जो तेजी से अपना दायरा बढ़ा रहे हैं और उनकी गतिविधियों का क्षेत्र व्यापक है जिनकी चर्चा हम आगे करेंगे।

बौद्ध मंदिर भी अमेरिका में कई हैं किन्तु वे अमेरिकी भारतीयों द्वारा स्थापित नहीं हैं। कई भारतीय मंदिरों की तरह स्थापत्य कला के नमूने बौद्ध मंदिरों में भी देखने को मिल जाते हैं। उदाहरण के लिए ह्यूस्टन का स्वामी नारायण मंदिर और वियतनामीज बुद्धिस्ट सेंटर का बुद्ध मंदिर दोनों ही स्थापत्य कला की दृष्टि से भी दर्शनीय हैं और बड़ी संख्या में अमेरिकी समुदाय इन मंदिरों को देखने आता है। स्वामीनारायण मंदिर ह्यूस्टन के सात आश्चर्यों में एक है।

गैर भारतीय अमेरिकी समाज का हिन्दू मंदिरों में चाहे उपस्थित न होता हो किन्तु ध्यान केंद्र उन्हें आकृष्ट करने में सफल रहे हैं और हिन्दू धर्म की मान्यताओं जैसे कर्म का सिद्धांत और पुनर्जन्म में विश्वास करने वाले अमेरिकियों की संख्या समय के साथ बढ़ती जा रही है। 2013 में किये गए सर्वेक्षण के अनुसार 24% अमेरिकी कर्म के सिद्धांत और पुनर्जन्म में विश्वास करते हैं।[3-5]

हिंदी एवं अन्य भारतीय भाषाओं का पठन- पाठन - अमेरिकन इंस्टीट्यूट ऑफ इंडियन स्टडीज जिसकी स्थापना 1961 में हुई थी, वस्तुत: एक गैर सरकारी संस्था है। यह संस्थान बारह भारतीय भाषाओं - पाली/ प्रकृत, हिंदी, बंगला, मराठी, कन्नड़, तमिल, गुजराती, मलयालम, संस्कृत, पंजाबी आदि के अध्ययन के प्रोग्राम चलाता है। वर्तमान में इससे अमेरिका के 89 कालेज एवं यूनिवर्सिटियाँ जुडी हुई हैं। इसके बोर्ड ऑफ ट्रस्टी में अमेरिका के विभिन्न विश्वविद्यालयों में कार्यरत कई भारतवंशी प्रोफ़ेसर पदासीन हैं।[6] इसके अतिरिक्त अमेरिका में कई राज्यों में विश्वविद्यालय स्तर तक का हिंदी का पाठ्यक्रम है। राइस यूनिवर्सिटी में आनर्स तक हिंदी का पाठ्यक्रम है। कोलंबिया विश्वविद्यालय, न्यूयार्क विश्वविद्यालय, पेंसिलवानिया

विश्वविद्यालय, येल, स्टोनीब्रक, ड्यक, कैलिफोर्निया बर्कले आदि कई विशिष्ट विश्वविद्यालय भी लम्बे समय से हिंदी का पाठ्यक्रम चला रहे हैं । किन्तु भारतवंशी समुदाय ने भी इस दिशा में उल्लेखनीय कार्य किया है। उदाहरण के लिए ह्यूस्टन विश्विद्यालय में हिंदी विभाग गैरसरकारी प्रयासों से सामने आया। ह्यस्टन मे ही बेलायर हाई स्कल में, ह्यूस्टन के आर्य समाज के प्रयासों से सत्तर के दशक से हिंदी की पढ़ाई हो रही है। रटगर विश्वविद्यालय मे विश्व हिंदी न्यास के अनुदान से हिंदी का पाठ्यक्रम शुरू हुआ । ह्यूस्टन विश्वविद्यालय में टैगोर सोसायटी ने बँगला साहित्य के पठन- पाठन को बढ़ावा देने के लिए स्कॉलरशिप शरू की है । सीताराम फाउंडेशन, ह्यूस्टन इसी विश्वविद्यालय में हिंदी के लिए स्कॉलरशिप शुरू की है ।

अमेरिका सरकार ने कुछ वर्ष पहले एक योजना शरू की थी स्टारटाक- जो स्टार्ट टॉकिंग का संक्षिप्त रूप है । इसके अंतर्गत शिक्षकों को हिंदी को एक विदेशी भाषा की तरह पढ़ाने का प्रशिक्षण दिया गया और कुछ स्कूलों में हिंदी का शिक्षण आरम्भ भी हुआ किन्तु यह योजना बहत आगे नहीं बढ़ी बल्कि विश्वविद्यालयों में भी जो हिंदी- उर्द फ्लैगशिप प्रोग्राम आरम्भ हए उनमे से कई बंद हो गए । कारण यह था कि जिन राजनीतिक कारणों से कुछ विशेष भाषाओं का शिक्षण आरम्भ हआ था उनमे हिंदी या भारतीय भाषायें नहीं आती थी। इन भाषा - भाषियों से कोई खतरा नहीं था । दूसरी वजह यह कि जिस तरह चीन की सरकार ने चीनी भाषा की पढ़ाई के लिए आर्थिक सहायता दी, वैसी कोई सहायता भारत सरकार की ओर से नहीं आई । भारतवंशियों के अनदान से जहाँ यह पढ़ाई आरम्भ हई, वहाँ अभी भी चल रही है । अब भी प्राथमिक शिक्षा के स्तर पर हिन्दू मंदिर बड़े पैमाने पर भाषा की पढ़ाई के केंद्र बने हुए हैं । ह्यूस्टन में ही दुर्गा बाड़ी में बांग्ला का स्कूल, इस्कॉन में हिंदी और संस्कृत का गुरुकुल, सिद्धिविनायक मंदिर में हिंदी का शिक्षण, चिन्मय मिशन के सौम्यकाशी शिवालय के प्रांगण में हिंदी का शिक्षण, इंडिया हाउस में हिंदी का शिक्षण होता है । मीनाक्षी मंदिर, बालाजी मंदिर में तमिल, तेलग और संस्कत भाषा की शिक्षा ग्रहण करते बच्चे मिल जाएंगे । यही स्थिति कमोबेश परे अमेरिका में है । मंदिर भाषा शिक्षण का प्रमख केंद्र बने हए हैं । गुरुद्वारों में पंजाबी स्कूल चलते हैं जिसकी चर्चा हम पहले कर चुके हैं । आर्य समाज का दयानन्द आर्य विद्यालय हमेंशा से संस्कृति, सनातन धर्म और हिंदी, संस्कृत के शिक्षण में अग्रणी रहा है और इसकी कई

शाखायें पूरे अमेरिका में हैं ।

अमेरिका में हिंदी के प्रचार- प्रसार के उद्देश्य से स्थापित चार प्रमुख संस्थाएं है - इंटरनेशनल हिंदी असोसिएशन, विश्व हिंदी समिति, विश्व हिंदी न्यास एवं हिंदी यू. एस. ए.। विश्व हिंदी न्यास, अंतर्राष्ट्रीय हिंदी समिति और हिंदी यू. एस. ए. ने बच्चों को हिंदी सिखाने का अपना सार्थक प्रयास जारी रखा है, अमेरिका के कई स्कूलों में हिंदी का शिक्षण इनके प्रयासों से आरम्भ हुआ है और इनके सदस्य व्यक्तिगत और सामूहिक स्तर पर हिंदी - शिक्षण में लगे हुए हैं। हिंदी यू. एस. ए. ने कई स्कूल खोले हैं जहाँ बच्चों को हिंदी सिखाने के साथ- साथ भारत की संस्कृति का भी ज्ञान कराया जाता है । बच्चों को भारत- दर्शन के लिए ले जाया जाता है जिससे वे भारत सम्बन्धी अपनी समझ बढ़ा सकें । अमेरिका में बसे भारतीयों के बच्चों की एक पूरी पीढ़ी है जिसे हिंदी यू. एस. ए. ने हिंदी में साक्षर बनाया है । ये बच्चे हिंदी में लिखने के साथ कविता कहानी लिखने एवं अपने भावों को कुशलतापूर्वक व्यक्त करने में सक्षम हैं। इनके अतिरिक्त कई हिंदी- पंजाबी लेखक - लेखिकायें भी अपने - अपने स्कूल चला रहे हैं और व्यक्तिगत स्तर पर हिंदी के अध्यापन में रत हैं। ध्यातव्य है कि अमेरिका में बसे भारत के बहुभाषी समुदाय ने अमेरिका में भी अपनी पहचान अक्षुण्ण रखी है । मराठी मित्र मंडल, उड़िया सोसायटी, गुजराती समाज, मलयाली सेंटर जैसे कई असोसिएशन हैं जिन्होंने अपनी भाषा अपने बच्चों को सिखाने का बीड़ा उठा रखा है और ये मंदिरों में ही नहीं, प्राइवेट ट्यूशन के लिए अत्यल्प शुल्क लेकर भाषा शिक्षण में लगे हुए है। भारत विद्या भवन, न्यूयार्क में भी भारतीय भाषाओं के शिक्षण की कक्षायें हैं।

हिंदी फिल्मों के उल्लेख के बिना यह आलेख अधूरा रहेगा । बॉलीवुड फिल्मों का शौक़ीन मात्र भारतीय समुदाय ही नहीं वरन अमेरिकी समुदाय भी है। अमेरिका आये भारतवंशियों ने बहुत जल्द ही यह समझ लिया कि ये फिल्में भाषा सीखने सिखाने का महत्वपूर्ण माध्यम हो सकती हैं। हिंदी फिल्मे यहाँ हिंदी के पाठ्यक्रम में शामिल हैं और फ़िल्मी गाने हिंदी सीखने का माध्यम हैं। इस दिशा में पहल अंजना संधीर ने की थी और उनकी पुस्तक

"लर्न हिंदी ऐंड हिंदी फिल्म सांग्स" आज भी बेहद लोक प्रिय है।

भारतीय भोजन एवं पर्व- त्यौहार : भारत एक उत्सवधर्मी देश है और हमारी यह उत्सवधर्मिता हमें दुनिया के हर कोने में अलग पहचान प्रदान करती है। सत्तर- अस्सी के दशक तक अमेरिका में भारतवंशियों की संख्या उल्लेखनीय नहीं थी और उन्होंने अपने पर्व त्यौहार, पूजा- स्थल, अपने घरों तक सीमित रखे थे। सप्ताहांत मे, जहाँ संभव होता, दो-चार परिवार मिल बैठते और भजन -संध्या हो जाती। त्यौहार भी इसी तरह मना लिए जाते। भारतीय दाल-चावल - मसालों की दुकानें भी नगण्य थी। अमेरिकियों को योग आर्ट तो समझ में आता था किन्तु दही घर में जमाया जा सकता है यह अभी भी उनके लिए ख़ास बात है। चीज़ वे बनाते हैं किन्तु पनीर की समझ भारतवंशियों के साथ आई। वर्तमान में लोकप्रियता की दृष्टि से भारतीय भोजन तीसरे नंबर पर है। ऐपल कंप्युटर के फाउंडर स्टीव जॉब की कहानी से हम सब परिचित हैं जो कई मील पैदल चल कर प्रति रविवार इस्कॉन मंदिर जाया करता था। उसे इस्कॉन का भारतीय भोजन बहुत पसंद था। अब तो न्यूयार्क की सड़क किनारे बंगाल का फुचका (पानी -पूरी या गोलगप्पा) भी मिलता है और सियाटल एवं अन्य कई शहरों में भारतीय छोले-भटूरे, दाल- चावल, सब्जी-रोटी और इडली - दोसे लिए फ़ूड ट्रक सड़क किनारे होते हैं। भारतीय रेस्तरां का जाल पूरे अमेरिका में फ़ैल चुका है और फ्यूजन रेस्त्रां भी जगह-जगह मिल जाएंगे।

इक्कीसवीं शताब्दी में अमेरिकी समुदाय में भारतीयों की उल्लेखनीय उपस्थिति है। आँकड़ो की दृष्टि से यह जनसंख्या कुल अमेरिकी जनसंख्या का मात्र एक प्रतिशत है लेकिन शिवरात्रि, कोलू और दुर्गा पूजा जैसे मंदिरों तक सीमित त्योहारों को छोड़ दें तो कई मुख्य पर्व - त्यौहार पूरे अमेरिका में सार्वजनिक स्थलों पर मनाये जाने लगे हैं। होली मेला सार्वजनिक रूप से पार्को में मनाया जाता है जिसमे बड़ी संख्या में विदेशी भी दिखाई देते हैं।[7] इसी तरह दिवाली मेले का भी भव्य आयोजन होता है। इस्कॉन एवं अन्य सांस्कृतिक संगठनों की इसके आयोजन में सक्रिय भूमिका तो होती ही है, कुछ रेडियो शो वाले भी इसके आयोजकों में होते हैं। ह्यूस्टन का होली मेला और दिवाली मेला रेडियो म्युजिक मसाला के द्वारा आयोजित होता है। कई अन्य संगठन इसे स्पांसर करते हैं। डलास का दिवाली मेला बहुत सालों से चल रहा है

और इसकी लोकप्रियता बढती ही जा रही है । रामलीला खेली जाती है और जगह- जगह गणेशोत्सव के बाद विसर्जन के वे सारे ताम -झाम होते हैं जो भारत में दिखते हैं। जन्माष्टमी के उत्सव भी मंदिरों तक सीमित नहीं है और सार्वजनिक रूप से टाउन हाल में विभिन्न मंदिरों और संगठनों की झांकियां प्रस्तुत होती हैं। इस सारे आयोजन का परिणाम यह हआ है कि आम अमेरिकी भी इन भारतीय उत्सवों से परिचित हो चला है और चाहे वह इन आयोजनों का सक्रिय भागीदार न हो, एक सकारात्मक समझ तो विकसित हो ही रही है।

लोक - आस्था का पर्व छठ भी तेजी से लोकप्रिय हो रहा है और यह पूजा अपने घर के पिछवाड़े बने स्विमिंग पूल से निकल कर सार्वजनिक स्थलों तक पहुँच गई है । सामूहिक रूप से महिलायें किसी तालाब या नदी किनारे सूर्य को अर्घ्य देती दिख जाती हैं । उदहारण के लिए एक वीडियो यहाँ है[8] किन्तु यह स्थिति अमेरिका के कई राज्यों में दिखती है न कि मात्र कैलिफोर्निया में । हां यह जरूर है कि इसके लिए आपको काउंटी या सिटी से अनुमति लेनी पड़ती है। एक वीडियो आजकल तेजी से वायरल हो रहा है जिसमे एक अमेरिकन, श्वेत युवती छठ का गीत "कांच ही बांस के बहंगियां" गाती हई दिखती है। जिस तरह सिंगापुर के वाटर लू स्ट्रीट पर जो कृष्ण मंदिर है उसमें चीनी पूजा करते दिखाई देते है, उसी तरह सूर्य की उपासना का यह पर्व यदि कल को अमेरिका में गैर भारतीय जनता के बीच भी लोकप्रिय हो जाए तो आश्चर्य न होगा।

भारतीय भाषाओं के समाचार पत्र

बढ़ती जनसंख्या के साथ अमेरिकी भारतीय समुदाय ने अपने लिए एक अलग समाचार पत्र की आवश्यकता का अनुभव किया । वर्तमान में अमेरिका के उन सभी राज्यों / शहरों में अमेरिकी भारतीयों का अपना स्थानीय समाचार पत्र है जहाँ उनकी उल्लेखनीय आबादी है। इन साप्ताहिक समाचार पत्रों की भाषा अंगरेजी है और इन समाचार पत्रों में मुख्य रूप से अमेरिकी भारतीय जनता की उपलब्धियों, स्थानीय आगामी / विगत सांस्कृतिक - सामाजिक - राजनीतिक घटनाओं / कार्यक्रमों की सूचना होती है। किसी भी भारतीय किराना दुकान में ये नि:शुल्क उपलब्ध होते हैं। इसमें अन्य विज्ञापनों के साथ - साथ वैवाहिक विज्ञापन भी मिल जाएंगे। लेकिन इन विज्ञापनों की संख्या समय के साथ घटती जा रही है जो स्वाभाविक भी है। अब वेबसाइटों पर भी विज्ञापन होते हैं। इसका बड़ा कारण मेरी समझ से

अमेरिकी भारतीय नवयुवक और नवयुवतियों का अमेरिकी सभ्यता से प्रभावित होना है । अमेरिकी भारतीय लडके- लड़कियां भी अब डेटिंग की ओर उन्मुख हैं और चाहे वे अमेरिकी भारतीय जीवन साथी चुनें, उस गर्ल फ्रेंड के साथ एक उल्लेखनीय समय बिताने के बाद ही इस दिशा में निर्णय लेते हैं । अमेरिकी भारतीय माता- पिता इतने से ही प्रसन्न रहते हैं कि चलो उसने भारतवंशी ही चुना । दूसरी ओर तलाक और कई शादियों से ऊबे हुए अमेरिकी, भारतीय विवाह- पद्धति का अध्ययन कर रहे हैं कि आखिर कैसे हमारे यहाँ वैवाहिक जीवन में इतनी स्थिरता रहती है । वैवाहिक जीवन की यह स्थिरता अमेरिकियों को आकर्षित करती है जिसका प्रत्यक्ष प्रमाण भारतवंशी -अमेरिकी जोड़े हैं । कई भारतीय नवयुवकों को श्वेत अमेरिकी पत्नियाँ मिल जाती हैं और अमेरिकी युवक, भारतवंशी लड़कियों से विवाह कर रहे हैं । हालांकि अभी प्रतिशत की दृष्टि से यह संख्या नगण्य है किन्तु कालांतर में पूरी संभावना है कि, भारतीय अमेरिकियों की अगली पीढ़ी में यह संख्या बढ़ेगी ही, घटेगी नहीं क्योकि अमेरिकी वातावरण में पले - बढ़े, भारतीय संस्कारों की समझ लिए, इन भारतवंशियों को अमेरिका की जीवन- पद्धति ही रास आ रही है ।

व्यावसायिक विज्ञापन भी मूलत: अमेरिकी भारतीय समुदाय के लोगों द्वारा ही प्रकाशित होते हैं और इनका लाभ भी वही उठाते हैं । "इंडो अमेरिकन न्यूज" ह्यूस्टन के साप्ताहिक समाचार पत्र में शेन यन और टेक्सास रेनेसांस फेस्टिवल की शब्द -पहेली यदि प्रकाशित होती है और स्थानीय अमेरिकी भारतीय जनता इन्हें हल करके टिकट जीतती है तो इसका श्रेय उस अखबार के विज्ञापन विभाग को जाता है जो इसे मुख्य धारा से जोड़ने का प्रयत्न करता है। इन समाचार पत्रों के प्रकाशक इंडो -अमेरिकन चेंबर आफ कॉमर्स जैसी संस्थायें हैं। "खास बात", "देश- विदेश", "लिटिल इंडिया", "सिलिकॉन इंडिया", "इंडिया हेराल्ड", "इंडिया अब्रॉड" जैसे ढेरों स्थानीय और राष्ट्रीय समाचार पत्र - पत्रिकाएं अमेरिका में दिखने लगी हैं जो अमेरिकी भारतीय जनता की आवाज भी हैं और आपसी संवाद का साझा रिश्ता भी । सच तो यह है कि अमेरिका के हर कोने में, जहाँ भी भारतवंशियों की उपस्थिति है, उनका अपना

सामुदायिक समाचार- पत्र या पत्रिका है जो उन्हें अमेरिका और भारत में होने वाली घटनाओं से जोड़े रखता है । इनमें मात्र अमेरिका और भारत में होने वाली प्रमुख सांस्कृतिक / सामाजिक घटनाओं की खबर ही नहीं होती वरन किताबों की समीक्षा, नए पकवान बनाने की विधि, सिनेमा और खेल जगत की जानकारी भी होती है । कहने का आशय यह कि ये साप्ताहिक / मासिक या पाक्षिक पत्र अपने पाठकों की रुचियों का पुरा ध्यान रखते हैं और नि:शुल्क उपलब्ध हैं । इन सबकी भाषा अंगरेजी है । कुछ के नाम हिंदी के हैं लेकिन इनमे भी देवनागरी लिपि या हिंदी कहीं दिखाई नहीं पड़ती । ख़ास बात (मासिक पत्रिका, टेम्पा फ्लोरिडा), देश- विदेश (1993 से, मासिक पत्रिका, फ्लोरिडा, जॉर्जिया, उत्तरी और दक्षिणी कैरलाइना), दि एशियन रिपोर्टर (ओरेगॉव, ऑनलाइन समाचार- पत्र), इंडो यू एस बिजनेस जर्नल (मैसाचुसेट्स, मासिक), इंडिया बुलेटिन (शिकागो), इंडिया ट्रिब्यून (शिकागो, साप्ताहिक), इंडिया न्यू इंगलैंड न्यूज (मैसाचुसेट्स), इंडिया वेस्ट (1977 से कैलिफोर्निया से प्रकाशित साप्ताहिक समाचार पत्र), खबर (साप्ताहिक, जार्जिया), लिटिल इंडिया (कनाकटिकट, साप्ताहिक) आदि कुछ नाम हैं जिनसे यह स्पष्ट है की भारतवंशियों ने आपस में संवाद बनाये रखने के लिए और अपने को अपने देश से जोड़े रखने की पूरी मेहनत की है । कुछ अखबार ऐसे भी हैं जो केवल व्यावसायिक समाचार प्रकाशित करते हैं - जैसे मैसाचुसेट्स से निकलने वाला साप्ताहिक इंडो - यु एस बिजनेस जर्नल । इसी तरह साउथ एशियन जर्नलिस्ट एसोसिएशन की अपनी वेब साइट और समाचार -पत्र है जो उन्हें अमेरिका में संगठित रखता है और अपने अधिकारों / नियमों की सूचना देता रहता है ।

हिंदी, गुजराती और बंगला के समाचार पत्र भी हैं । "हम हिन्दस्तानी" हिंदी का पहला साप्ताहिक समाचार पत्र है जो 2011 से आरम्भ हुआ है और न्यूयार्क से प्रकाशित होता है । यह ऑनलाइन भी है । सबसे अधिक समाचार पत्र पंजाबी भाषा के हैं । "शेरे पंजाब" का प्रकाशन 1998 में न्यूयार्क से आरम्भ हुआ । इसका ऑनलाइन एडिशन भी है । यह अकेला अखबार है जिसके लिए सदस्यता शुल्क देना होता है । "अजित वीकली" 1993 में आरम्भ हुआ । इसका हेड आफिस कनाडा है किंतु यह न्यूयार्क और कैलिफोर्निया से भी प्रकाशित होता है । यह

अखबार पूरे नार्थ अमेरिका में नि:शुल्क वितरित होता है । "पंजाबी मेल यू एस ए" सैक्रामेंटो, कैलिफोर्निया से प्रकाशित होने वाला पहला पंजाबी का समाचार पत्र था जो पूरे अमेरिका में नि:शुल्क वितरित होता रहा । इसकी वेबसाइट प्रतिदिन नए समाचार जोड़ती रहती है । इनके अतिरिक्त "अम्बेडकर - टाइम्स" और "देशी दोआबा" भी सैक्रामेंटो, कैलिफोर्निया से प्रकाशित होते हैं । यह जानना दिलचस्प होगा कि सैक्रामेंटो से ही "इंडो यू एस ट्रकिंग" नामक समाचार पत्र भी प्रकाशित होता है जो मुख्यत: पंजाबी बोलने- पढ़ने वाले ट्रक ड्राइवरों के लिए है और पूरे अमेरिका में वितरित होता है । इसमें अमेरिका के ट्रक ड्राइवर बिजनेस के नए नियमों और विनियमों की समस्त सूचनायें होती हैं । पंजाबियों का इस तरह आपस में संवाद बनाये रखना अपने आप में बहुत ही बड़ी उपलब्धि है क्योंकि अमेरिका में रह रहे पंजाबियों- विशेषकर सिखों ने इस देश में हर क्षेत्र में अपना योगदान दिया है और इसके बावजूद सबसे अधिक समस्याएं झेली हैं और झेल रहे हैं ।[9-10]

पारीख वर्ल्ड वाइड मीडिया अमेरिका में सबसे बड़ा "इंडियन - अमेरिकन प्रकाशन समूह है। इसके पांच समाचार पत्र हैं। इस ग्रुप द्वारा प्रकाशित "गुजरात टाइम्स" साप्ताहिक ही गुजराती भाषा में प्रकाशित होता है, शेष चार की भाषा अंगरेजी है । "न्यूज इंडिया टाईम्स" राष्ट्रीय स्तर का साप्ताहिक समाचार- पत्र है । "देसी टाक इन न्यूयार्क" साप्ताहिक - न्यूयार्क, कनाकटिकट और न्यूजर्सी में वितरित होता है और "देसी टाक इन शिकागो" साप्ताहिक शिकागो और कुछ अन्य राज्यों में । "द इंडियन अमेरिकन" ऑनलाइन पाक्षिक पत्रिका है । "तेलुगु नाड़ी" तेलगु भाषा की पत्रिका है। "सन्देश" भी गुजराती की पत्रिका है। "वीकली बंगाली'- बंगला का साप्ताहिक है जो न्यूयार्क से 1991 से निकल रहा है किन्तु यह बंगलादेशी बंगालियों का अखबार है और उन्हीं से संबंधित समस्त सूचनायें प्रकाशित करता है। "ठिकाना" और ऐसे ही दर्जन भर बंगला के अखबार हैं जो न्यूयार्क की देसी किराना दूकान में उपलब्ध होते हैं किन्तु सभी बंगलादेशी बंगालियों के हैं ।[11]

साहित्यिक पत्रिकायें, हिंदी एवं अन्य भारतीय भाषाओं का साहित्य

वर्तमान में हिंदी भाषा के प्रचार- प्रसार के उद्देश्य से अमेरिका में पांच संस्थायें काम कर

ही हैं- अंतरराष्ट्रीय हिंदी समिति, विश्व हिंदी न्यास, इंटरनेशनल हिंदी असोसिएशन, हिंदी यू एस ए एवं विश्व हिंदी ज्योति । विश्व हिंदी न्यास की "हिंदी जगत" और "बाल हिंदी जगत" पत्रिकायें अमरीका में बसे भारतीयों को अभिव्यक्ति का मंच प्रदान करती हैं और बाल हिंदी जगत बच्चों को अपनी समृद्ध भाषा और साहित्य से परिचित कराने और उन्हें इस दिशा में प्रेरित करने के उद्देश्य से आरम्भ हुई है । इंटरनेशनल हिंदी असोसिएशन की पत्रिका "विश्वा" और अब बंद हो चुकी "सौरभ", जो अंतरराष्ट्रीय हिंदी समिति की पत्रिका है, भी भारतवंशियों को साहित्यिक मंच देने के लिए आरम्भ हुई । हिंदी यू एस ए की "कर्मभूमि" पत्रिका है । एक पत्रिका विभोम स्वर भी है जो नार्थ कैरलाइना से निकलती है । इन्होंने न केवल अमेरिका के रचनाकारों को आत्माभिव्यक्ति का मंच प्रदान किया है अपितु भारत एवं अन्य देशों के रचनाकारों के लेखन से भी जोड़े रखा है। साठ के दशक से अमेरिकी हिन्दी साहित्य का इतिहास शुरू होता है। उस काल में सृजनरत रचनाकार सोमा वीरा, उषा प्रियम्वदा एवं सुनीता जैन की रचनायें उस काल का सशक्त परिदृश्य प्रस्तुत करती हैं। उषा प्रियम्वदा, जो अभी भी अमेरिका में हैं और सृजनरत हैं, का उपन्यास “भया कबीर उदास” अमेरिका में रह रही, स्तन कैंसर से जूझती स्त्री के मनोभावों का चित्रण करता है एवं अमेरिकी पृष्ठभूमि पर रचे गये उनके साहित्य की नवीनतम कड़ी है।

अमेरिकी हिन्दी साहित्य के पटल पर कई ऐसे नाम हैं जिनके उल्लेख के बिना यहाँ के साहित्य का इतिहास पूरा नहीं होगा। आरम्भिक दौर में इन्दुकान्त शुक्ल, वेद प्रकाश बटुक, रामेश्वर अशान्त, श्याम नारायण शुक्ल, शाली ग्राम शुक्ल, वेद प्रकाश सिंह अरुण, गुलाब खंडेलवाल, पं. भूदेव शर्मा, सुरेन्द्र कुमार तिवारी, विजय कुमार मेहता, हिमांशु पाठक, आदि कई नाम हैं जिनकी अपनी भूमिका यहाँ के साहित्य को मंच प्रदान करने में भी रही। अमेरिकी पृष्ठभूमि पर गद्य लेखन के क्षेत्र में अपने सशक्त लेखन के लिये एक चर्चित नाम रहा – कमला दत्त। उनकी सत्तर के दशक में लिखी गईं, आरम्भिक कहानियाँ – “मछली सलीब पर टंगी,”

"अभिशप्त", "सिल्वो डाले ते नेपियाँ" आदि ही उनकी जगह साहित्य में सुनिश्चित कर देने के लिये काफ़ी रहीं।

इसी तरह उषादेवी विजय कोल्हटकर हैं जो मराठी एवं हिन्दी दोनों भाषाओं में समान अधिकार से लिखती रहीं। अनुराधा आमलेकर और डा. विजया बापट भी मराठी और हिंदी की रचनाकार हैं । रमेश धुस्सा की "बहुत अच्छा आदमी" कहानी एक ऐसी कहानी है जो दो संस्कृतियों के संघर्ष को बखूबी चित्रित करती हैं । कई विधाओं में एक साथ सृजनरत सुषम बेदी का "हवन"- अमेरिकी पृष्ठभूमि पर लिखा गया है। इनके सिवा सुदर्शन प्रियदर्शिनी, उमेश अग्निहोत्री, इला प्रसाद, अनिल प्रभाकुमार, रेणु राजवंशी गुप्ता, सुधा ओम ढींगरा, स्वदेश राणा, अंशु जौहरी, अमरेन्द्र कुमार, राजश्री, रचना श्रीवास्तव आदि कई ऐसे नाम हैं जिनके लेखन से यहाँ के हिन्दी साहित्य का कोश निरतंर समृद्ध हो रहा है एवं जो अमेरिकी हिन्दी साहित्य के विकास के भागीदार हैं। भारत की स्थापित लेखिका पुष्पा सक्सेना पिछले दशक में अमेरिका आई हैं और उनकी कहानियों में भी अब अमेरिका अपने पूरेपन के साथ उपस्थित है। इसी क्रम में मृदुल कीर्ति का नाम लिया जा सकता है जो कविता के क्षेत्र में सक्रिय हैं ।

अमेरिकी हिन्दी कविता में अमेरिका के जीवन की विद्रूपताओं का अपने विशिष्ट अन्दाज में बेहद सशक्त चित्रण करने वाली अन्जना संधीर-जो अब भारत जा बसी हैं - की कवितायें एवं गजलें अलग से पहचानी जाती हैं। इसी तरह रेखा मैत्र अपनी छोटी-छोटी कविताओं में बडी बारीकी से इस परिवेश की एवं यहाँ के जीवन की विसंगतियों की कथा कहती नजर आती हैं। सुषम बेदी आरम्भ में एक सशक्त कवियित्री भी रही हैं। देखा जाय तो अमेरिकी हिन्दी कविता एवं गजल विधा में इनके अतिरिक्त धनंजय कुमार, गुलशन मधुर, राकेश खण्डेलवाल, अनूप भार्गव, अनंत कौर, देवी नागरानी, शशि पाधा, कल्पना सिंह चिटनीस, इला प्रसाद, अनिल प्रभा कुमार, सुदर्शन प्रियदर्शिनी, सुधा ओम ढींगरा, विशाखा ठाकेर, स्वदेश राणा, अंशु जौहरी, बीना टोढी, अभिनव शुक्ल, रमनी थापर, अमरेन्द्र कुमार, अशोक व्यास, सुरेश राय, सुभाष काक, मंजु मिश्रा, आस्था नवल, लावण्या शाह, बिन्दु भट्ट, अनिता कपूर, रचना श्रीवास्तव

आदि कई रचनाकार निरंतर सृजनरत हैं। अमेरिका के जीवन की विसंगतियाँ एवं उससे जुड़े तमाम पहलू इनकी कविताओं/गजलों का भी विषय बने हैं। इनमें से कतिपय रचनाकारों ने भारत की पृष्ठभूमि पर रचनायें लिखी हैं, अब भी कईयों की भावभूमि भारत भी हैं किन्तु उनका लेखन अमेरिका के हिन्दी साहित्य का अविभाज्य अंग हैं क्योंकि भाषा, शिल्प, अभिव्यक्ति – इन तमाम दृष्टिकोणों से भी इनमें से कई रचनायें बेजोड़ हैं। वर्तमान में वह नास्टालजिया, जो कतिपय रचनाकारों की आरम्भिक रचनाओं की मूल ध्वनि रहा है, धीरे-धीरे अतीत की कथा होने को अग्रसर है। स्मरणीय तथ्य यह है कि अमेरिकन हिन्दी साहित्य अमेरिकी भारतीयों के जीवनानुभव पर आधारित है। यह भारत की अनुकृति नहीं बन सकता, न ही इसे ऐसा दिखलाने की कोई इच्छा यहाँ के रचनाकारों का अभीष्ट है। वे अपने तरीके से अपनी भाषा और संस्कृति की कथा कह रहे हैं जो अब न तो पूर्ण भारतीय है और न पूर्णतः अमेरिकी और जिसकी जगह अब विश्व साहित्य में है, न कि केवल भारतीय साहित्य में।

पंजाबी में प्रभजोत कौर, अनंत कौर, रविंदर सहारा और अन्य कई रचनाकार हैं।" उर्दू मजलिस" कई उर्दू रचनाकारों को मंच देती है जिनमे भारतवंशी लेखक भी हैं। किन्तु यहाँ अमेरिका में बस गए और अंगरेजी में लिख रहे रचनाकारों का उल्लेख सबसे प्रासंगिक होगा क्योंकि उन्होंने भारतीय संस्कृति की पहचान अमेरिकन जनता को दी है। भारती मुखर्जी, चित्रा बैनर्जी दिवाकरुणि, झुम्पा लाहिड़ी, अनिता देसाई, किरण देसाई, विक्रम चन्दर, करण बजाज, विक्रम सेठ आदि कई नाम हैं जिन्होंने भारतीय परिवेश पर आधारित कहानियाँ, उपन्यास और सॉनेट लिखे और अमेरिकी जनता को भारतीय संस्कृति की आंशिक ही सही, समझ दी।[13]

रंगकर्म, रेडियो, वेष भूषा एवं नृत्य – संगीत : अमेरिका आये भारतीयों ने अपनी नाटक और नृत्य - संगीत की परंपरा को भी जिलाये रखा और इन विधाओं को हस्तांतरित भी किया है। सितार का पर्याय रविशंकर जैसी विशिष्ट हस्तियों की बात हम न भी करें तो भी आज अमेरिका में कई नाटक मंडलियाँ सक्रिय हैं जो शास्त्रीय और सुगम संगीत तथा नृत्य के विविध आयामों का प्रदर्शन सार्वजनिक स्तर पर करती हैं और बृहद अमेरिकी समुदाय को आकर्षित कर रही हैं।

प्रवासी कला मंच (वर्जीनिया) उमेश अग्निहोत्री के निर्देशन में, अस्सी के दशक से अपनी प्रस्तुति सार्वजनिक मंच पर दे रहा है । अमेरिका में हिंदी ड्रामा ग्रुप में यह शायद सबसे पुराना है । रसिक रंगमंच, नाट्य भारती, वाशिंगटन हिन्दुस्तानी थियेटर, ड्रामा टेक यू एस ए (इलिनॉय), शून्य थिएटर (टेक्सास), संस्कृति (टेक्सास), नाटक (कैलिफोर्निया), बे एरिया ड्रामा (कैलिफ़ोर्निया), प्रतिध्वनि (सियाटल), सेतु (बॉस्टन), इंडियन हेरिटेज एंड कल्चरल असोसिएशन (न्यू जर्सी), फीनिक्स राइजिंग मीडिया ग्रुप(वर्जीनिया), इंडियन क्लासिकल म्यूजिक एंड डांस सोसायटी (नार्थ करेलाइना) आदि कुछ नाम हैं जो हिंदी, मराठी, बंगला आदि कई भाषाओं में अपनी प्रस्तुतियां देते हैं । इनके साथ ही शास्त्रीय एवं सुगम संगीत तथा नृत्य की विविध विधाओं की भी प्रस्तुतियां होती हैं । दर्शक टिकट खरीद कर शो देखते हैं और सारा हॉल भर जाता है । भारतीय नृत्य संगीत तो बहुत समय से अमेरिकी जनता को आकर्षित करता रहा है और इन प्रस्तुतियों में आम अमेरिकी जनता की उपस्थिति अब कोई ख़ास बात नहीं रही । स्पेनिश फ्लेमेंको नृत्य की जड़ें भारत के कत्थक नृत्य तक पहुंचती हैं, यह अब आम अमेरिकी भी जानते हैं और बहुभाषी भारतवंशियों की नृत्य की विविधता से भी वे परिचित हैं। भंगड़ा और डांडिया में अब श्वेत- अश्वेत अमेरिकी जनता भी भाग लेने लगी है । भारतीय नृत्य की शिक्षा देने वाले कई छोटे- बड़े स्कूल उन सभी राज्यों में हैं जहाँ भारतवंशियों की उपस्थिति है । किन्तु भारतीय वेश भूषा अब भी भारतवंशियों तक ही सीमित है । अच्छी बात यह है कि आपकी पोशाक अब अमेरिकियों को विचित्र नहीं लगती और आपकी बिंदी - चूड़ी आपकी पहचान बन गई है । मेंहदी के कलात्मक डिजायनों से सजी हथेली उन्हें लभाती है और इसका आकर्षण बढ़ता ही जा रहा है । वे इसे टैटू की जगह अपनाने की कोशिश में हैं । टैटू से त्वचा का कैंसर हो सकता है और होता है, यह अब लोग जानते हैं । शोचनीय बात यह है कि टैटू अब भारत पहुँच गया है । बॉलीवुड डांस और उसका आकर्षण तो अब वैश्विक है, न कि मात्र भारतीय।[13-14]

हिंदी और अन्य भारतीय भाषाओं के रेडियो चैनलों की भी कोई कमी नहीं । म्यूजिक मसाला (ह्यूस्टन), रेडियो पानी पूरी (शिकागो), फन एशिया (डलास), रेडियो गीत- संगीत (कैलिफोर्निया), झंकार रेडियो, चन्न - परदेसी, पंजाबी रेडियो, तमिल, तेलुगु, बंगला, मराठी

और गुजराती सभी भाषाओं के रेडियो चैनल अब अमेरिका में सक्रिय हैं और इन कार्यक्रमों का प्रसारण इन भाषा भाषियों की प्यास बुझाता है। देसी रेडियो चैनलों की सूची भी उपलब्ध है जिसे किसी भी तरह सम्पूर्ण तो नहीं कहा जा सकता।[15] बे एरिया टी. वी., आई टी. वी., एशिया टी. वी., वायस आफ अमेरिका अब पुराने नाम हो चले हैं।

चित्रकारिता और फिल्म निर्माण के क्षेत्र भी अछूते नहीं रहे। सत्तर- अस्सी के दशक से ही भारतवंशियों ने अपनी उपस्थिति दर्ज करानी आरम्भ कर दी थी। कल्पना सिंह चिटनीस(कैलिफोर्निया) कई बार अपनी फिल्मों के लिए पुरस्कृत हुईं। मीरा गोयल(न्यूयार्क) के चित्रों की एकल प्रदर्शनी दिल्ली ललित कला अकादमी में हुई। नीलम जैन भी चित्रकारिता में सक्रिय रहीं हैं। पल्लवी शर्मा आर्ट कालेज में ही पढ़ाती हैं। ये मात्र कुछ उदाहरण हैं।

अमेरिकी भारतीय सांस्कृतिक संगठन :

भारतीय सांस्कृतिक संगठनों के प्रयास इन सब आयोजनों के पीछे काम करते रहे हैं - चाहे वह दिवाली मेले का आयोजन हो, नाट्य प्रस्तुतियां हो या फिर हिंदी दिवस, जन्माष्टमी आदि के आयोजन हों। कुछ प्रमुख नाम इस प्रकार हैं :

1. इंडो अमेरिकन चेंबर आव कामर्स, ह्यूस्टन
2. इंडियन कम्यनिटी सेंटर, ऑस्टिन
3. इंडियन असोसिएशन आफ ग्रेटर बॉस्टन
4. इंडियन असोसिएशन आफ ग्रेटर तुलसा
5. इंडियन असोसिएशन आफ वेस्टर्न वाशिंगटन
6. इंडियन असोसिएशन आफ टालाहासी, फ्लोरिडा
7. इंडिया कल्चरल सेंटर, न्यूयार्क सिटी
8. इंडियन कल्चरल सेंटर, रोचेस्टर
9. इंडियन कल्चरल असोसिएशन, सिनसिनाटी

यह सूची वस्तुत: बहुत लम्बी है। जहाँ भी भारतवंशियों की बहुलता है, वहां उनके कल्चरल असोसिएशन भी हैं। बिहार असोसिएशयन आफ नार्थ अमरीका, उत्तर प्रदेश मंडल

आफ अमेरिका, बंगाली असोसिएशन, मराठी, तमिल, तेलुगु, कन्नड़, मलयाली, गुजराती, ओड़िया, पंजाबी आदि सभी प्रांतों, भाषाभाषियों के संगठन अब अमेरिका में हैं जो अपने सार्वजनिक सांस्कृतिक कार्यक्रमों से अपनी भाषा और संस्कृति, जो बहुभाषी, संस्कृति-बहुल, समृद्ध, भारतवर्ष की अक्षण्ण पहचान है, का प्रचार - प्रसार कर रहे हैं।[16]

यह भी एक विशिष्ट तथ्य है कि भारत के विभिन्न विशिष्ट विद्या संस्थानों से आये लोगों का भी संगठन है अमेरिका में । बी. एच. यू. असोसिएशन, बी. आई. टी., बिट्स पिलानी, विभिन्न आई. आई. टी. संस्थान के संगठन हैं यहाँ ये असोसिएशन अपने मात संस्थान से जुड़ कर उसकी आर्थिक मदद करने का प्रयत्न भी करते हैं जो अपने आप में स्तुत्य है ।

इन सभी पक्षों पर विचार करें तो यह स्वत: ही स्पष्ट हो जाता है कि भारतवंशियों की वर्तमान पीढ़ी अपनी अगली पीढ़ी को अपनी भाषा संस्कृति से जोड़ने को सतत प्रयत्नशील है । अंतत: रहना तो उन्हें अमेरिका में ही है और खासकर अमेरिकी भारतीयों की अगली पीढ़ी जो अमेरिका में ही पैदा हुई, पली- बढ़ी है, भारत लौटने का स्वप्न कभी नहीं देखती । वे अपने आचार - व्यवहार में भी अमेरिकियों के अधिक करीब हैं । किन्तु समय के साथ उन्हें अपनी भारतीय पहचान का अहसास हो रहा है और भारत जिस तरह दुनिया के नक़्शे पर एक समर्थ व सशक्त राष्ट्र के रूप में तेजी से उभर रहा है, वे अपने को भारतीय कहने में गर्व का अनुभव करते हैं। ऐसे में यदि वे भविष्य में अपनी सांस्कृतिक धरोहर की विशिष्टता को पहचानें, उससे जड़े रहना चाहें और उसे अंशत: भी बचाये रखना चाहें तो उसकी जमीं पिछली पीढ़ी ने तैयार कर दी है और कर रही है ।

References:

1..https://en.wikipedia.org/wiki/Sikhism_in_the_United_States

2. http://www.punjabipioneers.com/Story

3. *"Americans turn to Hindu beliefs". The Times Of India. August 18, 2009. Retrieved December 1, 2013.*

4. *"25 percent of US Christians believe in reincarnation. What's wrong with this picture?". Retrieved December 1, 2013.*

5. "We Are All Hindus Now". Retrieved July 11, 2018.

6. https://www.indiastudies.org/about-aiis/organization-administration/
7. https://www.youtube.com/watch?v=UNS0L4lYJp0
8. https://www.youtube.com/watch?v=3hvKVArqlhI
9. https://en.wikipedia.org/wiki/Punjabi_Americans
10. https://en.wikipedia.org/wiki/Sikhism_in_the_United_States
11. https://www.nytimes.com/2004/10/02/nyregion/immigrants-with-ink-in-their-blood.html
12. https://en.wikipedia.org/wiki/Category:American_writers_of_Indian_descent
13. https://ourindianculture.com/indian-dance-classes/
14. https://sophia.smith.edu/blog/danceglobalization/2013/04/29/the-globalization-of-bollywood-dance-2/
15. https://www.indiaabroad.com/desi-radio-in-america/article_b6bba81a-5f49-59f0-bbce-7bf17a3bbf1e.html
16. https://www.nriol.com/community/orgs/indian-associations.asp

दक्षिण अफ्रीका की प्रतिबंधित हिंदी कृति : 'दरबन का बलवा'

दीप्ति अग्रवाल [8]

दक्षिण अफ्रीका में हिंदी का वृक्षारोपण करने वालो में स्वामी शंकरानंद और भवानी दयाल सन्यांसी अग्रणी थे। उस वृक्ष का पोषण - संरक्षण महात्मा गाँधी, पंडित नरदेव वेदालंकार, हीरालाल शिवनाथ, बिरजानंद 'गरीबभाई', देवीदयाल, रामभजन सीताराम और उषा देवी शुक्ल आदि ने किया। उन्ही में से एक महत्वपूर्ण नाम है- तुलसीराम पांडे का जिन्होंने 'दरबन का बलवा' नामक काव्य रचकर दक्षिण अफ्रीका के हिंदी साहित्य में अभूतपूर्व योगदान दिया। जिस प्रकार हाल के दशकों में इतिहास पर हो रही बहसों के मायने भी बदलने की कोशिश की जा रही है, उसी तर्ज पर तुलसी राम ने भी ऐतिहासिक सोच में बदलाव लाने का प्रयत्न किया है। इस कविता को पढ़कर और जो इतिहास में वर्णित है उसकी विवेचना कर के हम कह सकते हैं कि जिस प्रकार प्रसिद्ध इतालवी चिन्तक और सबार्लटन इतिहासकार अंतोनियो ग्राम्शी के प्रभाव में आकर रणजीत गुहा, पार्थ चैटर्जी, दीपेश चक्रवर्ती, शाहीद अमीन, ज्ञानेंदर पांडे, रामचंदर गुहा, डेविड हार्डीमैंन, गौतम भद्र जैसे भारतीय इतिहासकारों ने मुख्यधारा के इतिहास की अवधारणाओं को चुनौती देते हुए भारतीय इतिहास की एक समानान्तर अवधारणा सामने रखी तथा ऐतिहासिक समझ के लिए भद्रजन के साथ आमजन की 'सोच' को भी अध्ययन का आधार बनाने की वकालत की, उसी प्रकार तुलसीराम की 'दरबन का बलवा' नाम की कविता भी यह सिद्ध करती है कि बुद्धि और चेतना से युक्त आम आदमी का साहित्यिक स्रोत भी इतिहास लेखन का सशक्त आधार बन सकता है।[1]

पं. तुलसी राम पांडे की कविता 'दरबन का बलवा' 1952 में डरबन के यूनिवर्सल प्रेस से छपी थी और शीघ्र ही प्रतिबंधित कर दी गई।[2] इस कविता का संदर्भ सबसे पहले मुझे दक्षिण अफ्रीका के हिंदी विद्वान् रामभजन सीताराम द्वारा लिखित आलेख "नेटाली हिंदी" में मिला

---

[8] दीप्ति अग्रवाल : स्वतंत्र लेखन, दिल्ली

जिसमें रामभजन ने लिखा कि यह कविता उन्हें दक्षिण अफ्रीका के 'गिरमिट संग्रहालय' से प्राप्त हुई।[3] उसके बाद उषा देवी शुक्ल ने एक आलेख में संकेत दिया है कि 'दरबन का बलवा' कविता 2006 में लक्ष्मीनारायण मंदिर द्वारा पुन: मुद्रित की गयी।[4] इस कविता का पूर्ण पाठ मुझे विमलेश कांति वर्मा द्वारा 2016 में सम्पादित 'प्रवासी भारतीय हिंदी साहित्य' के दक्षिण अफ्रीका भाग में मिला।[5] तत्पश्चात् विमलेश कान्ति की इसी वर्ष प्रकाशित अन्य पुस्तक "हिंदी स्वदेश में और विदेश में" भी इस कविता का पूर्ण पाठ है।

'दरबन का बलवा' के रचनाकार तुलसीराम पांडे, बलदेवप्रसाद पांडे और धनराजी के बड़े पुत्र थे और डरबन शहर के बिरिया नामक स्थान में उनका जन्म हुआ था। बलदेवप्रसाद भारत के उत्तर प्रदेश से दक्षिण अफ्रीका 'गिरमिटिया' बनकर 'पार्क्स एंड गाडर्स' में नौकरी करने आए थे। तुलसीराम का विवाह सोनमती से हुआ और उनके 6 बेटे और 6 बेटियाँ हुई। आर्थिक स्थिति कमज़ोर होने के कारण वे 12 वर्ष की आयु में नौकरी करने लगे थे। उनके मामा पंडित अवधबिहारी ने उन्हें हिन्दी व संस्कृत की शिक्षा दी। बाद में पंडित अयोध्याप्रसाद ने उनका मार्गदर्शन किया। उनकी हिन्दू धर्म में रूचि बढ़ने लगी और 1976 में वे पहले व्यक्ति थे जिन्हें संस्कार व पूजापाठ के लिए स्नातक उपाधि मिली। उन्होंने कई ग्रन्थों की रचना की, 'सनातन संदेश' के रूप में लेख लिखा और 'गायत्री परिवार' पत्रिका का संपादन किया।[6]

प्रस्तुत कविता सत्य घटना पर आधारित है। 13 जनवरी, 1949 को दक्षिण अफ्रीका के शहर डरबन में बलवा हुआ जिसमें अफ्रीकियों ने भारतीयों पर जम कर कहर ढाया और लूट-पाट, बलात्कार, हत्या का नृशंस नंगा नाच हुआ। 142 मारे गए, 1087 घायल हुए, 300 भवन नष्ट हुए, 2000 ढांचे ध्वस्त हुए, 4000 भारतीय शरणार्थी बने और बहुत से भारतीयों ने अपने परिवार से बिछड़ने, आर्थिक हानि होने, तनाव, अपमान, रंग और नस्लीय भेदभाव जैसे कारणों से आत्महत्या कर ली। बाद में पुलिस के हस्तक्षेप से अफ्रीकी भी भारी तादाद में मारे गए।[7] कुछ अध्ययन बताते हैं कि दंगों से पहले वहां रहने वाले भारतीयों के प्रति जो अफ्रीकियों की भावनाओं का पुनर्निर्माण हो रहा था, उसने डरबन रायट्स में महत्तवपूर्ण भूमिका निभाई । अध्ययन ये भी कहते है कि इस बात में भी कोई आश्चर्य नहीं कि अफ्रीकी बुद्धिजीवी नेता और

अफ्रीकी अख़बार-'इलांगा लेस नटाल' और 'इन्कुंडला या बांटू' अफ्रीकियों की भावना परिवर्तन लाने के मुख्य स्रोत थे।[8]

पूरी स्थिति को भली-भाँति समझने के लिए डरबन शहर और घटना की पृष्ठभूमि को जानना आवश्यक है। 1833 में दास प्रथा (Slavery System) का अंत हो गया था लेकिन विभिन्न औपनिवेशिक देशों में दास प्रथा के अंत होने से श्रमिकों का मानो अकाल पड़ गया। खदानों, गन्ने के खेतों, रेलवे लाइन बिछाने में और अन्य सेवाओं के लिए ब्रिटिशों की भारत की ओर गिद्ध दृष्टि गयी। चूंकि उस समय भारत स्वंय गुलामी की बेड़ियों में जकड़ा हुआ था तथा भूख, गरीबी, अकालों की पीड़ा से ग्रस्त था, अतः वह श्रमिक आपूर्ति का गढ़ साबित हुआ। सबसे पहले मॉरीशस 1834 में श्रमिक भेजे गए। इसी प्रक्रिया में 16 नवम्बर, 1860 में "टूरो" नामक जहाज से 300 तमिल मजदूर दक्षिण अफ्रीका के डरबन (नटाल) पहुँचे। वे पाँच वर्ष की अवधि के लिए शर्तबंदी मजदूर बन कर अफ्रीका आए थे। 1860 से 1911 तक भारतीय मजदूरों और व्यापारियों के आने का सिलसिला चलता रहा। दक्षिण अफ्रीका के तीन बड़े शहर हैं - जोहान्सर्ग, केपटाउन तथा डरबन। यहाँ अफ्रीकी, कलर्ड, भारतीय, एशियाई और श्वेत लोग रहते है। यहाँ की मुख्य भाषाएँ अंग्रेजी, जूलू, खोसा और अफ्रीकांस है। यहाँ सभी भारतीय 'कुली' कहलाते थे चाहे वे किसी भी व्यवसाय में हों। बैरिस्टर कुली, शिक्षक कुली, व्यापारी कुली, जिसका प्रमाण अफ्रीका के मुख्य अखबार 'नेटाल मरकरी' की हैडलाइन से मिलता है - जब 1860 में भारतीय वहाँ पहुँचे तो हेडलाइन थी- 'The Coolies here'.[9]

श्रमिकों का अन्तिम जहाज 1911 में दक्षिण अफ्रीका आया था लेकिन भारतीयों की नेटाल से भारत वापसी की दर बहुत कम थी. हेनिंग द्वारा प्रस्तुत आंकड़ों से पता चलता है कि 1860-1911 के बीच 1,52,184 व्यक्ति भारत से आए थे, लेकिन 34001 ही अर्थात 23% वापस लौटे।[10] भारतीय शर्तबन्दी के नवीनीकरण, व्यापार में तरक्की, भूमि अधिग्रहण, मेहनत, बुद्धिमत्ता और चतुराई से धीरे-धीरे आर्थिक रूप से मजबूत होते गए। इसी कारण से ब्रिटिश और अफीकी भारतीयों से ईर्ष्या करने लगे और इसके परिणामस्वरूप 13 जनवरी को हुई

छोटी सी घटना बलवे में परिवर्तित हो गई।[11]

बलवे की पृष्ठभूमि यह है कि 13 जनवरी सुबह में एक भारतीय व्यापारी हरिलाल बसंथ की अफ्रीकन ग्राहक मैडोन्डा से किसी बात को लेकर कहासुनी हो जाती है। व्यापारी उसे धक्का मारता है और शीशे से टकराने पर उसके माथे में चोट लग जाती है। तुरन्त एम्बुलैंस आती है और उसकी मरहमपट्टी हो जाती है। पुलिस भारतीय व्यापारी को गिरफ्तार कर लेती है, चोट मामूली थी अत: मामला रफा-दफा हो जाता है।[12]

कवि तुलसीराम भी अपनी रचना 'दरबन का बलवा' में बलवे का वर्णन करते हुए कहते है कि यह बलवा 13 जनवरी संवत् 1949 को हुआ था। यहाँ संवत् से उनका अर्थ वर्ष/सन से ही है। कवि कहते हैं-

तारीख तेरह महिना जनवरी संवत उन्नीस सौ उनंचास।

बलवा शुरू हुआ डरबन में, कारण नीचे करूँ प्रकाश।।

एक हिन्दी भाई बैपारी, जिसका छोटा था दुकान।

आया वहाँ युवक एक हब्शी, जिसे कहते छोटा अम्फान।।

लेन-देन में हुआ बखेड़ा, हिंदी भाई गया रिसाय।

एक तमाचा दिया युवक को, और शीशा पर दिया गिराय।।

गिरते शीश टुकड़ा हो गया, मस्तक चोट पहुँचा जाय।

तुरंत बुलाए लिय एम्बुलैंस को, और अस्पताल दिए भिजवाए।।

चोट लघु था सिर के उपर, मलहम पट्टी दिया बंधाय।

पुलिस सिपाही पकड़ हिन्दी को तुरंत कैद दिया पहुँचाय।।

झूठ-मूठ की अफवाह फैली बाते कही न जाए।

यही बहाना करके हबशी इंडियन पर इल्जाम लगाय।। [13]

अर्थात 13 जनवरी, 1949 को डरबन में जो बलवा शुरू हुआ था उसका कारण यह था कि एक छोटी सी दुकान के भारतीय मालिक का एक अफ्रीकी लड़के से लेनदेन को लेकर झगड़ा हो गया। हिन्दू भाई ने गुस्से में आकर उस लड़के को एक तमाचा मार दिया और धक्का मार कर गिरा दिया। इस लडाई में अफ्रीकी का सिर शीशे से जा टकराया और शीशा टूट गया। इससे उसके माथे में चोट आ गयी। हिन्दू भाई ने तुरंत एम्बुलेंस बुलाकर उसकी चोट पर मरहम-पट्टी करवा दी। पुलिस आकर हिन्दू भाई को पकड़ ले गयी। हालांकि चोट मामूली सी थी, लेकिन झूठ-मूठ की खूब अफवाहें फ़ैली और इससे छोटी सी बात का बतंगड़ बनाकर अफ्रीकियों ने भारतीयों पर इल्जाम लगा दिए।

उसी दिन दोपहर बाद अफ्रीकी इकट्ठे होकर केटो मेनर क्षेत्र पर हमला करते है और धीरे-धीरे हमला बलवे में परिवर्तित होकर विकराल रूप धर लेता है। तुलसीराम जी इस घटना के प्रत्यक्षदर्शी थे। जो कुछ भी दंगों के दौरान हुआ उसका हुबहू वर्णन कवि इस कविता में करते हैं और कुछ प्रश्न, जो बुद्धिजीवी वर्ग को सोचने पर मजबूर करते है और आज भी उतने ही प्रासंगिक है जितने उस समय थे जब दंगा हुआ था, उन सब के जवाब कविता के माध्यम से देते हैं। वे प्रश्न हैं- कैसे छोटी सी बात इतने बड़े बलवे में बदल गई? उसके पीछे क्या कारण थे? दंगों का सुनियोजन कैसे होता है? जो दिखाई दे रहा था वह सच था कि अफ्रीकियों ने भारतीयों पर कहर ढाया? या यह सच है कि अफ्रीकी केवल कठपुतली थे और हालात और व्यवस्था के मारे थे- और उन्हें नचा अंग्रेज रहे थे?

'दरबन का बलवा' भारतीयों, गोरों और अफ्रीकियों के परस्पर अन्तर्सम्बन्धों पर भी प्रकाश डालती है। कविता की सबसे अधिक महत्ता इस सम्बन्ध में है कि यह उस समय के इतिहास के उन प्रष्ठों को खोलती है जो दबा दिए गए या लिखे ही नहीं गए । कविता साहित्य के माध्यम से इतिहास का पुर्नलेखन करता है क्योंकि कवि जानता है कि इतिहास सामान्य

लोगों के लिए नीरस होता है और साहित्यकार उसे सरस बनाकर पाठकों के सम्मुख रखता है। जिस प्रकार साहित्य और मानव समाज का गहरा नाता है उसी प्रकार इतिहास और साहित्य का भी लेकिन इतिहास में भी बहुत कुछ दबा, ढका, अस्पष्ट, अनछुआ रह जाता है जिसको जानने के लिए साहित्य अनमोल स्रोत बन जाता है। लेखक घटना के प्रत्यक्षदर्शी थे अतः उन्होंने उस सच को साहित्य का रूप देकर प्रस्तुत किया जिसे इतिहास बताने से कतरा गया था। सच को जानने के लिए कविता पढ़नी आवश्यक है जैसा कि खलील जिब्रान का एक कथन है कि यदि सच्चाई को जानना है तो जो प्रकाशित हो गया है उस पर ध्यान न देकर जो प्रकाशित नहीं हो पा रहा है उसको देखो अर्थात जो सच पर्दे के पीछे है, उसको जानने की कोशिश करो।

इतिहास में 'रॉयटस कमीशन' की रिपोर्ट विभिन्न अखबार, दंगों के जो कारण बताते हैं और असली कारण क्या थे, दोनों में दिन-रात का अंतर है। रॉयटस कमीशन के F.V.D. Heever आदि ने अपनी रिपोर्ट में भारतीय और अफ्रीकियों दोनों पक्षों को दोषी ठहराया।[14] अफ्रीकी अखबार 'इलांगा लेस नटाल' ने लिखा, "जो भी हुआ वह तार्किक था और टाला नहीं जा सकता था।[15] दंगों के होने के पीछे तर्क दिए गए -

1. भारतीय कालाबाजारी करते थे।

2 अफ्रीकियों के आर्थिक विस्तार का विरोध करते थे।

3. उनका सामाजिक और नस्लभेद अपमान करते थे।

4 गोरों ने भारतीयों को अधिक और बेहतर अधिकार दिए जिससे वे उद्दंड हो गए हैं और उनमें बेहतरी की भावना बढ़ गई है।

आइए देखे कवि क्या कहते हैं -

डरबन शहर नटाल के अन्दर जहाँ बड़ी बस्ती इंडियन क्यार ।

टेमिल, तेलुगु हिन्दी मुस्लिम करते बड़ा बड़ा बैपार ।।

देखकर गोरे इनकी उन्नति, ह्रदय में उनके लगा अंगार ।

लगे भड़काने तब हबशिन को कि इंडियन होत जात हुशियार।।

सुनकर बात कुछ गोरन की, गुंडे हब्शी करें विचार ।

मार भगाओ इन कूलन को, जो हमसे करते बैपार ।।

काला बाजार का करके बहाना हब्शिन करने लगे बिचार ।

बहिष्कार कर दो इंडियन का, ताकि हम सब करे बैपार ||[16]

कवि कहता है कि नटाल के डरबन शहर में भारतीयों की बड़ी सी बस्ती थी जहाँ तमिल, तेलुगु, हिंदू, मुस्लिम सभी वर्ग के बड़े बड़े व्यापारी रहते थे। उनकी तरक्की देखकर गोरों के कलेजे पर सांप लोटने लगा और उन्होंने अफ्रीकियों को भड़काना शुरू कर दिया कि भारतीय होशियार होते जा रहे है। उन गोरों की बातों में आकर कुछ गुंडे अफ्रीकियों ने विचार किया कि इन कुली भारतीयों को जो उनके साथ व्यापार करते थे अपने देश से मार भगा देना चाहिए और उन्होंने तय किया कि भारतीयों पर कालाबाजारी का इल्जाम लगाकर इनको देश से बाहर भगा देना चाहिए ताकि वे स्वंय व्यापार कर सके।

पुलिस और गोरो की बलवे में भूमिका का उल्लेख करते हुए कवि कहता है कि

"हब्शी हब्शिन, गोरे गोरी लूटकर माल सभी ले जाय।

पुलिस सिपाही देख तमाशा, आपस में हँस के रह जाए। ।

मोटर में भर लाठी पत्थर, हब्शिन को दे कहे चलाय।

एंटी एशियाटिक जो गोरे, इंडियन देख भस्म हो जाए ।। [17]

अर्थात् अफ्रीकी आदमी और औरत, गोरें गोरी सभी लूटपाट में लगे हुए थे। पुलिस हँसते हुए तमाशा देख रही थी। एंटी एशियाटिक जितने भी गोरें थे भारतीयों की उन्नति से जलते भुनते थे इसीलिए उन्होंने गाड़ियों में लाठी पत्थर भर रखे थे और वे अफ्रीकियों को उकसा रहे थे कि वे भारतीयों पर लाठी पत्थर से हमला करें। अफ्रीकियों की क्रूरता का वर्णन कवि इस तरह करता है-

"अर्धनग्न कर रखे घरों में, छुरी से गाल दिए चिराय।

रुपवती खूबसूरत लड़किन को, पीस के कोयला बदन लगाए।।

आठ से दस हबशिन मिल साथे इज्जत आबरन दिए नशाय।

सिर के बाल को तुरत मूड के हबशिनी वस्त्र दिए पहनाय।। [18]

अर्थात अफ्रीकियों ने सुंदर भारतीय लड़कियों को अधनंगा कर अपने घरों में कैद कर किया और छुरी से उनके गाल चीर दिए। कोयला पीस कर उनके बदन पर लगा दिया। उनके सिर के बाल काट दिए और उन्हें अफ्रीकियों वाले वस्त्र पहना दिए। 8-10 अफ्रीकियों ने एक साथ मिलकर उनके साथ बलात्कार किया।

जाँच कमीशन और सरकार की रिपोर्ट का वर्णन करते हुए कवि कहता है कि-

"बलवा का कारण जाँचने को सरकार कमीशन देय बैठाय।

जज मजिस्ट्रेट इसमें बैठे, जाँच की कायदा लिए बनाय।।

कोई रईस आ देवे गवाही, और कारण उनको देय बताया।

सत्य असत्य कोई देवे जबानी, कमीशन उसको देय लिखाय।।

प्रश्न उत्तर का कोई ना मारग, इसे कमीशन दिया रुकाय।

आखिर नतीजा कुछ ना निकला कमीशन विवरण दी पहुँचाय।

सरकार स्वीकृत करके इस को दोनों पक्ष पर दोष लगाय।।'[19]

अर्थात् सरकार ने बलवे की जांच करने के लिए कमीशन बैठा दिया। जज मजिस्ट्रेट ने मिलकर जांच आरंभ की। कोई भी रईस आकर कुछ भी झूठ सच गवाही दे रहा था। कमीशन से सवाल जवाब की कोई गुंजाइश नहीं थी। आखिरकार कोई नतीजा नहीं निकला और कमीशन ने दोनों पक्षों पर दोष लगा दिया और सरकार ने इसे स्वीकार कर लिया।

अब कविता की सत्यता के पक्ष में स्कूल ऑफ़ ओरिएन्तलिस्म एंड अफ्रीकन स्टडीज (School of Orientalism and African Studies) लंदन से प्राप्त जरनल और अन्य पुस्तकों और साधनों से जो साक्ष्य प्राप्त हुए वे आपके सामने रखती हूँ- लीडर अखबार के पूर्व संपादक आर. एस. नाओबाथ भी लेखक की इस बात की पुष्टि करते हैं कि रॉयटस जाँच आयोग दंगों और दुःखद घटना के मूलभूत कारणों का पता लगाने में असफल रहा। भारतीय और अफ्रीकी मानी हुई संस्थाओं जैसे-अफ्रीकन नेशनल कांग्रेस, नेशनल इंडियन कांग्रेस, साउथ अफ्रीकन कांग्रेस पार्टी (African National Congress (ANC), National Indian Congress (NIC), South African Congress Party (SAC)) आदि ने अपराध के साक्ष्य को इकट्ठा करने की कोशिश की तो ऍफ़. डी. वंडर हीवर (F.D. Vander Heaver) ने इन संस्थाओं का बहिष्कार कर दिया।[20]

लेसंस ऑफ़ डरबन रायटस (Lessons of Durban Riots) नामक जर्नल में प्रो.टी.जी रामामुर्थी (T.G. Ramamurthi) लिखते हैं कि- डरबन का बलवा भारतीय व अफ्रीकियों के मध्य स्थायी मतभेद का परिणाम नहीं बल्कि समाज में व्याप्त गहरी फ्रस्ट्रेशन का विस्फोट है जहाँ तेजी से फैलता नगरीकरण और बलपूर्वक थोपा गया सर्वहारा कारण था जिससे दोनों समुदाय गरीब होते जा रहे थे अर्थात् आधारभूत वस्तुएँ रोटी, कपड़ा और मकान भी नहीं

खरीद पा रहे थे। इस विस्फोट की चिन्गारी को 'द स्पार्क' नाम दिया गया।[21]

मणिलाल गांधी ने भी कहा कि वे भी दक्षिण अफ्रीका तकरीबन 50 साल रहे लेकिन भारतीय और अफ्रीकियों के मध्य इतनी नफरत उन्होंने भी नहीं देखी। उन्होंने इंडियन ओपिनियन में लिखा कि हालांकि माना जाता है कि 'इलांगा 'बांटू' लोगों का अख़बार है लेकिन फिर भी ऐसा लगता है कि किसी अन्य ताकत का हाथ है जो शरारत करवा रही है।[22]

इग्लिंश प्रेस की रिपोर्ट ने यह सिद्ध किया कि अफ्रीकन दंगाई पुलिस को चिल्ला कर कह रहे थे कि "हमें दो दिन दो, अपने जहाज भारतीयों के लिए तैयार रखो और देश में एक भी भारतीय नहीं रहेगा।" ANC नटाल की निष्क्रियता से निराश होकर कुछ अफ्रीकियों ने सीधे सरकार को पत्र लिखे जिसमें कहा गया कि भारतीय अफ्रीकियों से घृणा करते है और अफ्रीकी उनके व्यापार का संरक्षण करते है। इस एकतरफा सम्बन्ध को हमेशा के लिए ख़त्म कर देना चाहिए। हम चाहते है कि सरकार हस्तक्षेप करे और हमें अलग अलग कर दे। जब किसी के बच्चे इकट्ठे नहीं रह सकते तो एक को घर छोड़ कर चले जाना चाहिये।[23] एक जुलू चीफ हैलेंग्वा ने कमीशन की गवाही में कहा, "भारतीयों को उनके देश वापस भेजो, जहाँ वे खुद राज करें और जो भारत में यूरोपीयन है उन्हें वापस बुला लो।" जोहान्सबर्ग के भारतीय डिप्लोमेट ने भी कहा "दंगों का मुख्य कारण एंटी इन्डियन प्रोपेगेंडा था जो नेशनल पार्टी ने अफ्रीकन के मध्य फैलाया जिसमें पुलिस खड़ी तमाशा देखती रही।"

'ए डाक्यूमेंट्री हिस्ट्री ऑफ़ इंडियन इन साउथ अफ्रीका' में लिखा है कि- समस्या की जड़ में भारतीयों की कालाबाजारी या अक्खड़पन नहीं है, गोरों के द्वारा बनाई व्यवस्था है। अफ्रीकी डरबन में जानवरों जैसे हालात में रहने को मजबूर है। केटो मैनर क्षेत्र में भारतीयों और यूरोपियन लोगों के अलग-अलग जोन बँटे थे, लेकिन अफ्रीकियों के लिए कोई जगह नहीं थी। अतः उन्होंने भारतीयों को कैटो मेनर क्षेत्र से बाहर खदेड़ना शुरू किया। ब्रिटिशों का उपनिवेश था और वे कूटनीतिज्ञ थे। उन्होंने इस झगड़े को खूब हवा दी और अफ्रीकियों ने भी अंग्रेजों का सहयोग पाने के लिए Persona Not Grata समूह के खिलाफ बलवा किया।"[24]

'इंडियन ओपिनियन' के एक आलेख से- जलती हुई दुकानों में से एक में चार भारतीय महिलाएं और दर्जन भर रोते बच्चे आग में बुरी तरह घिरे हुए थे। मालिक चाकुओं से बुरी तरह गुदा हुआ बीच सड़क पर अंतिम साँसें गिन रहा था। यह दृश्य केटो और डरबन के अन्य जिलों में देखे गए सैंकड़ो वीभत्स दृश्यों में से एक है।[25] इस बात की पुष्टि मौरिस बैब और कैनेथ किर्कवुड 'साउथ अफ्रीका इंस्टिट्यूट ऑफ़ रेस रिलेशंस' के जर्नल में लिखते है कि यूरोपियन ऑफिस की खिड़कियों व बाल्कनी में खड़े दृश्य का आनन्द ले रहे थे।[26] एक गोरी औरत टूसीटर कार में से कूदते हुए चिल्ला रही थी- "इन कुलियों को मजा चखाओ। इन***को ठिकाने लगा दो। सरकार तुम्हारे साथ है। तुम्हे दिखाई नहीं दे रहा कि पुलिस तुम्हारा साथ दे रही है। वह तुम्हे गोली नहीं मार रही है।[27] डोनाल्ड एल. होरो विट्ज की किताब 'द डेडली एथनिक रायट' (The Deadly Ethnic Riot) में भी लिखा है कि- बहुत सी गोरी महिलाओं ने अफ्रीकियों को उकसाया कि वे कुली भारतीयों को मारे। उन्होंने अफ्रीकियों के साथ इंगोमा नृत्य भी किया। रायटस कमीशन ने भी एक यूरोपीयन के जूता पालिश मुँह पर पोतकर दंगे में शामिल होने का वर्णन किया था।[28]

प्रोग्राम इन हिस्टोरिकल स्टडीज यू. एन. डी. डिपार्टमेंट ऑफ़ अन्थ्रोपोलोजी- स्ट्रैफोर्ड यूनिवर्सिटी (Program in Historical Studies UND Department of Anthropology-Strafford University) के विवेक नारायण अपने जर्नल-इन सर्च ऑफ़ 1949 (In Search of 1949) में लिखते हैं कि केटो मैनर क्षेत्र के इंगोमा नृत्य दल, बाक्सिंग क्लब, कामगार हॉस्टल और धावकों की मदद से अफ्रीकी नेताओं ने बलवाई एकत्रित किए। उनके कथन की पुष्टि ब्रैट अर्लमैन, डैविड हैमसन, पाल ला हास, इयान एडवार्ड, जिननुटाल इत्यादि ने की और तथ्य सामने आए कि अफ्रीकी कैसी दुनिया में रहते हैं और उनकी वर्ततान स्थिति के कारण उनकी स्वाभाविक लड़ाकू प्रवृति, शारीरिक गठन, बेरोजगारी, निरुदेश्य जिन्दगी यापन, ऊर्जा का नकारात्मक प्रयोग और शराब खोरी है।[29]

रामभजन सीताराम ने बहुवचन पत्रिका में छपे लेख में लिखा है कि- 1949 में संचार

की व्यवस्था मामूली थी और इसके पीछे षड़यंत्र की बू थी। उन्हें ठीक से याद है कि जब उनके गाँव के लोग डरबन से 40 मील दूर शाम होते ही उनके परिवार के आंगन में जुट जाते थे क्योंकि इस घर के चारों ओर कंटीले तारों का बाड़ा था और लोग सुरक्षा महसूस करते थे। उन दिनों लोग शुबहें और आंतक में जीते थे।[30]

इस प्रकार के बहुत से साक्ष्य है जो सच्चाई को कटुता से बयान करते है। दक्षिण अफ्रीका के डच मूल के श्वेत नागरिकों की भाषा अफ्रीकांस में एक शब्द है अपार्थाइड (Apartheid) जिसका अर्थ है पार्थक्य या अलगाववाद । अब यह शब्द कुख्यात 'रंग भेदी नीति' में इस्तेमाल किया जाता है। यह रंग भेदी नफरत ही तो थी जिसके कारण गोरे, जिन्होंने हमेशा अपने आपको सर्वोच्च समझा, भारतीयों के बढ़ते वर्चस्व से घबराने लगे और अफ्रीकियों को भारतीयों के खिलाफ भड़काने लगे। यह रंग भेदी नफरत ही थी जिसके कारण दस-दस अफ्रीकियों ने एक साथ भारतीय लड़कियों और महिलाओं के साथ बलात्कार किए और उन्हें नंगा कर अपने घर में बंधक बनाया। उन्हें बदसूरत बनने के लिए उनके बाल काट दिए, गाल चीर दिए और उनके बदन पर कोयले का चूरा मला। भारतीय युवकों के गले में नैक लेसिंग (पैट्रोल से भरी टयूब) डाली और उन्हें जिन्दा जला दिया। बलवे ने इतना विकराल रूप धारण कर लिया था कि पुलिस के बूते के बाहर की बात हो गई और उन्हें ब्रिटिश सरकार से कहकर फौज और नौसेना वालों को बुलवाना पड़ा। नौसेना और फौज की गोलियों से कई अश्वेत मारे गए। सरकार ने 80 का आंकडा दिया लेकिन अश्वेतों के मरने वालों की संख्या हजारों में थी। रात के अंधेरे में उनके शव समंदर में फेंक दिए गए। नौसेना वालों के कारण बाकी भारतीय बच पाए और जाँच कमेटी ने सत्य-असत्य के घालमेल में भारतीय और अश्वेत दोनों पक्षों को दोषी ठहराकर मामला रफा दफा कर दिया। एक वर्ष तक छुटपुट दंगे होते रहे। बाद में सब कुछ सामान्य हो गया।

'दरबन का बलवा' कविता में कवि ने यह कविता पूरी प्रामाणिकता और ऐतिहासिकता के साथ लिखी है साथ ही साथ कवि ने काव्य सौंदर्य का भी पूरा ध्यान रखा है। कविता वीर, रौद्र और वीभत्स रस से पूर्ण 'आल्हा छन्द' में लिखी गई है जिसमें 31 मात्राएँ होती है। 'परमाल रासो' के आल्हा छन्द का यह उदाहरण जग प्रसिद्ध है।

"बारह बरस ले कुकुर जीये, ओ तेरह ले जियै सियार।

बरिस अठारह क्षत्रिय जीयै, आगे जीवन को धिक्कार।"

कविता का प्रारंभ इसी आल्हा की पारंपरिक पद्धति के अनुसार मंत्रोच्चारण से होता है -

"सुमिरन करके ओंकार की, और ब्रह्मा को शीश नवाय।

लिखू हकीकत बलवा वाली, जो नेटाल को दिया कंपाय।।"[31]

अर्थात ॐ नाम का सुमिरन करके और ब्रह्मा जी को शीश नवा कर कवि उस बलवे की सच्चाई को लिखने जा रहे हैं जिसकी वीभत्सता ने पूरे नटाल को कंपायमान कर दिया था।

अंत में क्षमा याचना-

"मुख्य-मुख्य घटना बलवा वाली, आल्हा छंद में दिया सुनाय।

भूलचूक गर हुआ हो इसमें , क्षमा माँगू मैं शीश नवाय।।"[32]

अर्थात् कवि ने बलवे की मुख्य-मुख्य घटना का वर्णन आल्हा छन्द में सुना दिया है और वे कहते हैं कि अगर इसमें उनसे कोई भूल चूक हुई है तो वे सिर झुका कर क्षमा मांगते हैं।

भाषा

कवि ने जन लोकप्रिय भाषा का प्रयोग किया है ताकि जनसाधारण उनकी कविता को समझ पाये और कविता के मर्म तक पहुँच पाये।

शब्द विधान

भारत से उस समय मजदूरी, व्यापार व नौकरी करने हेतु विभिन्न प्रदेशों से लोग गए थे

जैसे- गुजरात, तमिलनाडु, उत्तर प्रदेश, बिहार, कलकत्ता आदि और उनकी भाषा में इन प्रदेशों की भाषा के अतिरिक्त जुलू और अंग्रेजी भाषा के शब्द भी उनकी भाषा में सम्मिलित हो गए। इस काव्य में भी सभी शब्दों का प्रयोग है और इसी कारण कविता प्रवाह में बहती चलती है।

- अंग्रेजी शब्द- इंडियन, एम्बुलैंस, मार्किट, मोटर, लॉरी, एंटी एशियाटिक, डयूटी, डिफेंस, बॉक्स, स्टोव, कैम्प, रायल नेवी, सालवेशन आर्मी आदि।
- भोजपुरी शब्द- भाटा, विनिस, केरावं, धरणी, लीलार, रिसाय, लत्त, गुरिया, बिधना, तिरियन आदि।
- जूलू शब्द- कूला, मकूला- कुली
- च्वाला, शिमियाना- शराब
- अम्फान- लड़का
- शाया शाया- मारो, मारो
- तत्सम शब्द- लेखनी, भुजा, शीश, लहू, वर्ण, सत्य, अन्न, वस्त्र, गृह, प्रज्वलित आदि।
- 'दमूला' शब्द भारतीयों में प्रचलित था चक्की (Mill) के लिए जैसे 'चीनी का दमूला (Damola)' यह शब्द मॉरीशस से आयातित किया हुआ है।
- मुहावरें- हृदय में उनका लगा दिए अंगार मचा दिये तूफान, विधना क्या लिख दिया लीलार, शिर पर काल रहे मंडराय, छितिर-बितिर हो जाय, चहुँओर रहीं अंधियारी छाय, भसम हो जाए, आत्मा निकल स्वर्ग को जाय, कोमल कलिया गई मुरझाय आदि।

निष्कर्ष रुप में कहा जा सकता है कि तुलसीराम का 'दरबन का बलवा' प्रवासी हिन्दी साहित्य की अति उत्तम रचना है जो इतिहास का साहित्य से तो सम्बन्ध जोड़ती ही है, सर्जन के भी कई सोपान पार करते हुए मन को दहलाने, झकझोरने और सोचने को भी मजबूर करती है।

पाद टिप्पणी

1. विश्व हिंदी पत्रिका 2017, विश्व हिंदी सचिवालय, मारीशस, 2018, पृष्ठ 181
2. वर्मा, विमलेश कान्ति, हिंदी स्वदेश में और विदेश में, प्रकाशन विभाग, सूचना और प्रसारण मंत्रालय, भारत सरकार, नई दिल्ली, पृष्ठ 451
3. बहुवचन पत्रिका, अंक 46, अक्तूबर-दिसम्बर, 1999, महात्मा गाँधी अंतर्राष्ट्रीय हिंदी विश्वविद्यालय, वर्धा, पृष्ठ 96
4. गंभीर, सुरेंद्र संपा., प्रवासी भारतीयों में हिंदी की कहानी, भारतीय ज्ञानपीठ, पृष्ठ 114
5. वर्मा, विमलेश कान्ति, प्रवासी भारतीय हिंदी साहित्य, भारतीय ज्ञानपीठ, पृष्ठ 131,
6. वर्मा, विमलेश कान्ति, हिंदी स्वदेश में और विदेश में, पृष्ठ 452
7. Iain Edward-Tim Nuttall, Seizing the Moment : The January 1949 Riots, Proletarian, Populsim and the Structure of African Urban Life in Durban during the late 1940's, Page 1
8. Soske Jon, Wash Me Black Again : African Nationalism, the Indian Diaspora and Kwa Zulu,Natal 1944-60 (doctoral thesis University of Toranto), page 26
9. Natal Mercury, 22 November, 1860
10. Henning C G, The Indentured Indian in Natal (1860-1917) Promila & Co, New Delhi, 1993, page 23
11. गंभीर, सुरेंद्र संपा., प्रवासी भारतीयों में हिंदी की कहानी, पृष्ठ 107
12. In Search of 1949, Vivek Narayanan, Stanford University, Page 3
13. वर्मा, विमलेश कान्ति, हिंदी स्वदेश में और विदेश में, पृष्ठ 453
14. In Search of 1949, Vivek Narayanan
15. How Long o Lord ! Ilanga Lase Natal, 22 January, 1949
16. वर्मा, विमलेश कान्ति, हिंदी स्वदेश में और विदेश में, पृष्ठ 452

17. वहीं, पृष्ठ 455
18. वहीं, पृष्ठ 459
19. वहीं, पृष्ठ 462
20. Ramamurthi, T. G., Lessons of Durban Riots." Economic and Political Weekly, Vol. 29, No. 10, 1994, Page 543
21. Ibid, Page 543–546
22. Indian Opinion, January 28, 1949 (Poisoning the Minds of Indians and Africans.)
23. Zulu Language article in Kundla Aug., 1949
24. Surender Bhana and Bridglal Pachai Edited A Documentary History of Indian in South Africa - The Durban Riots, 1949
25. Indian Opinion, January 21,1949-Race Rioting in Durban Inflicts Grave Damage to Indians
26. मौरिस बैब और कैनेथ किर्कवुड, साउथ अफ्रीका दि डरबन राइट्स ऐंड आफ्टर, जोहानसबर्ग, page 2
27. In Kundla Ya Bantu, January 29, 1949 की रिपोर्ट से।
28. In Search of 1949, Vivek Narayanan, Page 11
29. बहुवचन पत्रिका, अंक 46, अक्तूबर-दिसम्बर, 1999, पृष्ठ 96
30. Surender Bhana and Bridglal Pachai Edi. A Documentary History of Indian in South Africa
31. वर्मा, विमलेश कान्ति, हिंदी स्वदेश में और विदेश में, पृष्ठ 452
32. वहीं, पृष्ठ 462

प्रवासी भारतवंशियों का भारतीय संस्कृति के प्रचार-प्रसार में योगदान

डॉ. के.एस.सुधा अनंतपद्मनाभ [9]

प्रत्येक मनुष्य में दूसरे व्यक्तियों तथा स्थानों के प्रति सहज उत्सुकता होती है। इन यात्राओं के अनेक लक्ष्य हुआ करते हैं। कुछ लोग धर्म-प्रचार के लिए जाते हैं और अपना कार्य करते करते वही पर रहते हैं। जो लोग भारत छोडकर विश्व के दूसरे देशों में जा बसे हैं उन्हें प्रवासी भारतीय कहते हैं। ये विश्व के अनेक देशों में फ़ैले हुए हैं। प्रवासी भारतीयों को अपनी सांस्कृतिक विरासत को अक्षुण्ण बनाए रखने के कारण ही साझा पहचान मिली है और यही कारण है जो उन्हें भारत से गहरे जोडता है। प्रवासियों की सफ़लता का श्रेय उनकी परंपरागत सोच, सांस्कृतिक मूल्यों और शैक्षणिक योग्यता को दिया जा सकता है। कई देशों में वहाँ के मूल निवासियों की अपेक्षा भारतवंशियों की प्रति व्यक्ति आय ज्यादा है। वैश्विक स्तर पर सूचना तकनीक के क्षेत्र में क्रांति में इनकी महत्वपूर्ण भूमिका रही है,जिसके कारण भारत की विदेशों में छवि निखरी है। प्रवासी भारतवंशियों की सफ़लता के कारण भी आज भारत आर्थिक विश्व में आर्थिक महाशक्ति के रुप में उभर रहा है।

'संस्कृति' शब्द अपने में सभी संस्कारों, परम्पराओं, सभ्यता के विभिन्न तत्वों तथा लौकिक, आध्यात्मिक और धार्मिक मान्यताओं को समेटे हुए है। भारतीय संस्कृति का मूलाधार वेद और स्मृतियाँ हैं, जिनके आधार पर हिन्दू सामाज की विभिन्न जातियाँ चल रही हैं। संस्कृति की विविध परिभाषाएँ संभव हो सकी है, क्योंकि वह विकास का एक रुप नहीं, विभिन्न रुपों की ऐसी समन्वयात्मक समष्टि है जिसमें एक रुप स्वत: पूर्ण होकर भी अपनी सार्थक्ता के लिए दूसरे का सापेक्ष है।"[22] एक व्यक्ति को पूर्णतया जानने के लिए जैसे उसके रूप, रंग, आकार, बोलचाल, विचार, आचारण आदि से परिचित हो जाना अवश्यक हो जाता है, वैसे ही किसी जाति की संस्कृति को मूलत: समझने लिए उसके विकास की सभी दिशाओं का ज्ञान अनिवार्य

---

[9] डॉ. के.एस.सुधा अनंतपद्मनाभ : हिंदी विभागध्यक्ष, पल्लागट्टी अडवप्पा कला और वाणिज्य कॉलेज तिपटूरु (तुमकूरु), कर्नाटक

है। किसी मनुष्य समूह के साहित्य, कला, दर्शन आदि के संचित ज्ञान और भाव का ऐश्वर्य ही उसकी संस्कृति का परिचायक नहीं, उस समूह के प्रत्येक व्यक्ति का साधारण शिष्टाचार भी उसका परिचय देने में समर्थ है ।

यह स्वाभाविक भी हैं, क्योंकि संस्कृति जीवन के बाह्य और आंतरिक संस्कार का क्रम ही तो होगा। इसके अतिरिक्त वह निर्माण ही नहीं, निर्मित तत्वों की खोज भी है। भौतिक तत्व में मनुष्य प्राणितत्व को खोजता है, प्रणितत्व में मनस्तत्व को खोजता है और मनस्तत्व में तर्क तथा नीति को खोज निकलता है, जो इसके जीवन को समष्टि में सार्थकता और व्यापकता देते हैं। इस प्रकार विकास पथ में मनुष्य़ का प्रत्येक पग अपने आगे सृजन की निरन्तरता और पीछे अथक अन्वेषण छिपाये हुए है।

"भारतीय संस्कृति का प्रश्न अन्य संस्कृतियों से कुछ भिन्न है, क्योंकि यह अतीत की वैभव की कथा ही नहीं, वर्तामान की करुण गाथा भी है। संस्कृति विकास के विविध रूपों की समन्वयात्मक समाष्टि है और भारतीय संस्कृति विविध संस्कृतियों की समन्वयात्मक समष्टि है। भारतीय संस्कृति तो शताब्दियों को छोड सहस्त्राब्दियों तक व्याप्त तथा एक कोने में सीमित न रहकर बहुत विस्तृत भू-भाग तक फैली हुई है। उसमें एक सीमा से दूसरी तक, आदि से अन्त तक एक ही रुप मिलता रहे, ऐसी आशा करना जीवन को जड मान लेता है। भारतीय संस्कृति निश्चित पथ से काट-छाँट कर निकली हुई नहर नहीं, वह तो अनेक स्त्रोतों का साथ ले अपना तट बनाती है और पथ निश्चित करती हुई बहने वाली स्त्रोतास्विनी है।"[23] बुद्ध द्वारा प्रतिपादित धर्म के साथ भारतीय संस्कृति में एक ऐसा पट परिवर्तन होता है, जिसने हमारे जीवन की सब दिशाओं पर अपना अमिट प्रभाव छोडा और दूसरे देशों की संस्कृति को भी विकास की नई दिशा दी। उसमें और वैदिक संस्कृति में विशेष अन्तर है। वैदिक संस्कृति हमारी संस्कृति का उपक्रम न होकर किसी विशाल संस्कृति का अंतिम चरण है और वैदिक संस्कृति विषम परिस्थितियों के भार से दबे जीवन का संपूर्ण प्राण-प्रवेग है, जिसने सभी बाधाएँ तोडकर बाहर आने का मार्ग पा लिया। वैदक संस्कृति अपनी यथार्थता में भी आदर्श के निकट है और बौद्ध संस्कृति अपनी बौद्धिकता में भी अधिक यथार्थोमुखी है।

एक प्रवृति प्रधान और दूसरी अपग्रही है, परन्तु दोनो विकास की ओर गतिशील हैं। संस्कृति के संबंध में हमारी ऐसी धारणा बन गई है कि वह निरंतर निर्माण-क्रम नहीं, पूर्ण निर्मात वस्तु है, इसी से हम उसे अपने जीवन के लिये कठोर साथी बना लेते है। जीवन जैसे आदि से अन्त तक निरंतर सृजन है, वैसे ही संस्कृति भी निरंतर संस्कार क्रम है। विचार, ज्ञान, अनुभाव, कर्म आदि सभी क्षेत्रों में जब तक हमारा सृजन-क्रम चलता रहता है, तब तक हम जीवित है। 'जीवन पूर्ण हो गया' का अर्थ उसका समाप्त हो जाना है। संस्कृति के संबंध में भी यह सत्य है परन्तु विकास की किसी स्थिति में भी जैसे शरीर और अन्तर्जगत के मूलतत्व नहीं बदलते, उसी प्रकार संस्कृति के मूलतत्वों का बदलना भी संभव नहीं।

भारत की सांस्कृतिक एकता

हमारे धर्मों में भेद होते हुए भी उनमें संस्कृतिक एकता है, जो उनके अविरोध की परिचायक है। वही त्याग, तप एवं मध्यम मार्ग की संयममयी भावना हिन्दू, बौद्ध, जैन और सिख सम्प्रदायों में समान रुप में विद्यमान है। एक धर्म के आराध्य दूसरे धर्म में महापुरुष के रूप में स्वीकार किये गये हैं। भगवान बुद्ध तो अवतार ही माने गये हैं। 'कलियुगे कलिप्रथमचरणे बुद्धावतारे' कह कर प्रत्येक धार्मिक संकल्प में हम उनका पुण्य स्मारण कर लेते हैं। भगवान ऋषभदेव का श्रीमद्भागवत में परम आदर के साथ उल्लेख हुआ है। जैन धर्म-ग्रन्थों में भगवान राम और कृष्ण को तीर्थंकर नहीं तो उनसे एक श्रेणी नीचे का स्थान मिला है। अन्य हिन्दू-देवी-देवताओं को भी उनके देव-मण्डल में स्थान मिला है। भारतोद्भूत प्राय: सभी धर्म आवागमन में विश्वास करते हैं। सिख-गुरुओं ने हिन्दू धर्म की रक्षा में ही योग नहीं दिया वरन् उसके लिए कष्ट और अत्याचार भी सहे। उन्होंने, विशेषकर गुरु नानक और गुरु गोविन्द सिंह ने हिन्दी में कविता की है। उनके धर्म-ग्रन्थों में रामनाम की महिमा गायी गई है। गुरु गोविन्द सिंह ने चण्डी-चरित में दुर्गा देवी का और गोविन्द रामायण में श्रीराम का स्तवन किया है।

गुरु ग्रन्थसाहब में कबीर आदि महात्माओं की वाणी आदर के साथ सुरक्षित है, उसका नित्य पाठ होता है। सिखों के गुरु हिन्दू सन्तों में अग्रगण्य समझे जाते हैं। उनका आदर के साथ स्मारण

किया जाता है। इस प्रकार बौद्ध, जैन और सिख हिन्दू ही हैं। मुसलमान और ईसाई धर्म एशियाई धर्म होने के कारण भारतीय धर्मों से बहुत कुछ समानता रखते हैं। योरोप से भी पहले ईसाई धर्म को दक्षिण भारत में स्थान मिला था। कुछ लोगों का कहना है कि स्वयं ईसा ने भारत में शिक्षा पाई थी ।"ईसा मसीह का *'Do unto others as you would have others do to you'* 'महाभारत के' आत्मन: प्रतिकूलानि परेषां न समाचरेत' का ही पर्याय है। गीता की आत्मौपम्य दृष्टि की भी यही शिक्षा है। ईसाईयों की क्षमा और दया बौद्ध धर्म से मिलती-जुलती है। यह नहीं कहा जा सकता कि किसने किससे इसको लिया परन्तु इन मौलिक सिद्धांतों में बौद्ध और ईसाई धर्मों में समानता है।"[24]

रोमन कैथोलिकों के पूजा-अर्चन, धूपदीप आदि व्रत-उपवास हिन्दुओं के से हैं। मुसलमानों और ईसाईयों ने यहाँ की संस्कृति को प्रभावित किया है। वे यहाँ की संस्कृति से प्रभावित भी हुए हैं। सूफी कवियों ने वेदान्त की भावभूमि को अपनाया है। उनके ग्रन्थों में हिन्दू-परम्पराओं, कथाओं, विचारों, देवी-देवताओं और प्रतीकों के समावेश हुए हैं। तानसेन और ताज पर हिन्दू-मुसलमान समान रूप से गर्व करते हैं। कबीर, जायसी, रहीम, रसखान, रसलीन आदि अनेक मुसलमान कवियों ने अपनी वाणी से हिंदी की रसमयता बढ़ाई है। रसखान के सवैये तो सचमुच रस की खान है।

प्राचीन काल से भारतीय धर्म और साहित्य ने राष्ट्रीय एकता का पाठ पढ़ाया है। सभी काव्य-ग्रन्थ चाहे वे उत्तर के हो चाहे दक्षिण के, रामायण और महाभारत को अपना प्रेरणास्त्रोत बनाते रहे हैं। संस्कृत, प्राकृत और अपभ्रंश के आम्नाय और काव्यग्रन्थ उत्तर-दक्षिण में समान रूप से मान्य हैं। कालिदास के रघुवंश और भवभूति के उत्तररामचरित में उत्तर और दक्षिण के प्राकृतिक दृश्यों का बड़ी रसमयता के साथ वर्णन आया है। हिन्दू-तीर्थाटन में धार्मिक भावना के साथ राष्ट्रीय भावना भी निहित है।

भारतीय संस्कृति और उसकी विशेषताएँ

"संस्कृति और सभ्यता में घनिष्ठ संबंध है। जिस जाति की संस्कृति उज़्ज़ होती है, वह सभ्य कहलाती है और मनुष्य 'संस्कृत' कहलाते हैं। जो संस्कृत है वह सभ्य है, जो सभ्य है वही संस्कृत

है। अगर इस पर विचार करें तो सूक्ष्म सा अंतर दृष्टिगोचर होता है। प्रत्येक जाति की अपनी-अपनी संस्कृति होती है, पर वे सभ्य नहीं होतीं। संस्कृति अच्छी या बुरी हो सकती है, परंतु सभ्यता सदैव सुंदर होती है।"[25] सभ्यता के अंतर में प्रवहमान धारा को 'संस्कृति' की संज्ञा दी जाती है। किसी देश की आध्यात्मिक, सामाजिक और मानसिक विभूति को उस देश की 'संस्कृति' कहते हैं। भारत के प्राचीन साहित्य में, जिसे आजकल संस्कृति कहते है, सामान्य रूप से 'धर्म' शब्द का प्रयोग किया जाता था और जिसे वर्तमान में 'सभ्यता' कहते हैं, उसका अंतर्भाव 'अर्थ' शब्द में था, परंतु समय के साथ-साथ, धर्म और अर्थ- इन दोनों शब्दों का प्रयोग संकुचित होता गया। धर्म केवल विश्वास और कर्म का पर्यायवाची रह गया और अर्थ का दायरा धन-संपत्ति तक परिमित हो गया। इस कारण यद्यपि संस्कृति और सभ्यता शब्दों का वर्तमान प्रयोग हमारी भाषा में नया है, तथापि अभिप्राय को प्रकट करने की दृष्टि से वह उपयोगी और ग्राह्य है।

एक सभाघर में दो व्यक्तियों का पाद-प्रक्षेप होता है। उनमें से एक व्यक्ति बहुमूल्य अंग्रेज़ी सूट में सजा हुआ रॉल्स-रोयस मोटरकार में आता है और उपस्थित सभ्यजनों के अभिवादन का उत्तर 'हैट' हाथ में लेकर देता है; दूसरा व्यक्ति एक सुसज्जित हाथी पर से उतरता है, उसका शरीर अति आकर्षक हिन्दुस्तानी वेश-विशेष तंग पाजामा, तिलई के अँगरखे और पगड़ी से सुशोभित है, संभवतः शरीर पर दो-एक आभूषाण भी है और वह उन्हीं सभ्यजनों के अभिवादन का उत्तर हाथ जोड़कर देता है। दोनों की आर्थिक स्थिती एक-सी है, बाह्य ठाट-बाट में कोइ भेद नहीं, परंतु देखनेवालों को यह समझने में ज़रा भी देर ना लगेगी की एक पश्चिमी की संस्कृति का और दूसरा हिन्दुस्तान की संस्कृति का प्रतिनिधि है। इसे यों समझ लें कि किसी भी भौगोलिक प्रदेश में कुछ काल से रहती चली आ रही जब कोई मानव जाति एक निश्चित जीवन-पद्धति अपना लेती है, तब अपनी इसी जीवन-प्रणाली के कारण उत्पन्न विशेषता को उसकी 'संस्कृति' कहा जाता है। सामान्य दृष्टि से इस जीवन-प्रणाली के दो रूप देखे जाते हैं- भौतिकवादी और आध्यात्मवादी।

पाश्चात्य देशों में भौतिकवादी जीवन होने के कारण वहाँ कि संस्कृति को 'भौतिक संस्कृति' और पौवार्त्य देश भारत में आध्यात्म-प्रधान जीवन के कारण यहाँ की संस्कृति को 'आध्यात्मिक संस्कृति' कहा जाता है। भौतिकवादी संस्कृति तथा यहाँ की आध्यात्मवादी संस्कृति ये भिन्न नाम उक्त उभय स्थानों में जन-सामान्य द्वारा अपनाए गए जीवन-मूल्यों के कारण दिए गए हैं। भौतिकवादी संस्कृति 'विजय' की भाषा बोलती है। विजय की इस भाषा में उसका दृष्टिकोण 'भोगवादी' रहता है। इस संस्कृति में संवर्द्धित मानव-प्रकृति पर विजय इसलिए प्राप्त करने का प्रयास करता है, ताकि उसके भोग-साधनों में वृद्धि हो सके। अध्यात्मवादी संस्कृति, इसके विपरीत विजय के स्थान पर सामंजस्य की भाषा बोलती है। वह कहती है- "प्रकृति के ऊपर विजय प्राप्त करने का गर्व छोडो। जिसे तुम विजय कहते हो, वह प्रकृति के नियमों को समझाने का फल है। तुम प्रकृति पर क्या विजय प्राप्त कर सकते हो ? पृथ्वी एक ही अँगड़ाई में तुम्हारे द्वारा निर्मित गगनचुम्बी इमारतें भू-लंठित हो जाती हैं। एक समुद्री तूफान में तुम्हारा सारा सृजन बह जाता है। तुम प्रकृति के नियमों के विरुद्ध कोई विजय नहीं प्राप्त कर सकते। अतः प्रकृति के नियमों के साथ समरसता की बात करो।"[26]

भारत की संस्कृति से यदि साक्षात् किया जाए तो हमें संदेश प्राप्त होगा कि जीवन पूर्ण है, समग्र है और अखंड है। इसे टुकड़े में नहीं बाँटा जा सकता। हमें संपूर्ण जीवन को एक इकाई के रूप में देखना होगा। खेद इस बात का है कि आज हमने जीवन के अनेक टुकड़े कर दिए हैं। तभी तो हम व्यक्तिगत जीवन, पारिवारिक जीवन, सामाजिक जीवन, धार्मिक जीवन, राजनीतिक जीवन आदि अनेक प्रकार के जीवनों की बात करते हैं। जीवन का यह विभाजन हम केवल व्यावहारिक दृष्टि से ही करते हैं, बल्कि ऐसा करने में हमारी चाल होती है। हम जाने-अनजाने समझने का प्रयास तक नहीं करते कि हमारी संस्कृत का मूल स्वर वैदिक है। वेद हमें प्रामाणिक रूप में बताते हैं कि हमारे जीवन का लक्ष्य क्या होना चाहिए और उसे किस प्रकार जीना चाहिए। मनुष्य द्वारा प्राप्त किए जाने योग्य जीवन के लक्ष्य को 'पुरुषार्थ' उचित ही कहा गया है। ये पुरुषार्थ चार प्रकार के हैं- धर्म, अर्थ, काम, मोक्ष। इन पुरुषार्थों को मनुष्य को इसी जीवन में प्राप्त करना होता है। ऐसा नहीं कि यह उपदेश जीवन के अंत में दिया जाता है। जीवन की

पूर्णता को ध्यान में रखते हुए इसकी तैयारी आरंभ से ही की जाती है, इसलिए वैदिक संस्कृति में जीवन के चार आश्रम बताए गए हैं- ब्रह्मचर्य, गृहस्थ, वानप्रस्थ और सन्यास।

भारतीय संस्कृति का इतिहास अतिशय प्राचीन है। यह संस्कृति संसार की प्राचीनतम् संस्कृति है। हमारी संस्कृति का यह रूप सहस्रों वर्षों के उपरांत निखर पाया है। इतनी प्राचीन और विशाल संस्कृति की विशेषताओं का उल्लेख करना और वह भी गिने-चुने पृष्ठों में, सुगम कार्य नहीं है, फिर भी उसकी मुख्य-मुख्य विशेषताओं पर यहाँ प्रकाश डाला गया है-

१. पुनर्जन्म में विश्वास

२. आध्यात्मिकता

३. सहिष्णुता

४. समन्वयवाद

५. निष्काम कर्म की भावना

६. क्षमाशीलता

७.विश्वबंधुत्व की भावना।

भारतीय संस्कृति की देन :-

संस्कृति को मैं किसी देश विशेष या जाति विशेष की अपनी मौलिकता नहीं मानती। सारे संसार के मनुष्यों की एक ही सामान्य मानव संस्कृति हो सकती है। यह दूसरी बात है कि वह व्यापक संस्कृति अब तक सारे संसार में अनुभूत और अंगीकृत नहीं हो सकी है। नाना ऐतिहासिक परंपराओं के भीतर से गुजरकर और भौगोलिक परिस्थितियों में रहकर संसार के भिन्न-भिन्न समुदायों ने महान मानवीय संस्कृति के भिन्न-भिन्न पहलुओं का साक्षात्कार किया है। नाना प्रकार की धार्मिक साधनाओं, कलात्मक प्रयत्न और सेवा, भक्ति तथा योगमूलक अनुभुतियों के भीतर से मनुष्य उस महान सत्य के व्यापक और परिपूर्ण रूप में क्रमश: प्राप्त करता जा रहा है जिसे हम 'संस्कृति' शब्द द्वारा व्यक्त करते हैं। यह 'संस्कृति' शब्द बहुत अधिक प्रचलित है, तथापि यह अस्पष्ट रुप में ही समझा जाता है। इसकी सर्वसम्मत कोई परिभाषा नहीं बन सकी है। प्रत्येक व्यक्ति अपनी रुचि और संस्कारों के अनुसार इसका अर्थ समझ लेता है।

फिर इसको एकदम अस्पष्ट भी नहीं कह सकते, क्योंकि प्रत्येक मनुष्य जानता है कि मनुष्य की श्रेष्ठ साधनाएँ ही संस्कृति हैं। इसकी स्पष्टता का कारण यही है कि अब भी मनुष्य इसके संपूर्ण और व्यापक रूप को देख नहीं सका है। संसार के सभी महान तत्व इसी प्रकार मानव चित्त में अस्पष्ट रूप से अभासित होते हैं। उनका अभासित होना ही उनकी सत्ता का प्रमाण है। मनुष्य की श्रेष्ठतर मान्यताएँ केवल अनुभूत होकर ही अपनी महिमा सूचित करती हैं। उनको स्पष्ट और सुव्यवस्थित परिभाषा में बाँधना सब समय संभव नहीं होता। केवल 'नेति-नेति' कहकर ही मनुष्य ने उस अनुभूति को प्रकाशित किया है। अपनी चरम सत्यानुभूति को प्रकट करते समय कबीरदास ने इसी प्रकार की विवशता का अनुभव करते हुए कहा था- "ऐसा लो नहिं तैसा लो, मैं केहि विधि कहीं अनूठा लो!"[27] मनुष्य की सामान्य संस्कृति भी बहुत कुछ ऐसी अनूठी वस्तु है। मनुष्य ने उसे अभी तक संपूर्ण पाया नहीं है, पर उसे पाने के लिए व्याग्र भाव से उद्योग कर रहा है।

भारतवर्ष ने एशिया और यूरोप के देशों को अपनी धर्म-साधना की उत्तम वस्तुएँ दान में दी हैं। उसने अहिंसा और मैत्री का संदेश दिया है, क्षुद्र दुनियावी स्वार्थों की उपेक्षा करके विशाल आध्यात्मिक अनुभूतियों का उपदेश दिया है और उनसे जिन बातों का ग्रहण किया है वे भी उसी प्रकार महान और दीर्घ स्थायी रही हैं। उच्चतर क्षेत्रों के आदान-प्रदान के ठोस चिन्ह अब भी इस भूमि के नीचे से निकलते रहते हैं और विदेशों में मिल जाया करते हैं। हमारा धर्म-विज्ञान, हमारा मूर्ति और मंदिर शिल्प, हमारा दर्शन शास्त्र, हमारे काव्य और नाटक, हमारी चिकित्सा और ज्योतिष संसार में गए हैं, सम्मानित और स्वीकृत हुए हैं और संसार की उच्च चिंताशील जातियों से थोडा-बहुत प्रभावित भी हुए हैं। भारतीय आचार्य पर्वतो और रेगिस्तानों को लाँघकर अहिंसा और मैत्री का संदेश देते हैं, जहाँ हमारे शिल्पी गांधार और यवन कलाकारों के साथ मिलकर पत्थर में जान डाल रहे हैं, जहाँ अरब और इरान के मनीषियों के साथ मिलकर वे चिकित्सा और ज्योतिष का प्रचार कर रहे हैं, जहाँ मलय और यवद्वीप में वहाँ के निवासियों से मिलकर शिल्प और कला में नया प्राण संचार कर रहे हैं।

मुसलमान यद्यपि धार्मिक दृष्टि से कुरान शरीफ की आयतों का पालन करते हैं पर

व्यवहारिक दृष्टि से अनेक बातें भारतीय परम्परा का ही मानते हैं। धार्मिक, आध्यात्मिक विषयों में हिन्दू, मुसलमान, ईसाई, सिक्ख, पारसी, बौद्ध तथा अन्य जंगली जातियाँ विभिन्न प्रकार के संस्कारों को करती हैं पर उनमें अनेक परम्पराएँ समान भी हैं। धार्मिक भावनाओं तथा मान्यताओं के प्रति सामान्यतया सभी वर्गों के शिक्षित भारतीयों की उपेक्षा रहती है। यूरोपिय वेश-भूषा का समर्थन हिन्दू-मुसलमान दोनो वर्गों के शिक्षित लोग करते हैं। इस प्रकार की अनेक परम्पराएँ सभी वर्गों में मान्य हैं।

भारतीय संस्कृति, जिनका देश-विदेश में गुणगान होता रहता है, वह है भारतीय दर्शन, ज्योतिष तथा साहित्य-शास्त्र की सूक्ष्मता और विश्लेषणात्मक तथ्यनिरूपण। इसमें आस्तिक आध्यात्मवाद का मिश्रण ही इसे सार्वभौम सम्मान प्रदान करने में समर्थ हुआ, यही एक ऐसी विशेषता इस संस्कृति में है जिनके रहस्य को जानकर सभी मुग्ध हो जाते है। सर्वप्रथम अशोक ने बौद्ध भिक्षुओं के माध्यम से प्रचार किया, भारतीय व्यापारियों का विदेशों से संम्बन्ध, मिस्त्र, बेबीलोन, मेसोपोटामिया से लेनदेन देखा जा सकता है। इसी तरह मध्य एशिय में भारतीय संस्कृति का प्रचार हुआ। मौर्य साम्राज्य के विस्तार व अशोक के व्यापक धर्म प्रचार व कनिष्क द्वारा निर्मित स्तूपों के माध्यम से भी प्रचार हुआ। नेपाल में बौद्ध धर्म का अशोक व उसकी पुत्री चारुमति ने प्रचार किये।

श्रीलंका में अशोक के बेटे महेन्द्र और बेटी संघमित्रा ने प्रचार किया। समुद्रगुप्त के समय में नेपाल उसके प्रभाव में हिन्दू राष्ट्र के रुप में प्रतिष्ठित हो गया। चीन बौद्ध प्रचार- प्रसार 68 ई. में धर्मरत्न व कश्यप मातंग के द्वारा किया गया। उस समय चीन का शासक मिंग टी था। तिब्बत में बौद्ध धर्म का प्रसार 7वीं सदी में हुआ। जापान में 736 में बौद्धन नामक भिक्षु ने किया। श्याम नामक भिक्षु ने थाईलैंड में भारतीय संस्कृति का प्रसार किया। 13वीं सदी में थाई जाति ने इस पर अधिकार कर लिया। भारत की संस्कृति तीन कारणों से प्रसारित हुई जैसे -1.आर्थिक कारण से, 2.धार्मिक कारण से और ३.राजनीतिक कारण से। सम्राट अशोक के समय में हजारों भारतीय बर्मा होकर थाईलैंड पहुँचे और वहाँ बौद्ध धर्म का प्रचार किया।

"राष्ट्र का अंग जन की संस्कृति है। मनुष्यो ने युग-युगों में जिस सभ्यता का निर्माण किया है वही उसके जीवन की श्वास-प्रश्वास है। बिना संस्कृति के जन की कल्पना कबंध मात्र है।

संस्कृति ही जन का मस्तिष्क है।"[28] संस्कृति के विकास और अभ्युदय के द्वारा ही राष्ट्र की वृद्धि संभव है। राष्ट्र के समग्र रूप में भूमि और जन के साथ-साथ जन की संस्कृति का महत्वपूर्ण स्थान है। ज्ञान और कर्म दोनों के पारस्परिक प्रकाश की संज्ञा संस्कृति है।

विदेशों में जाकर रहने वाले भारतीयों का दूसरा जत्था 19वीं शताब्दी में मारीशस, त्रिनीनाड, ब्रिटिश गायना और अन्य देशों में पहुँचा। कुछ लोग फिजी भी गये और वे भी वहीं बस गये। ये भारतीय ज़्यादातर पूर्वी उत्तर प्रदेश और बिहार से थे। उन्होंने अपार कष्ट झेले परंतु अधिकतर प्रवासी वहीं बस गये और उन्होंने या उनके वंशजों ने उन देशों में बड़े पद हासिल किया। मॉरिशस तथा अन्य देशों में तो वे प्रधान मंत्री और राष्ट्रपति तक भी बने। आज की तरीख में मारीशस में भारतीय मूल के प्रायः ७० प्रतिशत और सूरीनाम में २८ प्रतिशत लोग रह रहे हैं। अमेरिक में ४०लाख भारतीय लोग रह रहे हैं और वे समय समय पर अपने संबंधियों को पैसा भेजकर भारत को समृद्ध कर रहे हैं। देखा जाये थो भारतीयों की तादाद लगभग हर देश में है

प्रवास की नवीनतम लहर वर्ष 1960 के पश्चात प्रारम्भ होती है। यह मुख्य रूप से ज्ञान आधारित प्रवास लहर है। इसके अन्तर्गत साफ्ट्वेर इन्जीनियर, डॉक्टर, इन्जीनियर, प्रबन्धन परामर्शदाता, वित्तीय विशेषज्ञ तथा वर्ष 1980 के पश्चात से संचार प्रौद्योगिकी विशेषज्ञ शामिल हैं। इन्होंने संयुक्त राज्य अमेरिका, कनाडा, युनाइटेड किंगडम, आस्ट्रेलिया, न्यूजीलैण्ड, जर्मनी इत्यादि देशों में प्रवास किया। 1966 में ISKCON (International Society For Krishna Consiousness) "हरे कृष्ण आन्दोलन" के नाम से भक्तिवेदांत स्वामी प्रभुपाद ने प्रारंभ किया था। गुरु भक्ति सिद्धांत सरस्वती गोस्वामी ने प्रभुपाद महाराज से कहा तुम युवा हो, तेजसवी हो, कृष्ण भक्ति का विदेश में प्रचार-प्रसार करों। इस आदेश का पालन करने के लिए उन्होंने 59 वर्ष की आयु में संन्यास ले लिया और गुरु आज्ञा पूर्ण करने का प्रयास करने लगें। अथक प्रयासों के बाद सत्तर वर्ष की आयु में न्यूयार्क में 'कृष्णभवनामृत संघ' की स्थापना की। न्यूयार्क से प्रारंभ हुई कृष्ण भक्ति की निर्मल धारा शीघ्र ही विश्व के कोने-कोने में बहने लगी।

कई देश हरे राम-हरे कृष्णा के पावन भजन से गुंजायमान होने लगे। अपने साधारण

नियम और सभी जाति-धर्म के प्रति समभाव के चलते इस मंदिर के अनुयायियों की संख्या लगातार बढती जा रही है। स्वामी प्रभुपादजी के अथक प्रयासों के कारण दस वर्ष के अल्प समय में ही समूचे विश्व में 108 मंदिरों का निर्माण हो चुका था। इस समय इस्कॉन समूह के लगभग 400 से अधिक मंदिरों की स्थापना हो चुकी है। पूरी दुनिया में इतने अधिक अनुयायी होने का कारण यहाँ मिलनेवाली असीम शांति है। धर्म के चार स्तम्भ – तप, शौच, दया तथा सत्य है।

इस्कॉन के "योगदान में भी देखे जा सकते है कि भारत से बाहर विदेशों में हजारों महिलाओं को साडी पहने चंदन की बिंदी लगाए व पुरुषों को धोती कुर्ता और गले में तुलसी की माला पहने देखा जा सकता है। लाखों ने मांसहार तो क्या चाय, कॉफी, प्याज, लहसुन जैसे तामसी पदार्थों का सेवन छोडकर शाकाहार शुरु कर दिया है।"[29] इस्कॉन ने पश्चिमी देशो में अनेक भव्य मन्दिर व विद्यालय बनवाये हैं। इस्कॉन के अनुयायी विश्व मे गीता एवं भारतीय धर्म एवं संस्कृति का प्रचार-प्रसार करते हैं।

भारतवंशियों के अंदर कोई तो खूबी होगी जो कि विदेशों की धरा में यह अपने आप को संजोकर रखे हुए हैं। विज्ञान के क्षेत्र में नोबल विजेता डॉ. हरगोविंद खुराना, एस.चंद्रशेखर, अंतरीक्ष विज्ञानी कल्पना चावला, सुनीता विलियम्स के अलावा २००९ में नोबल विजेता वेंकटरामन् रामकृष्णन् तो साहित्य के क्षेत्र में बुकर आफ वर्क्स पुरस्कार से नवाज़े गए। सलमान रश्दी, बुकर विजेता किरण देसाई अर्थशास्त्र के नोबल विजेता अमार्त्य सेन, पुलित्जर विजेता झुम्पा लाहिड़ि आदि प्रमुख हैं।

कारोबार के क्षेत्र में भारतवंशियों की सफलता इतनी है कि उनकी ऊँचाइओं को सिर उठाकर देखने पर सर की टोपी पीछे गिरना स्वाभाविक ही है। पेप्सिकों में मुख्य कार्यकारी अधिकारी इंदिरा नूई, ब्रिटेन के धनी परिवारों में से एक हिन्दुजा बंधु, बोस कार्पोरेशन के संस्थापक अमर बोस, इस्पात करोबारी लक्ष्मी नारायण मित्तल आदि प्रमुखता से गिनाये जा सकते हैं।

कंप्यूटर की दुनियां में तहलका मचाने वाले एच.पी. के जनरल मेनेजर राजीव गुप्ता, पेटियम चिप बनाने वाले विनोद धाम, दुनिया के तीसरे सबसे धनी अजीम प्रेमजी, वेब बेस्ड ईमेल प्रोवाईडर हॉटमेल के फाउंडर और क्रिएटर समीर भाटिया, सी.सी.प्लस.प्लस, यूनिक्स

जैसे कंप्यूटर प्रोग्राम देनेवाली कंपनी ए.टी. एण्ड टी. के प्रजीडेंट अरुण नेत्रावाली, विंडोस 2000 के माईक्रोसाफ्ट टेस्टिंग डायरेक्टर संजय तेजवरिका, सिटी बैंक के चीफ एग्जीक्यूटिव विक्टर मेनेजेर रजत गुप्ता और राना तलवार का नाम आते ही भारतवासियों का सिर गर्व से ऊँचा हो जाता है। दुनिया भर के देशों में सरकार में सर्वोच्च या प्रमुख पद पाने वालो में भारतवंशी आगे हैं। भारत विश्व में प्रवासियों द्वारा भेजी गयी विदेशी मुद्रा प्राप्त करने में प्रथम स्थान पर है। भारतीय प्रवासियों द्वारा प्राप्त यह बहुमूल्य विदेशी मुद्रा भारतीय अर्थव्यवस्था को मज़बूती प्रदान करती है।

अपनी प्रतिभा के बलबूते पर ही दुनिया भर में भारत के नाम का डंका बजाने वाले भारतीयों को भी अपने वतन पर नाज़ है। भारत सरकार द्वारा प्रवासी भारतीयों के योगदान को रेखांकित करने के लिये 2003 से हर साल 9 जनवरी को प्रवासी भारतीय दिवस का आयोजन किया जाता है। इसी दिन महात्मा गांधी दक्षिण ऑफ्रिका से भारत वापस लौटे थे। इस क्रम में 13वां प्रवासी भारतीय दिवस 7-9 जनवरी, 2016 के मध्य गांधीनगर गुजरात में आयोजित किया गया। गांधीजी की वतन वापसी ने केवल भारत के लिए बल्कि विश्व के लिए भी युगान्तकारी घटना सिद्ध हुई। गांधीजी ने न केवल भारतीय स्वतंत्रता के आंदोलन का नेतृत्व किया बल्कि विश्व की अहिंसक प्रतिरोध, शांति एवं मानवता का संदेश भी दिया।

निष्कर्ष:

भारतीय मनीषियों ने अपने देशवासियों में जीवन के आवश्यक कर्तव्यों, संयम और वैराग्य की महिमा और स्थूल की अपेक्षा सूक्ष्म की ओर झुकने का जो प्रेम पैदा किया उसका ही परिणाम है कि भारतवर्ष दीर्घकाल तक पशु सुलभ क्षुद्र स्वार्थों का गुलाम नहीं बन सका। भारतवर्ष ने सामान्य मानवीय संस्कृति को पूर्ण और व्यापक बनाने की जो महती साधना की है, उसके प्रत्येक पहलू का अध्ययन और प्रकाशन हमारा अत्यंत महत्वपूर्ण कर्तव्य होना चाहिए। आज हम सांस्कृतिक दृष्टि से जो बहुत नीचे गिर गए हैं, उसका प्रधान कारण यही है कि हम इन महान आदर्शों को भूल गए हैं। इन आदर्शों को नई परिस्थितियों के अनुकूल बनाकर ग्रहण करने से हम तो ऊपर उठेंगे ही, सारे संसार को भी उसमें कुछ-न-कुछ ऐसा अवश्य मिलेगा जिससे उसे वर्तमान प्रलयंकर अवस्था से उबरने का मौका मिले।

अपने ज्ञान और कौशल से दुनिया भर को आलोकित करनेवाले भारतवंशियों के दिमाग

का लोहा दुनिया का चौधरी माने जाने वाला अमेरिका भी मानता हैं। हर क्षेत्र, हर विधा, हर फन में माहिर होते हैं भारतवंशी। भले ही वे गैर रिहायशी भारतीय हों पर कहलाएंगे वे भारतवंशी ही। भारतीय जहाँ भी गये है वहाँ उन्होंने ज्ञान, विज्ञान, कारोबार सेवा आदि क्षेत्रों में सफलता के कीर्तिमान स्थापित किए हैं।

संदर्भ:

1. राजेन्द्र प्रसाद त्रिपाठी, हमारा देश भारत, सुमन प्रकाशन,1972, इलाहाबाद, पृष्ठ 10
2. जगदीश विभाकर, नयी सीमाये नयी संभावनाये, शब्दकार प्रकाशन, दिल्ली, 1975, पृष्ठ 27
3. शिवकुमार मिश्र, निबंध पीयूष, कमल प्रकाशन, दिल्ली, 2001, पृष्ठ 52
4. बाबू गुलाब राय, प्रबंध प्रभाकर, लोक भारती प्रकाशन, इलहबाद, 1998, पृष्ठ 236
5. पृथ्वीनाथ पांडेय, निबंधसागर, ग्रन्थ अकादमी, नई दिल्ली, 2011, पृष्ठ 296
6. हज़ारी प्रसाद द्विवेदी, विश्वभाषा हिन्दी, संस्कृति और समाज, प्रभात प्रकाशन, दिल्ली, 1999, पृष्ठ 137
7. वासुदेवशरण अग्रवाल, साहित्य वैभव, अभिमानी प्रकाशन, बेंगलूरु, 2016, पृष्ठ 82

ओंकार शरद, नये निबन्ध, प्रकाशन केन्द्र, लखनऊ, 2001, पृष्ठ 14

सपनों और यथार्थ का बहुरंगी प्रवासी - संसार
('प्रवासी आवाज़' के विशेष संदर्भ में)

डॉ. अंजु [10]

विगत कई दशकों से अपने सपनों को सजीव रूपाकार देने की कवायद में अनेक भारतवंशी जन्मभूमि से पलायन कर विश्व के कोने-कोने में जा बसे हैं। ये आजीविका की तलाश, उच्च-अध्ययन, अध्यापन, व्यवसाय, विदेश सेवा, शोध - कार्य आदि अनेक कारणों से अपनी जड़ों में समाए बचपन के संस्कारों, शिक्षा तथा संस्कृति, अपनी माटी की नमी को संजोए विदेश प्रवास को मजबूर हुए हैं। ये अमेरिका, कनाडा, ब्रिटेन, ऑस्ट्रेलिया के साथ अनेक देशों में जा बसे हैं। इनमें से विकसित शक्ति - संपन्न राष्ट्रों की सूची में सर्वोपरि अमेरिका इनके सपनों का देश रहा है। अपनी जीवटता, कर्मठता व संघर्षशीलता के बल पर इन्होंने अपनी अस्मिता और अस्तित्व की जुदा पहचान कायम करने में यत्किंचित सफलता भी अर्जित की है। इस पहचान से जुड़ा एक विशिष्ट वर्ग है साहित्यकारों का जिन्होंने विदेशी धरती पर रहकर भी अपनी मातृभाषा हिंदी में सतत साहित्य - सृजन कर अमेरिकी समाज और संस्कृति के साथ भारतीय समाज और संस्कृति को नई भाव भूमि से जोड़कर लेखन के माध्यम से प्रस्तुत करने के स्तुत्य प्रयास किए हैं। इन साहित्यकारों में से कहानी विधा को समृद्ध करने वाले कहानीकारों को एक मंच पर लाकर उन्हें एक आवाज देने और सूत्र में पिरो हिंदी साहित्य - संसार के समक्ष प्रस्तुत करने का महनीय प्रयास किया है संपादक डॉ. अंजना संधीर ने 'प्रवासी आवाज़' कहानी - संकलन के माध्यम से। इस संकलन में डॉ. अंजना संधीर ने अमेरिका के चौवालीस कथाकारों के लेखन का प्रतिनिधित्व करने वाली प्रतिनिधि कहानियों का चयन कर कहानियों का अनुपम गुलदस्ता सजाया है।

अंशु जौहरी की 'तीन हफ्ते' कहानी में वर्षोपरांत सैनफ्रांसिस्को से नई दिल्ली का सत्ताईस घंटे का सफर कर भारत लौटी संसृति खरे एयरपोर्ट पर कस्टम ऑफिसर के भ्रष्ट और रिश्वतखोरी के कारण परेशान हो जाती है। लैपटॉप घर ले जाने की अनुमति के बदले रिश्वत के पचास डॉलर मांगे जाने से वो व्यथित हो जाती है," पहली बार जिंदगी में किसी ने खुलकर रिश्वत मांगी थी और वह भी भीख की तरह नहीं अधिकार की तरह । अचानक बहुत साल

---

[10] डॉ. अंजु : सहायक आचार्य, राजकीय कन्या महाविद्यालय, अजमेर, राजस्थान

पहले मिले एक दुबले पतले आदमी की छवि आंखों के सामने आई । मेरे सामने थे स्वच्छ कपड़ों में सजे धजे कानून के प्रहरी और स्मृति में था मलिन ब्लैक की टिकट बेचता एक आदमी। मुझे लगा कि तब कि वह फौलादी चट्टान अभी भी बरकरार थी...।"1 कैसी अजीब विडंबना है कि संसृति अपनी जन्मभूमि में स्वयं को असुरक्षित महसूस करती है, " कैसी विडंबना है कि मुझे अपने देश, अपने घर लौटते हुए असुरक्षा महसूस होती है । कहीं मैं अपने आप से ही डरती हूँ कि अभाव के वातावरण की कटुतायें कहीं मुझे निष्क्रिय न कर दें।"2

नरेश भारतीय के अनुसार, "कोई भी प्रवासी भारतीय भारत से दूर बसे होने पर भी अपने मूल देश की दशा, दिशा, मान, अपमान, उन्नति, अवनति और उस भूखंड पर होने वाली छोटी बड़ी राजनीतिक, सामाजिक एवं सांस्कृतिक हलचल से प्रभावित नहीं रह सकता । मानसिक दृष्टि से उसने भारत को न तो त्यागा और न ही उसका बहिष्कार किया है । स्वार्जित संसाधनों से अनेक तरीकों से अपना कर्त्तव्यपालन करने की तत्परता दिखाई है ।" डॉ. अशोक कुमार सिन्हा की 'होम सिक्यूरिटी' कहानी में अमेरिका में बसे भावना और अनुराग टेलीविजन पर भारतीय चैनल पर प्रसारित कार्यक्रमों के माध्यम से अपने देश में घटित राजनीतिक घटनाक्रम, खेल आदि का आनंद लेते हुए उस पर टिप्पणी कर प्रतिक्रिया भी देते हैं, " एक ओर जहाँ वह चैनलों पर प्रसारित नई पुरानी मूवी, पारिवारिक कहानियों के सीरीज और बॉलीवुड के दूसरे नजारों का लुत्फ़ लिया करती, वहीं अनुराग भारत में जागरूक होती जनता और उसमें मीडिया के बहुमूल्य योगदान की प्रशंसा करते नहीं थकता । उसे यह शिकायत जरूर थी कि हिंदी के न्यूज़ चैनलों में भी जरूरत से ज्यादा बॉलीवुड और क्रिकेट का ही कवरेज रहता है । पर साथ ही उसे यह भी विश्वास हो चला था कि पुलिस और राजनीति के खिलाड़ियों में फैले भ्रष्टाचार को कुछ हद तक मिटा कर अगर भारत अपने पुराने गौरव को प्राप्त करने में सफल रहा, तो इस उन्नयन के पीछे मीडिया वाले लोगों के कैमरों और टेप - रिकॉर्डरों के कमाल, किसी ऊँचे मकान की नींव की ईंटों की तरह, कारगार साबित होंगे । बिना फ्री प्रेस के, सफल लोकतंत्र का सपना अधूरा ही रहेगा - खासतौर से भारत में ।" कितना गहरा जुड़ाव है अपनी माटी, अपने देश और वहाँ के समसामयिक घटनाचक्र से । अपने देश के प्रति यह चिंता गहन आत्मीय संबंधों की अभिव्यक्ति है ।

आदित्य नारायण शुक्ला 'विनय' की 'चटमंगनी पट ब्याह ' कहानी में विधुर पांडेजी अपने बेटे सुदीप के लिए पच्चीस वर्षीय युवती सुनीता को पसंद कर लेते हैं लेकिन सुदीप के उससे विवाह करने से इंकार करने पर वह स्वयं पचपन वर्ष की आयु में अपने से आधी उम्र की

युवती से विवाह करने का प्रस्ताव उसके परिजनों को भेजते हैं। विचित्र विडंबना है कि विदेश की चकाचौंध भरी स्वप्निल दुनिया के मोहपाश में बंधी सुनीता और एन.आर.आई. होने के कारण खुशी-खुशी उससे दुगनी उम्र के व्यक्ति से विवाह करने के लिए उसके परिजन भी राजी - खुशी तैयार हो जाते हैं, "उन्होंने पांडे जी को लिखा था कि वह अपनी बेटी का हाथ पांडे जी के हाथ में देने के लिए तैयार है। साथ ही उन्होंने यह भी सूचित किया कि वे यह बात सुनीता से पूछकर अर्थात उसकी सहमति लेकर ही लिख रहे हैं।"

पांडेजी ने अपने दोनों बच्चों से अपने पुनर्विवाह की अनुमति मांगी जो उन्हें मिल गई। यानी कि सुदीप सुलक्षणा दोनों को इस पर कोई आपत्ति न थी।.... पांडे जी ने सुनीता और उसके माता-पिता को 'विजिटर्स वीजा पर' अमेरिका बुलवाया। फिर उन सबके साथ वे कार द्वारा रीनोनेवाडा गये। वहां जाकर एक चर्च में उन्होंने सुनीता से विवाह कर लिया। अमेरिका के नेवाडा प्रांत में चर्चों को 'शीघ्र विवाह' या 'शीघ्र तलाक' कराने का कानूनी अधिकार प्राप्त है[3] ताकि जितना जल्दी विवाह किया है मतभेद होने पर उतना ही जल्दी तलाक लिया जा सके।

वृद्धावस्था में भारत में ही नहीं विदेशों में भी मां-बाप बच्चों पर बोझ बन जाते हैं। घर-परिवार में उन्हें अपने जायों के साथ बहू - पोतों की उपेक्षा और क्रोध का भाजन बनना पड़ता है। समस्त दुख उठा संतान को पालने वाले मां-बाप वृद्धावस्था में संतान पर बोझ बन जाते हैं। डॉ. अनिलप्रभा कुमार की 'तीन बेटों की मां' कहानी की विधवा सत्या वृद्धावस्था में जवान और कमाऊ बेटों पर बोझ बन अकेले अमेरिका से जबरदस्ती निर्वासित कर भारत भेज दी जाती है। जब तक वह कामकाजी बड़ी बहू अमला के छोटे – छोटे बच्चों को सम्भालती है बेटा –बहू बहुत प्रेम से रखते हैं। लेकिन बच्चों के बड़े होने पर अमला को सास बोझ लगने लगती है। एक दिन ना चाहते हुए भी बड़ा बेटा प्रकाश पत्नी के दबाव में उसे भारत के लिए प्लेन में बैठा जाता है। भारत पहुंच सत्या अपनी बहन दमयंती से गले मिल फूट-फूट कर रोने लगती है, "दमी, उस दिन नहीं, पर आज मैं सचमुच विधवा हो गई।" ऐसा लगता है जैसे सत्या को वैधव्य कुसमय पति की मृत्यु ने नहीं बल्कि बेटे - बहू के दुर्व्यवहार और तिरस्कार ने दिया हो। डॉ. भूदेव शर्मा की 'प्रवासी की माँ' कहानी में श्रीमती द्विवेदी वृद्धावस्था में प्रवासी बेटे की मां होने की सजा भुगतती हैं। पति के साथ वह जब अमेरिका जाती हैं तो पोते – पोती विनीता और विनय को

हिंदी सिखाने का प्रयास करती हैं। उनका यह प्रयास बेटा- बहू को पसंद नहीं आता, "विनीता पांच-छह साल की तथा विनय तीन-चार साल का था। बच्चे हिंदी बोलते ही नहीं थे। हमने हिंदी सिखाने का प्रयत्न किया तो उनको अच्छा नहीं लगा।' श्रीमती द्विवेदी के विधवा हो जाने पर अमेरिका में प्रोफेसर के पद पर कार्यरत बेटा आशीष महंगे इलाज का भय दिखा मां को अकेले ही भारत भेज देता है, "एक दिन बीमार पड़ गई तो स्वयं आशीष ने आकर कहा कि अमेरिका में इलाज कराना बहुत महंगा है और मुझे भारत जाने की सलाह दी।" ..... बिमारी की हालत में ही उसने कुछ जोर देकर और कुछ समझा कर भारत भेज दिया। "पैतृक संपत्ति को बेचकर बेटा किराए के घर में मां को नौकर के भरोसे छोड़ देता है। अपने बेटे - बहू और पोते - पोतियों से मिलने की आस में उनके चित्र को सीने से लगाए श्रीमती द्विवेदी इस दुनिया से विदा हो जाती है। यह रिश्तों की भयावह सच्चाई है कि आशीष माँ की अंत्येष्टि करने भी भारत नहीं आता। एकाकीपन से घायल मां अपनी देह त्याग देती है।

    रेणु राजवंशी की 'मातृ देवोभव पितृ देवोभव' कहानी में डैडी की बहू निमिषा पर निर्भरता, जीवन - शैली और दिनचर्या में अनावश्यक दखल हंसमुख स्वभाव की जिंदादिल निमिषा को तनावग्रस्त बना देती हैं, "डैड ने यह नहीं सोचा कि ड्राइविंग करना अमेरिका में उतना ही आवश्यक है जितना सांस लेना। "अब डैड को बाजार ले जाना, डॉक्टर के यहाँ ले जाना, लाइब्रेरी ले जाने का सब काम निमिषा ही करती।" निमिषा के ससुर थोड़ा सुविधाजीवी होने और आरामतलबी हो जाने के कारण अपने अन्य बेटे - बेटियों के पास जाना ही नहीं चाहते। वह सारे दिन टीवी देखते रहते हैं। जिसके पीछे सबसे बड़ा कारण उनका अमेरिका में कोई मित्र ना होना भी है।" आजकल T.V. पर आते ही हैं बोगस शो और अश्लील दृश्य ...। परंतु डैड का मन बहलाने का एक ही साथी था ... अब इसके अतिरिक्त करते भी तो क्या करते? और कोई शौक भी नहीं था .....।" अपने वृद्ध माता- पिता और ससुर डैड की सेवा - सुश्रुषा करने का बोझ निमिषा को कुंठाग्रस्त बना देता है। "प्रतिदिन निमिषा का रोष, उलझन और कुंठा बढ़ रही थी। वह बात - बात में भड़क उठती थी। वास्तव में निमिषा थक चुकी थी, पस्त हो गई थी। उसकी सेवा - सुश्रुषा, धैर्य एवं सहनशीलता का कोष रिक्त हो चुका था।" वृद्धावस्था के समय का कटु सत्य यह है कि, "सही है! माता - पिता का अपने बच्चों के पास रहना प्रथम नहीं अंतिम विकल्प होना चाहिये।"[6]

    डॉ. सुधा ओम ढींगरा की 'कैसी विडंबना' कहानी में संयुक्त परिवार में पली-बढ़ी सुहा

पच्चीस वर्ष पूर्व अमेरिका बस जाने पर भी भारतीय शगुन – अपशगुन सबको मानती है । उसकी सहेली रानी वाधवा के भारतीय संस्कृति में पले बड़े भाई - भाभी मां - बाप के वृद्धाश्रम का खर्चा उठाना मंजूर कर लेते हैं, पर घर में एक कमरा और सेवा के लिए एक बाई रखना स्वीकार नहीं करते । बहन द्वारा समझाए जाने पर उन्हें अपने साथ अमेरिका ले जाने को कहते हैं और कहते हैं कि जमीन - जायदाद में हिस्सा मांगा तो विवाह से लेकर अब तक किया खर्च का हिसाब देने की बात कहते हैं । सुहा यह सब सुनकर व्याकुल हो जाती है, " सोच में पड़ गई- भारत की सभ्यता, संस्कृति को क्या हो गया है, कहाँ जा रही है ? मां - बाप के बुढ़ापे तक आते - आते बच्चों के संस्कार ही मर गए हैं - भगवान के बाद मां- बाप का स्थान है, बचपन से सुनते आए हैं । मां - बाप के साथ ऐसा व्यवहार देखकर अगली पीढ़ी क्या संस्कार ले पाएगी, क्या सीख पाएगी ? "7 सुहा सास-ससुर को वृद्धाश्रम में भेजने के बजाय अपने घर में रखकर सेवा करना चाहती है । सुहा सोचती है, "अमेरिकन जिन्हें हम संस्कृति रहित प्राणी समझते हैं, वे पूर्वी संस्कारों को अपनाते जा रहे हैं और भारतीय पश्चिम की आंधी में अंधे हुए उड़ रहे हैं । कैसी विडंबना है ?"8 कमोबेश इस त्रासद स्थिति से अधिकतर वृद्धों को दो-चार होना ही पड़ता है । अपने जीवनसाथी का वियोग इनके दुःख में कोढ़ में खाज का काम करता है ।

बबीता श्रीवास्तव ने 'अपना कौन' कहानी में प्रवासी भारतीय मध्यमवर्गीय माता-पिता की सोच, उसके अंतर्विरोध और आवश्यकतानुसार संबंधों को स्वीकारना आदि पक्षों से गुजरते हुए वृद्ध - विमर्श के नए पक्ष हमारे सामने प्रस्तुत किए हैं । परंपरागत भारतीय संस्कारों में रचे - बसे चाचा - चाची बड़े बेटे मोहित का विवाह भारतीय लड़की प्रिया से कर प्रसन्न होते हैं, वहीं छोटे बेटे रोहित द्वारा अमेरिकन लड़की जेनिफर यानी जेना से प्रेम - विवाह (अंतरधार्मिक व अंतरदेशीय विवाह) का खुलकर विरोध करते हैं, "भारत से दूर रहने के बावजूद चाचा ने जिस परिवेश व संस्कार में अपने बच्चों को रहना सिखाया उन्हें रोहित से ऐसी उम्मीद नहीं थी । चाची ने उसे समझाने की बहुत कोशिश की, अपनी संस्कृति का वास्ता दिया व समझाया कि शादी - ब्याह हमारे यहाँ जन्म - जन्मांतर का बंधन माना जाता है और सिर्फ़ हिंदुस्तानी लड़की ही उसे जीवन भर निभा सकती है । लेकिन रोहित के दिल में एक अमेरिकन लड़की थी जो कि उसी के फील्ड की थी । जिसने प्यार की शमा जलाई थी, सभी के लाख समझाने के बावजूद उसके साथ कोर्ट मैरिज कर लिया । चाचा को जबरदस्त झटका लगा । इसके बाद, जैसा कि हमारी हिंदी फिल्मों में होता है, चाचा ने रोहित से एक तरह से नाता ही तोड़ लिया ।"9 लेकिन बहुएँ चाचा - चाची की सोच के ठीक विपरीत निकली । व्यवसाय में हाथ

बंटाने के बहाने प्रिया धीरे-धीरे सारे बिजनेस पर कब्जा जमा लेती है और अस्पताल में भर्ती चाचा से अस्पताल का बिल चुकाने के बहाने घर और व्यवसाय के सारे कागजों पर हस्ताक्षर करवा सारी संपत्ति अपने नाम करवा लेती है । हद तो तब होती है जब वह ससुर को इच्छा - मृत्यु का इंजेक्शन लगवाने की सलाह अपने पति मोहित को बेझिझक देती है, "अरे यह तो अमेरिका है । पापा ने अपनी जिंदगी तो जी ली है। इतना स्ट्रगल करने से तो अच्छा है कि वह क्या कहते है "इच्छा मृत्यु" वाला इंजेक्शन.... ।"[10] चाचा की मृत्यु के बाद प्रिया पूरा बिजनेस और जेना अपनी प्रेक्टिस के साथ सद्यविधवा सास को नि:स्वार्थ सेवा - भाव से बखूबी संभालती है ,"कहती है माँ तो माँ है चाहे वह रोहित की हो या मेरी।" यहाँ दो भिन्न संस्कृतियों की नहीं बल्कि संस्कारों एवम् मानवीय मूल्यों की जीत लेखिका के द्वारा दिखाई गई है ।

प्रवासी कहानीकारों की कहानियों में अतीत की गुदगुदाती आनंददायी मधुर स्मृतियों से लेकर वर्तमान के तनाव व अंतर्द्वंद्व के पीछे अंतर्निहित भारतीय संस्कृति व जीवन मूल्यों की पाश्चात्य संस्कृति व जीवन मूल्यों से टकराहट भी एक कारण है। विपरीत परिवेश में इनको निभाने की छटपटाहट हो या इनके पालन में आ रही मुश्किलें, यह स्वाभाविक भी है ।' पक्के घड़े के रेत नहीं लगती ' उक्ति यहाँ सही सिद्ध होती है । उम्र का अमूल्य दौर अपनी मातृभूमि में बिताने के बाद विदेशी धरती पर आ बसे यह लोग सहज ही वहाँ के परिवेश को अंगीकार नहीं कर पाते । कठोर परिश्रम, अदम्य जिजीविषा और संघर्षशीलता के बल पर भारतीय तमाम विरोधाभास और गतिरोधों का सामना करते हुए भी यथासंभव इन्हें सहेजने में सफल भी होते हैं। इस संदर्भ में डॉ. कमल किशोर गोयनका का यह कथन उल्लेखनीय है, " इन कहानीकारों ने अमेरिका में रहते हुए जो जीवन देखा और भोगा है, वह इन कहानियों में बड़ी यथार्थता के साथ अभिव्यक्त हुआ है । इनमें जो भारतीयता एवं अमेरिकनिज्म का द्वंद्व है , वह अमेरिका में जी कर ही अनुभव किया जा सकता है ।" यह कथन शत प्रतिशत सही है । प्रवासी कहानीकारों की कहानियाँ गहन अनुभूतियों और संवेदनाओं में लिपटी स्मृतियों, इन स्मृतियों में अपनी जमीन, परिजनों, मित्रों से बिछड़ने की पीड़ा और नितांत पराई धरती पर अपनी पहचान बना खुद को स्थापित करने के संघर्ष के दरमियां हृदय में लगे रिसते घाव और नस्लवाद की चोटें, नैतिक अवमूल्यन की ओर धकेलती फासीवादी ताकतें, छीजते मूल्य और विघटनकारी परिस्थितियों के विभत्स चेहरों का यथार्थ अंकन है । प्रवास के दौरान भौतिक उपलब्धियों की एवज में इन लोगों ने जाने अनजानेबहुत कुछ खोया भी है । जो संवेदनशील कहानीकार को अंदर ही अंदर कचोटता और सालता रहता है । इसी के विभिन्न रूपों की अभिव्यक्ति नाना

प्रकार से इन कहानीकारों ने अपनी कहानियों में की है । उमेश अग्निहोत्री की 'एक काली तस्वीर' कहानी में अमित माता - पिता के तलाक के बाद मां नैंसी के पास ही रहता है; मात्र सप्ताहांत पर वे अपने पिता के पास आता है । उसके भारतीय पिता उसे भारतीय संस्कृति से जोड़े रखने के लिए यथासंभव प्रयास करते हैं, "मेरी कोशिश रहती है कि अमित को इस तरह के सांस्कृतिक आयोजनों में ले जाता रहूं, उसमें भारतीय संस्कृति की विरासत का एहसास बनाए रख सकूं ।"[11] सेनेगल से प्रवासी अमित के मित्र हबीब के परिजनों से मिलकर उसके पिता को महसूस होता है कि मात्र प्रदर्शनी दिखाकर बच्चे को भारतीय संस्कृति से जोड़े रखने मैं सफल नहीं हो सकता । उसके लिए तो समस्त यांत्रिक सुविधाओं को त्यागकर अमित को अपनों के बीच रखना आवश्यक है । जहाँ बच्चा अपनी संस्कृति, भाषा, त्योहार और सबसे जरूरी अपने देश के लोगों के संघर्ष को देखते - समझते हुए स्वत: ही उनसे जुड़ता चला जाता है । यह उनके लिए सहज ही संभव नहीं है, "दूर-दूर बने मकान, दरवाजे बंद, बंद ही नहीं सिक्योरिटी सिस्टम से सुरक्षित, हर घर दूसरे घर से अपरिचित, किसी का किसी से मिलना जुलना नहीं । जबकि वहाँ वे लोग मेरे साथ रहते हैं .... उनके घरों के दरवाजे किस तरह खुले रहते हैं.... दिलों के दरवाजे भी ...

मैंने रिमोट से गैराज का दरवाजा खोला। कार गैराज में ले जाकर दरवाजा बंद किया । बैठक की बत्ती जलाई । गणेश, शिव, नटराज और गौतम बुद्ध की मूर्तियां प्रकाश में चमकने लगीं। मगर मुझे उनके बीच ऐसा लगा जैसे मैं और अमित जिंदा तो हैं, पर संग्रहालय में सुरक्षित मूर्तियों की तरह जिन्हें कोई छू नहीं सकता ...

फिर सहसा बाल्टीमोर के कला संग्रहालय में लगा गुस्ताव कूरबे का चित्र याद आया, 'घने पेड़ों के साथ-साथ एक नदी 'एक काली तस्वीर, लेकिन मुझे लगा कि उस तस्वीर को देखने कि नहीं दरअसल उसमें जीने की है... उसे जीने की है ।"[13] प्रवासी भारतीय काम और नाम कमाने के लिए आत्मीय रिश्तों से बिछड़ने के लिए स्वयं को दोषी मानते हुए कहीं ना कहीं अपराधबोध से भी ग्रसित रहते हैं, "अपनी ज़मीन से अलग होने का दुख और कटाव । और यह अपराध बोध भी कि उन्होंने अपनी जमीन छोड़ दी है सुख - सुविधाओं के लिए । वहां की हर वस्तु को रोमन-रोमांटिक तरीके से देखने लगते हैं। "[13]

भूमंडलीकरण की चकाचौंध भरी उपलब्धियों के एवज में अनजाने ही प्रवासी भारतीयों ने बहुत कुछ खोया भी है । पूँजीवादी व्यवस्था ने हमें मनुष्य से उपभोक्ता बना दिया है । इसकी सबसे बड़ी कीमत चुकाई है हमने आत्मीय संबंधों को खोकर। पूँजी और टेक्नोलॉजी की

सर्वोपरियता और अहमियत के शिकंजे में कसा मनुष्य उसका गुलाम बन परिवार, समाज और सामान्य जीवन से कटता ही चला जा रहा है। अकेलेपन एवम् अजनबीपन से उपजी मानसिक असुरक्षा और चिंताकुल मनःस्थिति में व्यक्ति को बहुत अधिक प्रभावित किया है । सोमावीरा की 'लांड्रोमेट' कहानी का निर्मल डेढ़ वर्ष पूर्व भाई के पास शिकागो आता है। यहाँ भाई विमल द्वारा पमेला से शादी के बाद संबंधों में दूरियाँ आ जाती है । एक तरफ यहाँ का यांत्रिक जीवन और दूसरी ओर भारत में छोटा परिवार । निर्मल का मन दोनों के मध्य घड़ी के पेंडुलम - सा हिलता - डुलता रहता है, "सवेरे से शाम तक उसका जीवन, इन्हीं घरेलू यंत्रों में लगी, ऑटो - मेटिक सुइयों के सहारे चलता है। जब भी उसे देखता हूँ मुझे लगता है मशीनों के साथ जिंदा रहने से इंसान को भी मशीन बनना पड़ता है ।

और आज की तरह, कभी यों अकेले दो क्षण चुपचाप बैठने का अवकाश मिल पाता है, तो मन में दबी वह बात घबराई - सी उभर आती है - इस मशीन सी दुनिया में रहकर, क्या मैं भी मशीन बनता जा रहा हूँ ? क्या मैं भी इंसानियत के वे प्यारे - प्यारे रेशे होता जा रहा हूँ?

मन छटपटा उठता है और बोझिल - सी वह आवाज, अवचेतन के गीले गारे पर, कसे तार का - सा निशान छोड़ जाती है - तेरी एक जिंदगी पीछे है, एक कहीं आगे हैं। इन दोनों के बीच यह जो आज की जिंदगी है, इसका सूत्र कहाँ है, और परिणति कहाँ है ?...14 अपनी पारिवारिक जिम्मेदारियों को पूरा करने की विवशता या अपरिहार्यता के चलते निर्मल मार्गरेट से विवाह करने से इंकार कर देता है और नितांत अकेले अंदर की टूटन और विचलन को झेलने को अभिशप्त हो जाता है । निर्मल जैसे अनेक भारतीयों की ना चाहते हुए भी यांत्रिक जीवन जीने की यह विवशता पाठक को उद्वेलित करती है । सोमावीरा की यह कहानी हमारी चेतना और संवेदना को झकझोरती है साथ ही हमारी विचार - शैली और चिंतन- शैली को सोचने के नए आयाम भी देती है। निजी जीवन, परिवार, समाज और व्यवस्था के विषय में परिस्थितियों का सम्यक मूल्यांकन करने को विवश करती है । डॉ. सरिता महेता की 'मंजिल' कहानी में विदेश में अच्छे रोजगार की तलाश में एजेंटों के माध्यम से जाने वाले भारतीय युवा कमीशनखोर एजेंटों की धोखाधड़ी के शिकार हो कठिन संघर्ष से गुजरने की पीड़ा को सुबोध के माध्यम से चित्रित किया गया है, "हाँ, बारह वर्ष पहले मैं अपनी धरती माँ से बिछुड़ कर बादलों में खो गया था। हमारे एजेंट ने हमारे साथ धोखा किया था कि मुझे नौकरी के वीजा पर भेजा जा रहा है, दरअसल वह केवल कुछ ही समय का बिजनेस वीजा था। वकील की राय मानकर पॉलीटिकल असायलम का केस कर दिया । पर अब वापस लौटना असंभव था। सबसे

मिलने के लिए दिन - रात तड़फता रहा । डॉलर कमाने की मशीन - सा बन गया था । कब सुबह होती और कब शाम, किसको खबर थी। "

पिता की इच्छा पूरी करने के लिए अमेरिका आए सुबोध को हर कदम पर अपने अतीत और वर्तमान में झूलते हुए यादों से संघर्ष करना पड़ता है। यह मात्र सुबोध की ही करुण कथा नहीं, लगभग हर प्रवासी भारतीय को इस पीड़ा से कदम - कदम पर दो-चार होना पड़ता है, "जब देश छूटता है तो देश के साथ- साथ बहुत कुछ छूट जाता है, पर नहीं छूटती तो यादें । दूर होकर तो हम, अपनों के और भी करीब आ जाते हैं । क्या मैं सचमुच अपने घरवालों से दूर आना चाहता था ? " आत्मकेंद्रित पश्चिमी संस्कृति के विपरीत आपसी मेलजोल और परस्पर संवादात्मक संबंधों पर आधारित भारतीय संस्कृति की कमी बेतरह प्रवासियों को खलती है । जो इस यंत्रणा से गुजरे है, वे ही इसकी अभिव्यक्तिकर सकने में सफल हो सकते हैं ।

डॉ. सरिता महेता द्वारा इस कहानी में उठाए गए प्रश्न निरंतर मनोमस्तिष्क पर प्रहार करते हुए सोचने को विवश करते हैं कि क्या आर्थिक सुख ही इस संसार का सच्चा सुख है ? " हम संघर्ष करते हैं, क्यों ? अभाव को दूर करने के लिए ही तो ना, पर क्या, सचमुच हम अभाव को दूर कर पाते हैं ? खुशहाली ला पाते हैं ? क्या खुशहाली पैसों से आ पाती है ? एक अभाव को दूर करने के लिए अथक प्रयत्न में हम और कितने ही अभाव पैदा कर लेते हैं । मन में कितना बड़ा रेगिस्तान पैदा हो जाता है, कितनी विरानी आ जाती है । मन में दूर-दूर तक, बस गहरा अंधेरा, सूनापन, क्या यह अभाव जिंदगी में कभी भरे जा सकते हैं ? " कितनी गहरी मनोव्यथा और मार्मिक अंतर्वेदना छुपी है इन पंक्तियों में । घर के अर्थाभावों को दूर करने प्रवासी बने भारतीय रात - दिन अथक परिश्रम कर अर्थाभावों को तो दूर कर लेते हैं पर स्वजनों के अभाव, सुख-दुःख के साझीदारों के अभाव को भला कैसे पूरा करें ? यह प्रश्न कोंचता है ।

विदेश में अकेलेपन से लड़ते सुबोध को उसकी पत्नी लक्ष्मी माता पिता की मृत्यु हो जाने पर भी भारत लौटने नहीं देती । यहां तक कि उनकी बेटी कन्नू से भी बात नहीं करवाती । अपनों की दूरी एकाकीपन से हताश सुबोध को मारिया, विक्की और निक्की के रूप में एक प्यारा परिवार के रुप में क्षणिक खुशियां मिल जाती हैं जो सुख का सुनहरा संसार रचा बुलबुले के समान लुप्त हो गहरी पीड़ा का भाव छोड़ जाती है। छुट्टी मनाने जाते समय एक्सीडेंट में सुबोध के खिलाफ पुलिस केस बन जाता है और उसके अवैध आव्रजन के कारण उसके डिपोर्टेशन के आर्डर जारी हो जाते हैं। एक क्षण में सारे सुख भरे दिन हवा हो जाते हैं, "मुझे, यहाँ अमेरिका से डिपोर्ट करके वापस भारत भेजा जा रहा है । वही मेरा भारत, यहाँ जाने के लिए मैं, बारह

वर्षों से तरस रहा था। पर सदा के लिए निकाला जाऊँगा, यह ना सोचा था कभी। मुझे भारत में इस तरह से भेजा जा रहा है, जैसे मैं कोई लावारिस सामान का बक्सा हूँ। जैसे मेरा कोई वजूद ही नहीं है, कोई अरमान, भाव्या इच्छाएँ ही नहीं है। मेरा परिवार फिर से अनाथ हो जाएगा, या यूँ कहूँ कि मैं फिर से अनाथ हो गया हूँ। पर इस सब से कानून को क्या लेना - देना। बस एक चलती फिरती लाश की तरह महसूस कर रहा हूँ, जिसका शरीर सुबह भारत भेज दिया जाएगा।" कहानी का अंत बड़ा हृदयद्रावक और मर्मांतक है। सच में बार - बार अपनों का वियोग सुबोध नहीं झेल पाता और अमेरिका छूटने से पूर्व भगवान के चरणों में अपने प्राण त्याग देता है," पर कोई हलचल न देखकर उसने सुबोध का कंधा हिलाकर बुलाया। पर यह क्या ? शरीर एक तरफ लुढ़क गया।.... वह तो अपना सफर पूरा कर अपनी मंजिल तक पहुँच चुका था। फैसला भगवान ने किया था।“

अमेरिका की बहुलतापूर्ण संस्कृति में समस्या का कोई एक निश्चित चेहरा न होकर उसके बहुआयामी पक्षों से कहानीकार रूबरू हुए हैं जिनका न कोई एक तयशुदा चेहरा है न ही निदान का कोई एक उपाय। जितना बारीकी से व निकटता से समझने का प्रयास करते हैं और इसमें उतरते हैं, कई पक्ष धीरे-धीरे सामने आते जाते हैं। प्रवासियों के पहचान के संकट के विषय में से. रा. यात्री का यह मत द्रष्टव्य है, "बाहरी मुल्कों में जाकर- रहकर अकूत धन कमाने के बावजूद वहाँ का बेगानापन और कुंठा प्रवासी भारतीयों को किसी न किसी रूप में भीतर से तोड़ती है और कुंठित करती है। वह मानसिक रूप से उस दूरी को नहीं पाट सके हैं जो विदेशी वातावरण और भूमि की एक अपरिहार्य देन है। अपनी पहचान बनाए रखने के लिए उन्हें गिरोह में रहने की विवशता होती है। उन देशों के मूल नागरिक उनकी उपयोगिता भले ही स्वीकार कर ले पर उन्हें अपने समान नागरिक का दर्जा कभी नहीं देते।"[15] ललित अहलूवालिया की 'एक टुकड़ा बादल का' कहानी में प्रवासी भारतीय की यह पीड़ा बयां हुई है, "लगभग पच्चीस वर्ष पहले भारतीय परंपराओं के चुने हुए कुछ अंश पॉकेट में डाल, जीवन को सामान्य से बेहतर बना पाने के उद्देश्य से मैं अमेरिका चला आया था। इन वर्षों में हुई गतिविधियों का आधा भाग तो संघर्षों – प्रयत्नों में हवन हो गया और जब बेहतर जीवन सामने आया तो साथ आया कनपटी का स्थाई दर्द और अंगूठे व उंगली की प्रतिक्रिया।

ऑफिस के लिंकन व शोफर, निजी मरसेडीज, बैंक बैलेंस, फुल्ली - पेड़ मकान, बच्चों के ड्रीम वेकेशन वगैरा-वगैरा। बरसों के कड़े परिश्रम के बाद एक बड़ी कंपनी 'जियोन्टैक' का सी.ई.ओ. हो जाना स्वाभाविक है यदि जीवन के दूसरे पहलू ताक पर रख दिये जाएें और रिश्तों के बंधन मीलों दूर, अदृश्य से, बेमानी से।"

डॉ. इला प्रसाद की 'रोड टेस्ट' कहानी में सुनीता अकेलेपन, अजनबीपन से दु:खी है और हर सुख- दुख को साझा करने वाले भारतीय मित्रों की कमी उसे बहुत खलती है, "अगल बगल में रहने वाले स्पैनिश, वियतनामी, अमेरिकन पड़ोसियों से मित्रता थी, लेकिन घरों में बैठकर बतकट्टी करने का सुख केवल भारतीयों के बीच मिल सकता था और इस अजनबी देश के अजनबी शहर में अपने देशवासियों पर भी इतना भरोसा नहीं था कि उनके सामने दिल खोले।"16 सुनीता अमेरिका की सुव्यवस्था की प्रशंसक होने पर भी उसमें एक बंधन और घुटन महसूस करती है, "तब भी जिंदगी बंधी - सी लगती। हर वक्त, हाल में कोई स्वतंत्रता नहीं। किसी चुनाव की स्वतंत्रता नहीं।

स्वतंत्रता की कीमत पर व्यवस्था "यहाँ सुनीता को भारत की स्वतंत्र जीवन - शैली और व्यवस्था की कमी बुरी तरह खलती है और बार-बार उसे अपना देश याद आता है। सुनीता अमेरिका की यांत्रिक - व्यवस्था और कार चलाना आने की अनिवार्यता पर बुरी तरह खीझती है। इस पराये मुल्क में व्यक्ति का यहाँ की व्यवस्था और जीवन - शैली के साथ तालमेल बैठाने में एक तरह से पुनर्जन्म लेना पड़ता है। अब तक भारत में जिया जीवन उसे झाड़ - पोंछकर दूर फेंक देना पड़ता है, " .... यूं भी आप अमेरिका आते हैं तो यह समझी हुई बात है कि आपको कार तो चलानी है। सिरे से जन्म होता है आपका इस देश में। सोशल सिक्योरिटी नंबर, ग्रीन कार्ड और ड्राइविंग लाइसेंस। सोशल सिक्योरिटी नंबर मिला तो आप इस देश में पैदा हुए, ड्राइविंग लाइसेंस मिला तो चलना आ गया।"

आर्थिक विकेंद्रीकरण, भौतिक समृद्धि और पूँजीवाद का चरमोत्कर्ष विविध रूपों में यहाँ दृष्टिगोचर होता है। इन्हीं के कारण प्रवासी भारतीयों की जीवन- शैली से समष्टि भाव धीरे-धीरे तिरोहित हो वे आत्मकेंद्रित बन जाते हैं। यह आत्मकेन्द्रिता हमारे परिवार, समाज और स्वयं के लिए भी घातक सिद्ध हो रही है। रिश्तों की पवित्रता, उदारता और गंभीरता धीरे-धीरे क्षीण हुई है। अमेरिका में प्रेम और विवाह के कई रूप कहानीकारों की इन कहानियों में देखने को मिलते हैं। यहाँ के परिवेश में प्रेम शब्द के अर्थ व्याप्ति बहुत व्यापक रूप में देखने को मिलती है। विषम लिंग के प्रति आकर्षण स्वाभाविक है। उसका सामीप्य और साहचर्य प्राप्ति की व्याकुलता एक पक्ष है। भारतीय समाज में विवाह के माध्यम से प्रेम और प्रेम के माध्यम से विवाह की सुदीर्घ परंपरा रही है। लेकिन अमेरिकी समाज में स्त्री-पुरुष संबंधों में बहुत अधिक खुलापन होने के कारण यह आवश्यक नहीं है कि हर प्रेम संबंध की परिणति विवाह में ही हो। पन्ना नायक की 'रियल भाग्योदय' कहानी में उच्च शिक्षित रजनी कुमार पंड्या

के सुखी वैवाहिक जीवन के बावजूद उसके मित्र डेविड की गर्लफ्रेंड पेगी (मार्गरिट) से संबंध होते हैं। पंड्या की इकलौती बाईस वर्षीय पुत्री नैना जूनियर क्लास में ही स्कॉट के बच्चे की अनब्याही माँ बनने वाली है, "आप ग्रैंडफादर बनने वाले हैं। आई एम सो एक्साइटेड।" नीना कहती है। पिता द्वारा आगे की पढ़ाई के विषय में पूछने पर नीना पिता की चिंता को नाक पर बैठी मक्खी - सा उड़ाती हुई कहती है, "स्कॉट का भरा - पूरा परिवार त्रिनिडाड में है। उन लोगों के केले के बड़े प्लांटेशन हैं। बेबी को लेकर स्कॉट ट्रिनिडाड जाएगा। नीना यहाँ पर रहकर सीनियर का वर्ष पूरा करेगी फिर वह भी त्रिनिडाड चली जाएगी।

नीना शादी करने की बात नहीं करती। पिता नीना के इस फैसले को सुन सदमाग्रस्त हो जाते हैं, पर स्वछंद माहौल में पली-बढ़ी व्यस्क बेटी को विवाह करने की सलाह देने की हिम्मत नहीं जुटा पाते।

अमेरिका में विवाहेतर प्रेम संबंधों के कारण बसे बसाए घर टूट जाते हैं। वहाँ विवाहेतर संबंध तलाक का सबसे बड़ा कारण होते हैं जिसमें पत्नी का भरोसा टूटता है और वह अभिशप्त एकाकी जीवन जीने को विवश हो जाती है। परिवार और समाज के दबाव के कारण वह पति के अन्य स्त्रियों से नाजायज संबंधों को ढोने के लिए विवश हो जाती है। डॉ. शालिग्राम शुक्ला की 'दो बेटियाँ', डॉ. सुरेश राय की 'काकी ', उषा प्रियंवदा की 'पुनरावृति', डॉ. सुनीता जैन की 'पार्वती जब रोएगी', डॉ. रेखा रस्तोगी की 'कल्प की सैली', निर्मला शुक्ल की 'उलझन 'आदि कहानियों के केंद्र में विवाहेतर संबंध ही है। 'काकी' कहानी में दिवाकर ग्रीन कार्ड के लालच में अमेरिकी नागरिक लूसी से विवाह कर लेता है। उसकी स्वच्छंदता से आजिज आ भारत में नीलिमा से विवाह कर अमेरिका लौटता है। लूसी के तलाक देने से इनकार करने पर ब्राजील के रियो शहर में मार्था के साथ लिव इन रिलेशनशिप में रहने लगता है। दिवाकर के भारत लौटने की लंबी प्रतीक्षा के बाद नीलिमा अमेरिका आ जाती है। यहां पति के विवाहेत्तर संबंधों की बात स्वयं उससे सुनने के बाद नीलिमा उस पर कभी भी विश्वास नहीं कर पाती। स्वाभिमानी नीलिमा उसे छोड़कर दूसरे शहर में आप बसती है। स्वच्छंद विवाहेतर संबंधों की पश्चिमी संस्कृति के विकृत रूप से नीलिमा जैसी अनेक प्रवासी भारतीय स्त्रियों के प्रवासी भारतीय पति के साथ सुखद वैवाहिक जीवन के सपने इन विवाहेतर नाजायज संबंध या अब अमेरिकी पत्नी की मौजूदगी के पैरों तले निर्ममता से कुचल दिए जाने के कारण बिखर जाते हैं। पति की उपेक्षा उन्हें पराये मुल्क में कुंठित और सर्वथा अकेला कर देती है। अकेलापन, घुटन और क्रोध का कारण बन उन्हें अंदर ही अंदर खोखला कर बीमारियों का घर बना देता है। यहाँ नीलिमा जैसी महिलाएं स्वयं को पारिवारिक बंधनों से तो स्वतंत्र पाती हैं लेकिन पुरुषों की स्वच्छंदता

और बहुत-सी स्त्रियों से संबंध उन्हें कहीं ना कहीं हीन भावना का शिकार भी बना देते हैं- "कुछ महीनों बाद ही नीलिमा वह शहर छोड़ कर अकेले यहां आ पहुंची । तब से दिवाकर के साथ उन्होंने कोई संबंध नहीं रखा । हालांकि उसके भेजे हुए पैसों को साधिकार वह अपने जीवन निर्वाह में खर्चती थीं। काकी कहती थीं - 'यह दिवाकर का प्रायश्चित है।' परंतु अपने स्वाभिमान का, अंदर ही अंदर वह दमन भी कर रही थीं । भारत से दूर, इस अनजान देश में, दिवाकर से हाथ छुड़ा कर जीवनयापन करते हुए उन्हें असीम पीड़ा पहुंचती थी। यह दर्द, होठों की बनावटी हंसी के साए में पलकर, उनके हृदय रोग का कारण बन गया ।"17

वेद प्रकाश सिंह 'अरुण' ने 'ग्रीन कार्ड' कहानी में भारतीय माता-पिता द्वारा बिना जाँच- पड़ताल किए ही प्रवासी लड़के के साथ अपनी बेटी का विवाह कर दिए जाने को भी विदेश में लड़कियों के साथ होने वाले अत्याचारों का एक सबसे बड़ा कारण माना है । भारतीय माता-पिता विदेश की चकाचौंध भरी जिंदगी के पीछे छुपे अंधियारे पक्षों पर कभी ध्यान नहीं देते और खामियाजा लड़कियों को भुगतना पड़ता है । उनके लिए तो प्रवासी भारतीय से बेटी का विवाह एक स्वप्न का पूरा होने जैसा है, "घर बैठे अमेरिका में बसा जमाई किसी पिता को मिल रहा हो तो कौन भारतीय उससे अपनी पुत्री का विवाह करने में विलंब करेगा ?

श्रीकांत कौन है ? न्यूयॉर्क में कैसा जीवन व्यतीत करता है, उसकी मान्यताएं क्या है, उसका आचरण कैसा है ? इनमें से किसी प्रश्न का उत्तर खोजने की चिंता नीता के माता-पिता ने नहीं की और न स्वयं नीता के मन में इस बारे में कोई संशय उठा था। उस समय तो नीता के मन में अमेरिका पहुंचने की उमंग थी और इस आकर्षण के सामने सभी प्रश्न गौण थे । " जीवन के सपनों के पीछे आँख मूंदकर भागने के कारण ही माता - पिता बेटी के भविष्य के विषय में बिना सोचे समझे अंधी गुफा में धक्का दे देते हैं। जब वहाँ यथार्थ से सामना होता है तो बिखरे सपनों की किरचें दिल - दिमाग में चुभती रहती हैं और आंखों के सामने पसरा मिलता है काला स्याह भविष्य। नीता के अमेरिका पहुंचने पर वहां उसका सामना पश्चिमी स्वच्छंद परिवेश से होता है।" नंदिता और श्रीकांत अमेरिका में बसे उन स्वतंत्र विचारों वाले भारतीय युवक - युवतियों में से थे जिन्हें बॉयफ्रेंड और गर्लफ्रेंड बनाने की १०-१२ वर्ष की उम्र में ही मिल जाती है ।.... इसलिए स्वाभाविक था कि नंदिता और श्रीकांत एक दूसरे के प्रति आकर्षित होते और अपने परिचय को मैत्री के रूप में बदलते । परंतु नीता को इसका एहसास नहीं हुआ क्योंकि वह अभी तक अमेरिकी समाज की इस नई विद्या से अवगत नहीं हो पाई थी। वह इस मैत्री के व्यावहारिक अभिप्राय से सर्वथा अनभिज्ञ थी । नंदिता उसके और श्रीकांत के बीच आ चुकी है, इसका पहली बार अहसास उसे जब हुआ तो वह घबरा उठी । इसी बीच कई भारतीय महिला

मित्रों से उसे पता चला कि उससे विवाह करने से पहले श्रीकांत दो पत्नियों को तलाक दे चुका था । यह जानकारी होने के बाद भी नीता ने श्रीकांत से कुछ नहीं कहा क्योंकि वह अपने वैवाहिक जीवन में किसी प्रकार का विग्रह या व्यवधान नहीं आने देना चाहती थी।" इस तस्वीर का एक दूसरा पक्ष भी है । बरसों बरस अमेरिका में रहने पर भी कई भारतवंशी माता - पिता बेटी के विवाह संबंधी अपनी परम्परागत मान्यताएं नहीं बदल पाते, "आधुनिक अमेरिका की सामाजिक मान्यताएं भारत से विपरीत हैं और यहाँ की सांस्कृतिक पृष्ठभूमि भी भारत से सर्वथा भिन्न है । अमेरिका में रहते हुए भी हमें भारतीय समाज द्वारा निर्धारित लक्ष्मण रेखा के अंदर रहना पड़ता है । अमेरिका में विदेशी से ब्याह करना न तो मेरे माता-पिता को स्वीकार होता और ना ही मुझे रास आता । इसलिए जब यहाँ कोई दूसरा उपयुक्त भारतीय वर नहीं मिला तो माता-पिता मुझे लेकर मुंबई चले गए थे और वहाँ समाचार पत्रों में विज्ञापन दे दिया कि एक भारतवंशी अमेरिकी लड़की के लिए उपयुक्त भारतीय वर चाहिए । उम्मीदवारों की भीड़ लग गई ।" उम्मीदवारों की इस भीड़ का एक ही लक्ष्य होता भारतवंशी अमेरिकी लड़की से विवाह कर ग्रीन कार्ड पाना। "वास्तविकता यह थी कि अस्पताल में ही उसने एक अमेरिकन डॉक्टर लड़की को गर्लफ्रेंड बना लिया था और मुझसे पिंड छुड़ा कर उससे शादी करना चाहता था । एक दिन वह बिना कुछ बताए घर छोड़कर चला गया । दूसरा कदम तलाक के अलावा और क्या हो सकता था? यहां बहुधा यही तो होता रहता है । ग्रीनकार्ड के मायावी स्वर्ण मृग को पाने के लोभ में भारतीय युवक पहले आंखें मूंदकर किसी भी भारतवंशी अमेरिकन लड़की से शादी करने के लिए तैयार हो जाते हैं और अमेरिका आते ही गिरगिट की तरह रंग बदल कर आंखें दिखाने लगते हैं। तलाक देकर किसी आधुनिका के साथ ब्याह रचा लेते हैं ।"[18]

डॉ. उषा देवी विजय कोल्हाटकर ने 'बटरटॉफी और बूढ़ा डॉलर' कहानी में अमेरिका में मातृत्व भी एक हादसा माना जाने के कारण माता-पिता शॉन से प्यार नहीं करते, "शॉन का मातृत्व एक हादसा था, इसलिए फर्ज समझ कर भी शॉन के लिए कुछ करना वह जरूरी नहीं समझती है ।" अमेरिकी माता-पिता के झगड़े से इकलौती संतान शॉन के बाल मन पर पड़े नकारात्मक प्रभाव, असुरक्षा के भाव व निश्चल प्रेम की तलाश को देख उनकी पड़ोसी ल्यूसी विचलित हो उसे मां - बाप का प्यार और डॉलर (बूढ़ा घोड़ा) को हॉर्सेस रिटायरमेंट फार्म भेजने से मना कर देती है । शॉन द्वारा जूते की लेसेज सही न बांधने पर ल्यूसी उसे सर्वाइवल कैंप धमकी देती है तो जाने के लिए खुशी-खुशी तैयार हो जाता है क्योंकि अपने घर का माहौल सर्वाइवल कैंप जैसा ही लगता है, "तब तो मुझे वहां प्रथम सम्मान मिलना चाहिए क्योंकि मैं अपने मां-बाप के घर, यानी सर्वाइवल कैंप में पहले से ही रह रहा हूं ।" सात साल के शॉन का

यह कथन ल्यूसी को विचलित कर देता है । ल्यूसी उसे भरपूर प्यार देती है और कोशिश करती है कि शान के मां बाप के तनावपूर्ण संबंधों का प्रभाव उस बच्चे पर न पड़े, "शॉन के लिए उसका अपना घर सिर्फ मां - बाप का (Parent's House) बनकर रह गया है, जहां खिलौने, टी .वी., किताबे, कॉपियां जैसी बेजान चीजें उसके सच्चे साथी हैं। शॉन के भोले मन में उलटे सीधे ख्यालों की भीड़ अनगिनत सवालों को जन्म दे रही है । उसकी मासूमियत एक अदृश्य भय की भावना से परेशान रहने लगी है। मां-बाप की जिंदगी में ही अगर बच्चे के बचपन के लिए सुरक्षित जगह ना हो तो घर की बेजा बेजुबान दीवारें भला क्या करें ? सगी औलाद को कुछ न दे पाने वाले खाली सूखे शुष्क मन के कठोर दिल इंसान मां-बाप के रूप में मिलने पर शॉन जैसे बच्चों का बचपन किसकी गोद में सच्चा सहारा, प्यार दुलार ढूंढे ? अब मेरी समझ में आ रहा था कि हर रात सोने से पहले जब तक मैं फोन करके शॉन को गुड नाइट ना कहूं तब तक उसे चैन की नींद क्यों नहीं आती ? मेरी आवाज एक आश्वासन, सुरक्षितता बनकर उसको साथ देती होगी और नींद की परी, उसे डॉलर पर बिठाकर परियों के देश की सैर करा कर लाती होगी ।"19 कितने भयावह माहौल में पलते हैं अमेरिकी बच्चे ? कितना विचारणीय है यह प्रश्न जो बार-बार मन पर दस्तक देता रहता है ।

    इसके अतिरिक्त भारतीय परिवेश पर भी कुछ कहानियाँ इस संकलन में सम्मिलित की गई हैं। डॉ. प्रतिभा सक्सेना की 'तार' कहानी में स्वार्थी रिश्तों का अंकन है। स्वार्थ के वशीभूत हमारी आत्मा जाने कब दम तोड़ चुकी है कि सगे भतीजे की मृत्यु का तार प्राप्त होने पर भी चाचा किन्ही कारणों को झूठा बहाना बनाकर घर जाना स्थगित करता रहता है । स्वर्ण लता भूषण ने 'ग्रहणी और लेखनी' कहानी में कथनी और करनी के अंतर को बखूबी उधेड़ा है। डॉ. श्याम नारायण शुक्ल की 'दीक्षा समारोह' कहानी में ढोंगी साधु की पोल खोली गई है।

    उपर्युक्त विवेचन से स्पष्ट है कि प्रवासी कहानीकारों ने अवैध आव्रजन, रिश्वतखोरी और भ्रष्टाचार, उपेक्षित वृद्धों, प्रवासी भारतीयों के संघर्ष, प्रेम संबंधों, यांत्रिक जीवन आदि अनेक समस्याओं के बीच झूलते और फूलती अंखियों के सपनों और यथार्थ के बहुरंगी संसार को अपनी कहानियों के माध्यम से अभिव्यक्ति प्रदान करने में अर्जित की है।

संदर्भ सूचीः

1. अंजना संधीर, प्रवासी आवाज, अंशु जौहरी–तीन हफ्ते, पृष्ठ 39 -40
2. वहीं, पृष्ठ 42

3. वहीं, आदित्य नारायण शुक्ला 'विनय' –चटमंगनी पट शादी , पृष्ठ 53
4. वहीं, रेणु राजवंशी 'गुप्ता'–मातृ देवोभव पितृ देवोभव, पृष्ठ 313
5. वहीं, पृष्ठ 318
6. वहीं, 319
7. वहीं, सुधा ओम ढींगरा, कैसी विडम्बना, पृष्ठ 308
8. वहीं, पृष्ठ 409
9. वहीं, बबीता श्रीवास्तव, अपना कौन, पृष्ठ 267
10. वहीं, पृष्ठ 270
11. वहीं, उमेश अग्निहोत्री, एक काली तस्वीर, पृष्ठ 152
12. वहीं, पृष्ठ 159-160
13. वहीं, कमला दत्त, धीरा पंडित, केकड़े और मकड़ियाँ, पृष्ठ 165
14. वहीं, सोमावीरा, लांड्रामैट, पृष्ठ 447
15. से.रा. यात्री – प्रवासी भारतीयों की कुंठा–समकालीन भारतीय साहित्य पत्रिका, जुलाई –अगस्त 2007, पृष्ठ 206
16. अंजना संधीर–प्रवासी आवाज–इला प्रसाद , रोड टेस्ट, पृष्ठ 106-107
17. वहीं, पृ.पन्ना नायक – रीयल भाग्योदय, पृष्ठ 241
18. वहीं ,वेद प्रकाश सिंह 'अरुण', ग्रीनकार्ड, पृष्ठ 351
19. वहीं, उषा देवी विजय कोल्हाटकर, बटर टॉफी और बूढ़ा डॉलर, पृष्ठ 118

मॉरीशस की संस्कृति पर भारत का प्रभाव

डॉ0 ललित जलाल [11]

पाश्चात्य विचार में संस्कृति (Culture) अटठारहवीं सदी की धारणा है। परन्तु भारतीय परम्परा में इसकी धारणा अत्यन्त प्राचीन मानी गयी है। जब अप्रत्याशित व्यवहार लोक ग्राह्य बन जाता है तो संस्कृति की रचना होती है, संस्कृति के प्रमुख तत्वों की रचना होती है। संस्कृति के प्रमुख तत्वों में इतिहास, धर्म, कला, साहित्य, लोक परम्परा, नैतिकता, भाषा व दर्शन मुख्य हैं। सुप्रसिद्ध इतिहासज्ञ *डाव्वेल* ने भारतीय संस्कृति की तुलना एक ऐसे विशाल समुद्र से की है जिसमें अनेक विचारधाराओं रूपी नदियां आकर विलीन हो जाती हैं। भारत में विविधता सुस्पष्ट है। भारतीय उप–महाद्वीप के लोगों की विभिन्न प्रकार की वेषभूषा, भोजन, वस्त्र, कद काठी, भाषा, धर्म आदि इसे रेखांकित करते हैं। इस विविधता को जवाहर लाल नेहरू 'अनेकता में एकता' कहा करते थे। भारतीय संस्कृति का प्रवाह अविरल है जबकि विश्व की अनेक प्राचीन संस्कृतियां यूनान, मिस्र, रोम आदि इतिहास के पन्नों में सिमट कर रह गयी हैं। भारतीय संस्कृति अब भी जीवित, परिवर्तनशील एवं गतिमान है। महाकवि इकबाल ने इस सत्य को भारतीय राष्ट्रीय आन्दोलन के दौर में इस प्रकार व्यक्त किया था–

"यूनान–ओ–मिस्र–ओर–रोम सब मिट गये जहाँ से।"
अब तक मगर है बाकी नामों निशा हमारा।।
कुछ बात है कि हस्ती मिटती नहीं हमारी।
सदियों रहा है दुश्मन दौरे जहाँ हमारा।।[1]

संस्कृति प्रवाहमान धारा है जो जीवन के विकास के साथ–साथ परिवर्तित एवं परिवर्धित होती है। *डॉ0 राधाकृष्णन्* संस्कृति को विविध साधनाओं की सर्वोत्तम परिणीति मानते हैं जिसके अन्तर्गत ज्ञान, विज्ञान, विश्वास, ललित कलाऐं, आध्यात्मिकता, धर्म एवं नैतिकता सभी कुछ समाहित हैं। *रामधारी सिंह दिनकर* का मत है कि परलौकिक, धार्मिक, आध्यात्मिक, राजनीतिक अभ्युदय के उपयुक्त देहान्द्रियां मन, बुद्धि, अहंकार आदि की भूषण भूत सम्यक चेष्टाऐं एवं हलचलें ही संस्कृति हैं।[2] वे कहते हैं 'जिसे हम भारतीय संस्कृति कहते हैं, वह आदि से अंत तक न तो आर्यों की रचना है न द्रविड़ों की। प्रत्युत उसके भीतर अनेक जातियों का अंशदान है। भारतीय संस्कृति विश्व की सबसे प्राचीनतम् संस्कृति है। आरम्भ से आज तक आत्मज्ञान और मोक्ष भारतीय संस्कृति के केन्द्र बिन्दु रहे हैं।

भारत एक बहुभाषी राष्ट्र है। प्राचीन काल से ही भारत में अनेक भाषाओं और बोलियों

---

[11] डॉ. ललित जलाल : व्याख्याता, इं.का. अल्मोड़ा, उत्तराखंड

का प्रचलन रहा है। भारत में बोली जाने वाली भाषाओं की बड़ी संख्या ने यहाँ की संस्कृति और पारम्परिक विविधता को बढ़ाया है पर भाषायी विविधता के होते हुए भी देश की सभी भाषाओं में एकरूपता पायी जाती है। इसी प्रकार भारत में 3000 से अधिक जातियां और उप जातियां हैं, जातियों में विभिन्नताओं के बावजूद अनेक समानताऐं भी हैं।[3]

भारतीय संस्कृति की यह विलक्षणता है कि वह भारत में ओत–प्रोत होते हुए भी भारत तक ही सीमित नहीं है। वह किसी एक धर्म, जाति या तंत्र में नहीं बँधी है। इसमें अपने को भी अतिक्रमण करने की क्षमता है। भारतीय संस्कृति वैज्ञानिक है, इसकी परम्पराओं में वैज्ञानिकता है। यहाँ वर्ष की अलग–अलग ऋतुओं में मनाये जाने वाले त्यौहारों की अपनी मनोवैज्ञानिकता है। बसंत ऋतु में प्रकृति के विभिन्न रंगों के साथ मनाये जाने वाला त्यौहार होली हो या फिर बरसात के बाद घर की साफ–सफाई, रंग–रोगन के पश्चात् मनायी जाने वाली खुशियों भरी दीपावली, सबका अपना वैज्ञानिक महत्व है। इसी प्रकार बुराई पर अच्छाई की जीत का प्रतीक दशहरा भी पूरे देश में बड़े उल्लास के साथ मनाया जाता है। इन त्यौहारों को मनाने से जहाँ समय–समय पर मन व जीवन में उत्साह आता है वहीं, त्यौहारों के माध्यम से एक दूसरे से मिलने पर हमारे आपसी मतभेद दूर होते हैं व भावी जीवन के लिए सत्प्रेरणा मिलती है।

आज के परिप्रेक्ष्य में भारतीय संस्कृति का अपना विशेष महत्व है। चाहे हम स्वदेश में रहे या विदेश में, हमें यह नहीं भूलना चाहिए कि हम ऐसी देवभूमि के निवासी हैं जिस पर जन्म लेने के लिए देवता भी लालायित रहते हैं। समस्त देश की भावी पीढ़ी के लिए, देश विदेश में रह रहे प्रवासी, अप्रवासी भारतवासियों के लिए नगरों, महानगरों में रह रहे नागरिकों के लिए, अपनी संस्कृति को जानने, समझने के लिए आवश्यक है कि सब मिलकर इस समृद्ध धरोहर को समय रहते सुरक्षित करें। भारतीय चिंतन में सम्पूर्ण विश्व को एक सांस्कृतिक इकाई के रूप में देखा और सर्वे *भवन्तु सुखिनः तथा वसुधैव कुटुम्बकम* का आह्वान दिया गया है।

मॉरीशस (अंग्रेजी शब्द Mauritius) नील सागर और श्वेत सागर तटों का देश है। यह दुनिया के सबसे खूबसूरत द्वीपों में गिना जाता है जिसकी सुन्दरता व प्राकृतिक सौंदर्य को देखकर मार्क ट्वेन ने कहा कि 'ईश्वर ने पहले मॉरीशस बनाया और फिर उसमें से स्वर्ग की रचना की'। मॉरीशस की जब खोज हुई थी तब यह द्वीप एक अज्ञात पक्षी डोडो (मूर्ख) कहकर पुकारा था, लेकिन 1681 तक सभी डोडो पक्षियों को बसाने वालों और उनके पालतू जानवरों ने मार दिया। धीरे–धीरे धीमी गति से प्रजनन करने वाले डोडो विलुप्त प्रायः होने लगे लेकिन आज भी डोडो मॉरीशस का राष्ट्रीय प्रतीक चिहन बन गया।

मॉरीशस के प्राचीन ऐतिहासिक अभिलेख लगभग 10वीं शताब्दी के शुरूआत के बताये जाते हैं, जो द्रविड़ (तमिल) और ऑस्ट्रानिशी नाविकों के संदर्भ से आते हैं। बताया जाता है

कि सर्वप्रथम यहाँ 1507 में पुर्तगाली नाविक आये थे। यहाँ उन्होंने इस निर्जन द्वीप पर एक यात्रा अड्डा स्थापित किया और तत्पश्चात् इस द्वीप को छोड़कर अन्यत्र चले गये। सन् 1598 ई0 में हालैण्ड के तीन पोत एक चक्रवात के दौरान रास्ता भटककर इस द्वीप पर पहुँचे। इन्होंने इस द्वीप का नाम अपने नासाओं के युवराज मॉरिस के सम्मान मे मॉरीशस रखा तथा 1638 ई0 में डच समुदाय ने यहाँ पहली बस्ती बसाई। चक्रवातों वाली कठोर जलवायु, कठिन परिस्थितियों और बस्ती को होने वाले लगातार नुकसान के कारण उन्होंने कुछ समय पश्चात् इसे छोड़ दिया। फ्रांस ने सन् 1715 ई0 ने मॉरीशस पर कब्जा कर इसका नाम बदलकर *'आइल दे फ्रांस' (फ्रांस का द्वीप)* रख दिया। सन् 1803–1815 के दौरान हुए नेपोलियन से युद्धों में ब्रिटिश इस द्वीप पर नियंत्रण पाने में सफल हो गये। ब्रिटिश शासन में फिर इस द्वीप का नाम बदलकर पुनः मॉरीशस कर दिया गया। सन् 1965 में ब्रिटेन ने *'छागोस' द्वीप समूह* को मॉरीशस से अलग कर दिया।

मॉरीशस ने 1968 में स्वतंत्रता प्राप्त की और देश राष्ट्रमण्डल के तहत 1992 में एक गणतंत्र बना। यहाँ एक स्थिर लोकतंत्र है। यहाँ नियमित व स्वतंत्र रूप से चुनाव होते हैं और मानवाधिकारों के मामले में इसकी स्वच्छ छवि है। मॉरीशस गणराज्य अफ्रीकी महाद्वीप के तट के दक्षिण पूर्व में लगभग 900 किमी0 की दूरी पर हिन्द महासागर और मेडागास्कर के पूर्व में स्थित एक द्वीपीय देश है। इसके अतिरिक्त इस गणराज्य में सेंट ब्रेंडन, रॉडिग्स़ और अगालेजा द्वीप भी सम्मिलित है। इसकी राजधानी *पोर्ट लुई* तथा मुद्रा *मॉरीशियाई* रूपया है। यहाँ की 52 प्रतिशत जनसंख्या हिन्दुओं की है। यहाँ के हिन्दुओं में शैवों की संख्या सर्वाधिक है। इसी कारण यहाँ शिवजी के मंदिरों की संख्या सर्वाधिक है। यहाँ का भोजन क्रियोलचीनी, यूरोपीय और भारतीय प्रभावों से ओत–प्रोत है। 19वीं शताब्दी के दौरान मॉरीशस में प्रवास करने वाले भारतीय कामगार अपने साथ–साथ अपना भोजन भी ले आये। भारत से बाहर मॉरीशस एकमात्र देश है जहाँ पर लेखन, रचनात्मकता की एक मात्र समृद्ध परम्परा रही है। इसका प्रमुख कारण यह है कि मॉरीशस में जो भारतीय गये हैं, वे अधिकतर पूर्वी उत्तर प्रदेश और बिहार के निवासी हैं। मॉरीशस में हिन्दी का आधार भारतीयों द्वारा ले जाये गये रामायण, महाभारत जैसे ग्रन्थों एवं कथाओं के अतिक्ति सिंहासन बतीसी, तोता मैना, सारंगा सदावृक्ष आदि लोक कथाओं से तैयार हुआ मॉरीशस से हिन्दी का पोषण संस्कृति के नाम पर हुआ। मॉरीशस में आरम्भिक और मध्य दौर की रचनाओं में भारत व भारत माता का स्मरण बार–बार आता है :

रहेंगे कहीं भी करेंगे कुछ,
रहेंगे कहीं भी करेंगे कुछ............

गाँधी जी का कथन है कि उपनिवेशों ने ही गिरमिटिया रोग सम्पूर्ण विश्व के

वातावरण में फैलाया था। मॉरीशस में लोगों को गिरमिटिया मजदूर बनाकर ले जाया गया था। वे लोग काफी दुःखी थे। आरम्भिक दौर की रचनाओं में अस्तित्व व पराधीनता की पीड़ा दिखाई पड़ती है :

लिवर्टी कहिए आजादी को या स्वाधीनता,
यही मर्दों का पानी है, यही जोश जवानी है,
न हो स्वाधीनता तो बिल्कुल जिन्दगानी है।[1]

मॉरीशस में लिखी जाने वाली कहानियों के बारे में डॉ0 कमल किशोर गोयनका लिखते हैं, इन कहानियों में मॉरीशस के समाज का व्यापक संसार है। समाज की बुराईयां और समस्याऐं हैं। राजनेताओं के कुचक्र और हथकंडे हैं, प्रेम और विवाह के तनाव है, परिवार का टूटना है। धार्मिक मतभेद तथा पश्चिमी जीवन की बुराईयां हैं, गुलामी के मार्मिक दृश्य हैं तथा अस्मिता एवं अस्तित्व की लड़ाई है। मॉरीशस की हिन्दी कहानी की यात्रा जागरण, चेतना, नैतिक मूल्यों की स्थापना एवं शोषण अत्याचार के विरूद्ध खड़े होने की आधुनिक चेतना से शुरू हुई थी, जिसे मॉरीशस की स्वतंत्रता के बाद अभिमन्यु अनत तथा अन्य कहानीकारों ने उसे विकसित करते हुए आधुनिक बोध तथा मानवीय नैतिकता से जोड़ा। मॉरीशस में क्रियोल सबसे अधिक बोली जाने वाली भाषा है। अधिकांश साहित्य फ्रेंच में लिखा गया है। हालांकि कई लेखक अंग्रेजी, भोजपुरी और मोरोसियन (मारीसियन क्रियोल) में लिखते हैं और अन्य जैसे कि हिन्दी में अभिमन्यु अनत, यहाँ के प्रसिद्ध नाटककार देव विरह, स्वामी मारीसेन विशेष रूप से लिखते हैं। मॉरीशस में हिन्दी के अलावा अन्य कई भाषाऐं बोली जाती हैं। यहाँ कोई अधिकारिक भाषा नहीं है। लेकिन विधान सभा और यातायात के निशानों में अंग्रेजी का उपयोग किया जाता है। मॉरीशस को औपनिवेशिक शासन से आजादी दिलाने में भारतीय मूल के सर शिवसागर राम गुलाम ने अगुवाई की थी। आज भी वहां हिन्दी व भोजपुरी का प्रचलन देखकर विदेशीजनों पर भारतीय मिट्टी की महक महसूस की जा सकती है। प्रवासी हिन्दी साहित्य को विस्तार देने में मॉरीशस की भूमिका महत्वपूर्ण रही है। यह गर्व की बात है कि मॉरीशस के निवासियों ने अपनी सांस्कृतिक विरासत के रूप में हिन्दी भाषा एवं साहित्य को स्थापित करने के साथ–साथ उसे विकसित भी किया। मॉरीशस में हिन्दी साहित्य के सृजनात्मक लेखन का कार्य किया जाता रहा है। कहानी, उपन्यास, नाटक, लघु कथा, एकांकी, यात्रा वृतांत, कविता आदि विधाओं पर लेखन कार्य सराहनीय रूप से चल रहा है। बहुत सी रचनाऐं मॉरीशस एवं भारतीय विश्वविद्यालयों के पाठ्यपुस्तक तक में जुड़ी हैं।

अभिमन्यु अनत के उपन्यास *'लाल पसीना'* में भारतीय सांस्कृति के साथ–साथ प्रवासी भारतीयों के दमन, शोषण तथा प्रवास की पीड़ा का चित्रण मिलता है। रामदेव धुरंधर के

उपन्यास '*पथरीला सोना*' एवं 'पूछो इस माटी से' में भी गिरमिटिया प्रवासी भारतीयों का दर्द झलकता है। ये उपनिवेशवादियों के क्रूर, नृशंस तथा घातक अत्याचारों के बीच अपनी भारतीयता, भाषा और संस्कृति जीवंत रखे हुए हैं। जोगिंदर सिंह कंवल द्वारा रचित 'सात समुद्र पार' एवं मॉरीशस के राष्ट्रीय कवि अभिमन्यु अनत, जिन्हें हम प्रवासी हिन्दी का भी प्रमुख लेखक मान सकते हैं, इत्यादि ने अपनी कविताओं के माध्यम से निरन्तर इस संघर्ष की व्यथा को अभिव्यक्त किया हैः

"आज अचानक हिन्द महासागर की लहरों से तैरकर आई,
गाँव की स्वर लहरी को सुन,
फिर याद आ गया वह मुझे काला इतिहास,
उसका बिसरा हुआ वह अनजान आप्रवासी,
देश के अंधे इतिहास ने न तो उसे देखा था,
न गूँगे इतिहास ने कभी सुनाई उसकी पूरी कहानी हमें,
न ही बहरे इतिहास ने सुना था, उसके चीत्कारों को,
जिसकी इस माटी पर वही थी पहली बूँद पसीने की,
जिसने चट्टानों के बीच हरियाली उगाई थी"।[5]

यह पीड़ा है उन गिरमिटियां मजदूरों की जो भारत से दूर रहकर भी निरंतर इसके प्रति लगाव महसूस करते हैं, जिन्होंने अपने खून से सींचा है एक नये देश को और पल्लवित किया उसकी सामाजिक, सांस्कृतिक और राजनैतिक धाराओं को।[6]

अभिमन्यु अनत की कहानी '*मातमपुरसी*' स्थानीय देश बोध के लिए है। मारियो_और फिलीप का किसी भी मरे हुए व्यक्ति के घर जाना और अपनी जुए की मेज लगाना ताकि लोग रातभर जागकर बिता सकें, आज की संवेदनहीन व भाव शून्य मानसिकता को ही दर्शाता है। दीप चन्द्र बिहारी की कहानी 'गुरूजी' दौलतिया दीदी के बलात्कार के माध्यम से भारत और भारत की भाषा, संस्कृति और अस्मिता को बचाने की कहानी है। गिरमिटिया मजदूरों द्वारा अपनी बस्तियों में भारतीय धर्म, परम्परा, संस्कृति को बचाये रखने की पहल और सम्मान से जीवन जीने की लड़ाई, धीरेन्द्र के इस कथन में सहज ही अभिव्यक्त होती है ''हिन्दी हमारे धर्म कर्म का स्वर है। हमारी बहु बेटियों के माथे का सिंदूर है। भारत माता से दूर हमारे लोगों के पास उनकी एक ही अमानत है और वह है हमारी प्यारी संस्कृति और मीठी भाषा हिन्दी।''[7]

मॉरीशस की संस्कृति में अपने इतिहास की कई संस्कृतियों का सम्मिश्रण है। मॉरीशस में एवं विश्व के कई देशों में भारतीय मूल के लोग बसे हुए हैं। जहाँ–जहाँ भारतीय हैं वहाँ–वहाँ उनके देवी–देवता और देवालय, उनसे जुड़े व्रत त्यौहार भी उतनी ही श्रद्धा एवं

उत्साह से मनाये जाते हैं। शिव, शिवालय और शिवरात्रि सर्वोत्तम उदाहरण है। मॉरीशस तेरहवाँ ज्योतिर्लिंग है। मॉरीशसेश्वर प्रायः 13 ज्योर्तिलिंगों की प्रतिष्ठा है। ये भारत में ही है लेकिन विश्व का तेरहवाँ शिव ज्योतिर्लिंग मॉरीशस है। इसे हम मॉरीशस का *केदारनाथ* अथवा *रामेश्वर* कह सकते हैं। प्रतिवर्ष शिवरात्रि के पर्व पर हजारों की संख्या में मॉरीशसवासी गंगा सरोवर के तट पर आते हैं। शिव की पूजा अर्चना करते हैं, प्रतिमाएं विसर्जित करते हैं और गंगा सरोवर का पवित्र जल श्रद्धापूर्वक अपने घरों को ले जाते हैं। गंगा सरोवर के तट पर एक भव्य शिव मंदिर बनाया गया है। इस मंदिर के साथ एक चमत्कारिक घटना जुड़ी हुई है। बताया जाता है कि मॉरीशसेश्वर नाथ शिव की प्रतिष्ठापना समारोह के अवसर पर पचाँवें दिन 2 मार्च 1989 को सायं लगभग 5 बजे आकाश में घनघोर घटाऐं छा गयी। बिजली चमकने लगी तथ मूसलाधार बारिश होने लगी। मंदिर के गुम्बद पर एक दिव्य ज्योति उतरी और त्रिशूल से होती हुई शिवलिंग में प्रवेश कर गयी। पर यह सब एक क्षण में पलक झपकते ही हो गया। शिवरात्रि : (उषा खुराना)[8]

मॉरीशस एक इंद्र धनुषों का देश है और अपनी संस्कृति में वैविध्यपूर्ण है, इसीलिए सांस्कृतिक भूमि रूचि के अध्येताओं के लिए यह एक आश्चर्यजनक समाज है। यहां पर कुल आबादी का 52 प्रतिशत भारतीय समाज है साथ ही साथ स्वदेशी रूप से उत्पन्न होने वाली व्यक्तिगत संस्कृति भी सम्मिलित है। यहाँ नया साल/नव वर्ष (1 और 2 जनवरी) मजदूर दिवस (1 मई), क्रिसमस डे (25 दिसम्बर), महाशिवरात्रि (फरवरी–मार्च), गणेश चतुर्थी (अक्टूबर–नवम्बर) में मनायी जाती है। सार्वजनिक अवकाश और त्यौहारों की संख्या और विविधता लोगों की समृद्ध विरासत और इसकी जातीय विविधता को दर्शाती है। मॉरीशस का प्रारम्भिक प्रवासी साहित्य भाषा एवं संस्कृति के प्रति मोह का प्रमाण है। 1960 में श्री कृष्णा लाल बिहारी के उपन्यास 'पहला कदम' से लेकर अभिमन्यु अनत के उपन्यासों में भारतीय गिरमिटियाओं के त्रासद जीवन का विशद चित्रण मिलता है।9

मॉरीशस की समृद्ध सांस्कृतिक विरासत को समझने से पूर्व उन 36 भारतीय गिरमिटियाओं की अभूतपूर्व कहानी को जानना जरूरी है। गिरमिटियाओं के लिए मॉरीशस (पोर्ट लुई) की काली व सन्नाटे की वह रात किसी त्रासदी से कम न थी, जिस रात समुद्री जहाज (एम.वी. एटलस), जो कि कलकत्ता (भारत) से होकर उथल–पुथल, उतार–चढ़ाव के बीच 36 भारतीयों का एक जत्था लेकर यहां पहुँचा था, किस प्रकार बंदरगाह से उतरकर कीचड़ सनी सोलह सीढ़ियों पर डगमगाते कदमों से आगे बढ़े थे। यहाँ तक कि न तो रास्ते का पता था, न मंजिल की जानकारी। कामकाज व रोजी–रोटी की तलाश में ये गिरमिटिया सात समुंद्र पार यहां पहुँच तो गये थे, लेकिन चारों तरफ अंधकार ही अंधकार में एक दूसरे का हाथ थामे हुए बंदरगाह की इन्हीं सीढ़ियों से उतरकर अपने डगमगाते कदमों को मजबूत इरादों के साथ यहाँ की माटी पर रखा था और एक आत्मविश्वास के साथ सम्पूर्ण मॉरीशस

का इतिहास बदल दिया तथा इसे दिलाई एक विशिष्ट पहचान। अनेक अभावों व कठिनाईयों के बीच इन्होंने अपनी मेहनत के बलबूते एक मजबूत देश की बुनियाद रखी और अपने लिए गढ़ा एक स्वप्निल व उज्जवल भविष्य, जो अनवरत जारी है। इसी पहलू से जुड़ा दूसरा महत्वपूर्ण अध्याय है, 'आप्रवासी घाट'। 2 नवम्बर, 1834 की उस शाम के बाद से शुरू हुई इसकी विस्मयकारी कहानी। 185 वर्षों में 2,50,000 भारतीयों (बिहार, पूर्वी उत्तर प्रदेश, दक्षिण पूर्व राज्यों) के उतरने का तांता सा लग गया। सोलह सीढ़ियों का यह घाट पहले 'कुली घाट' कहलाता था, अब 'आप्रवासी घाट' कहलाता है। यह 'घाट' यहाँ की पहचान का महत्वपूर्ण चिह्न है, क्योंकि 70 प्रतिशत से ज्यादा आबादी के पूर्वज इसी अप्रवासी घाट से होकर यहाँ पहुँचे थे। इसीलिए यहाँ की लगभग 70 प्रतिशत आबादी भारतीय है।

'आप्रवासी घाट' को यूनेस्को ने विश्व विरासत (वर्ल्ड हैरिटेज) की सूची में शामिल किया है। 2006 में यूनेस्को में स्थायी प्रतिनिधि भास्वती मुखर्जी, जो वर्ल्ड हैरिटेज कमेटी में भारत की प्रतिनिधि थी, ने इस घाट को वर्ल्ड हैरिटेज साइट का दर्जा देने की माँग की थी। विगत वर्ष भारतीय प्रधानमंत्री नरेन्द्र मोदी ने अपनी मॉरीशस यात्रा के दौरान भारत और मॉरीशस के बीच एक नये अध्याय के शुभारम्भ के बीच आप्रवासी भारतीयों के जज्बे को सलाम किया था। इस घाट पर श्रद्धासुमन अर्पित करते हुए उन्होंने कहा कि यह घाट अदम्य साहस की उस मानवीय भावना को नमन है। उन्होंने कहा कि यह घाट भारत और मॉरीशस के स्थायी सम्बन्धों का प्रतीक है। अगर किसी ऐसे देश का प्रवासी साहित्यकार अपने लेखन के माध्यम से जो अनुभव और भावनाऐं अपने पुराने घर, अपने देश तक पहुँचाते हैं, वह अपने लोगों के लिए खुली खिड़की का कार्य करते हैं, जहाँ से वे दूसरे देश को सामाजिक–भौतिक और यथार्थ की संस्कृति के साथ बखूबी देख पाते हैं। प्रवासी लेखक अपने लेखन के माध्यम से देश और विदेश की संस्कृति में समन्वय का जो कार्य कर रहे हैं वह सराहनीय है। मॉरीशस में हिन्दी भाषा का इतिहास लगभग 150 वर्षों का है। स्वतंत्रता काल में यह भाषा बीज रूप में थी। भोजपुरी बोली के माध्यम से यहां हिन्दी भाषा विकसित करने में विशेष सहायक रही। खेतों में कड़ी धूप में गूँजने वाले लोक गीतों में, शाम की संध्या में रामायण गान मे, त्यौहारों में, हर कहीं यह भाषा, अबाध रूप से चली गयी। वेदकाओं में हिन्दी भाषा का अध्ययन अध्यापन होने लगा। भारतीय आप्रवासियों ने अपनी भाषा तथा संस्कृति की शिक्षा को ही अपने बच्चों के उद्धार का उचित मार्ग बनाना। 1901 में गाँधी जी की प्रेरणा से ही भारतीय आप्रवासी अपनी बच्चों को शिक्षा तथा राजनीति के क्षेत्र में अग्रसर करा पाये।

प्रवासी हिन्दी साहित्य की सबसे महत्वपूर्ण विधा कविता है। प्रवासी रचनाकारों ने अपनी कविता के द्वारा मजबूती से अपनी उपस्थिति दर्ज की है। प्रवासी कविता का फलक बहुत विशाल और बहुआयामी हैं जिसमें प्रवासी जीवन के विभिन्न संघर्षों को महसूस किया जा सकता है। ये कविताऐं जीवन के कई खट्टे–मीठे अनुभवों को स्वर देती हैं। अमेरिका,

कनाडा, इंग्लैंड, नेपाल, फीजी, नार्वे, सूरीनाम व मॉरीशस जैसे देशों में हिन्दी कविता प्रचुर मात्रा में लिखी जाती है। इसका प्रत्यक्ष उदाहरण 'प्रवासीघाट' में अंकित अभिमन्यु अनत की कविता है।

19वीं सदी में कामगारों के रूप में भारत से गये इन मजदूरों के वंशज आज मॉरीशस में राष्ट्रपति जैसे पदों को सुशोभित कर चुके हैं, फिर भी वे भारत से हृदय से जुड़े हुए है। मॉरीशस के राष्ट्रपति राजकेश्वर प्रयाग जब अपने पुरखों के गाँव पटना (भारत) पहुँचे तो वहाँ की धूल को माथे पर लगाकर फफक–फफक कर रो पड़े थे। मॉरीशस जैसे देशों में भी भारत जैसे ही रेडियो कार्यक्रम एवं शिक्षण संस्थाओं में विविध आयोजन होते रहते हैं। मारीशस में भी आर्य समाज, हिन्दी प्रचारिणी सभा, सनातन धर्म सभा इत्यादि संगठन मौजूद हैं जिनमें प्रवासी संस्कृति के साथ ही भारतीय संस्कृति के लक्षण स्पष्ट दिखायी देते हैं। मॉरीशस के समाज, साहित्य, संस्कृति को समृद्ध बनाने में 185 वर्ष पूर्व काम की तलाश में गये उन 36 गिरमिटियाओं का विशिष्ट योगदान है जिन्होंने वहाँ अपनी पहचान अपनी कर्तव्यपरायणता, अपनी मेहनत व भारत जैसे विशाल देश की सांस्कृतिक विविधताओं वाले परिदृश्य को वहॉ उपस्थित कर स्थापित किया।[10]

मॉरीशस की संस्कृति मिश्रित संस्कृति है, जिसका कारण पहले फ्रांस और बाद में ब्रिटिश स्वामित्व में होना था, पर मॉरीशस की संस्कृति को सर्वाधिक प्रभावित किया है भारतीय संस्कृति ने। इसीलिए सम्पूर्ण मॉरीशस में शिव मंदिरों की सर्वाधिकता है तथा हिन्दी व भोजपुरी भाषाओं का प्रभाव है और साथ ही भारतीय खान–पान ही सबसे अधिक प्रचलन में है। समन्वय शक्ति, विविधता में एकता एवं सर्वधर्म समभाव विदेशों में बसने वाले भारतीय मूल के निवासियों की विशिष्टता है। गिरमिटिया भारतीयों के वंशजों की बदौलत आज मॉरीशस में भारत की बोली, खान–पान, रहन–सहन व संस्कृति विद्यमान है। 'लघु भारत' के रूप में प्रसिद्ध इस देश पर भारतीय संस्कृति और भारतीयता की गहरी छाप है। आखिर क्यों न हो! साठ से ज्यादा प्रतिशत भारतीय हैं और राजनीति तथा समाज पर उनका गहरा प्रभाव है। क्या भोजन?, क्या पहनावा?, क्या रीति रिवाज सब पर भारतीय प्रभाव दिखता है।

मॉरीशस में एक दुकानदार ने बताया कि जब अमिताभ बच्चन यहाँ आये तो टेलीविजन वालों ने उनसे पूछा कि आपको मॉरीशस आकर कैसा लगा। अमिताभ ने जवाबी सवाल पूछा कि *क्या मैं भारत में नहीं हूँ?* कम शब्दों में कितना कुछ कह गये अमिताभ। छोटे भारत के रूप में प्रसिद्ध इस देश पर भारतीय संस्कृति और भारतीयता की गहरी छाप है। गंगा तालाब तो मॉरीशस के भारतीयों की अगाध श्रद्धा का केन्द्र है। इसका लगभग वही महत्व है, जितना भारत में गंगा का।

समग्र रूप में यह निष्कर्ष निकलता है कि मॉरीशस के समाज, साहित्य, भाषा, खान–पान, रहन–सहन व संस्कृति पर भारतीयता की अमिट छाप है। यह छाप अपने आप

ही पल्लिवित न हो पायी बल्कि इसके पीछे उन गिरमिटियाओं की कड़ी मेहनत, ईमानदारी, व जज्बा थी, जो उन्होंने सात समुंद्र पार भी कायम रखी। उन्हीं की बदौलत मॉरीशस के समाज व संस्कृति पर भारतीयता का स्पष्ट प्रभाव देखने को मिलता है। आज उन्हीं की याद में 'आप्रवासी घाट' को यूनेस्को द्वारा विश्व विरासत (वर्ल्ड हैरिटेज साइट) में सम्मिलित होना उनके सामाजिक व सांस्कृतिक मूल्यों को समृद्ध करने में महत्ती भूमिका निभा रहा है। हम उन गिरमिटियाओं की बदौलत ही यह कह पाने में अपने को गौरवान्वित महसूस कर पा रहे हैं कि भारतीय संस्कृति की जड़ें मॉरीशस की जमीं पर जम सकीं। सम्पूर्ण मॉरीशस भारतीयता से प्रभावित है और उस पर भारतीय संस्कृति का स्पष्ट प्रभाव देखा जा सकता है।

संदर्भ सूची :

1. तराना–ए–हिन्द, 16 अगस्त 1904, साप्ताहिक पत्रिका इत्तेहाद, बैंग–ए–दारा, 1924, उर्दू पुस्तक में प्रकाशित
2. चंद्रमोहन अग्रवाल, भारतीय संस्कृति की अस्मिता, 2013, राहुल पब्लिशिंग हाऊस, मेरठ, पृ0 1
3. वहीं, पृ0 17–18
4. बृजेन्द्र कुमार भगत काव्य रचनावली सं0 कमल किशोर गोयनका, पृ0 15
5. जाहिदुल दीवान सं0 प्रवासी साहित्य व भारतीय संस्कृति, 2019, ऐकेडमिक पब्लिशिंग नेटवर्क दिल्ली, पृ0सं0 173।
6. वहीं, पृ0 173
7. वहीं, पृ0 201–202
8. कैसा है मॉरीशस का रामायण सेंटर, 07 अगस्त, 2018
9. रमा सं0 वैश्विक पटल पर हिन्दी, 2017, साहित्य संचय प्रका0, दिल्ली, पृ0 389
10. जाहिदुल दीवान सं0 प्रवासी साहित्य की संस्कृति, पृ0 61

प्रवासी जीवन सम्बन्धी समस्याओं के अध्ययन की वर्तमान समय में प्रासंगिकता

डॉ॰ किरण ग्रोवर [12]

किसी दूसरे देश व बेगानी धरती पर वास करने वाला व्यक्ति प्रवासी है। प्रवास शब्द उन लोगों को मुखातिब हुआ जो लोग शौक व मजबूरी वश अपने रोज़गार की तलाश या आर्थिक उच्चता के लिए अपने देश से बाहर विदेश में रहते हैं। प्रवास अन्तर्राष्ट्रीय, अंतःप्रदेशीय तथा अन्तर्नगरीय होता है जिसकी प्रवृत्ति स्थाई तथा अस्थाई होती है। इसी तरह प्राकृतिक आपदाओं, जलवायु परिवर्तन, महामारियाँ और सूखे से लेकर सामाजिक, आर्थिक, सांस्कृतिक, राजनीतिक तथा जलवायु आदि कारणों से प्रवास होता। अतः विकासशील देशों से विकसित देशों की तरफ प्रवास अधिक होता है जिसका कारण है विकासशील देशों में रोजगार के उपयुक्त एवं कम अवसर तथा विकसित देशों की चकाचौंध एवं बेहतर जीवन। बेहतर जिन्दगी के लिए पश्चिमी देशों की जीवन शैली में रमने-बसने की लालसा हर तबके के लोगों के दिलोदिमाग में घर कर गई है जो भारतीयों के विदेशों में पलायन का कारण बन रही है। आजादी से पूर्व प्रवास के कारण आज कई देशों में प्रवासी भारतीयों की अगली पीढ़ी अपनी उपस्थिति दर्ज करा रही है। मॉरीशस की आधे से अधिक जनसंख्या भारतीय मूल के लोगों की है। इसके अतिरिक्त फिजी, सूरीनाम, दक्षिण अप्रफीका, त्रिनिदाद एवं टौबैगो में भी भारतीय मूल की आबादी एक तिहाई से अधिक है।[1] इन देशों में भारतीय मूल के लोग सर्वोच्च पद पर भी आसीन हो चुके हैं। आजादी के बाद गए प्रवासी भारतीय भारत की अर्थव्यवस्था में बहुत बड़ा योगदान दे रहे हैं।

आदिकाल से ही मनुष्य व्यवसाय और खुशहाल जीवन की तलाश में एक प्रांत से दूसरे प्रांत और एक देश से दूसरे देश जाता रहा है। मनुष्य की बुनियादी आवश्यकताओं ने उसे प्रवास

---

12 डॉ. किरण ग्रोवर : एसो. प्रोफेसर, डी.ए.वी. कॉलेज अबोहर, पंजाब

की ओर आकर्षित किया परन्तु प्रवास का संकल्प प्रत्येक व्यक्ति के लिए एक जैसा नहीं रहा । भिन्न-भिन्न समयों से प्रवास धारण करते समय स्थान और रूचियाँ बदलती रही हैं। आदिकाल से ही प्रवास मनुष्य के स्वभाव का हिस्सा रहा है। औद्योगिक क्रान्ति ने प्रवास की गति तेज कर दी और वैश्वीकरण की व्यवस्था के कारण विदेश जाने के अवसरों में बढ़ावा हुआ है। प्रवास की बढ़ती गति को देखते हुए कुछ देशों ने प्रवास के नियम कठोर कर दिए हैं परन्तु इन सब के बावजूद संचार माध्यमों और आवागमन के साधनों ने फैले हुए संसार के भूखंड को दूर-दूर नहीं रहने दिया। प्रवासी मनुष्य वह होता है जो अनिश्चित समय के लिए रोजी-रोटी की तलाश में बेगानी धरती पर भ्रमण करता है। उसका यह भ्रमण एक भटकन ही है जो एक ऐसी प्रक्रिया है जो मानसिकता को संतुलित कर एक साँचे में ढलने से रोकती है। मनुष्य अविश्वास में व्यस्त रहता है।[2] उसका घर, उसका वर्तमान, उसका भविष्य सब अनिश्चित होते हैं। अस्थिरता की यह प्रवृत्ति उसकी मानसिकता को भी अस्थिर बना देती है और मानसिकता की समाजीकृत चेतना भी अस्थिरता का अहसास भोगती है। अस्थिरता प्रवासी मनुष्य की चेतना का बुनियादी लक्षण माना जाता है। बेगानी धरती पर रहने वाले मनुष्य की मनोदशा ऐसी होती है कि वह अलगाव की स्थिति का शिकार होता है।

हर प्रवासी की जिन्दगी और इच्छाएं दूसरे प्रवासी से भिन्न हैं और सभी की सामाजिक, आर्थिक, शैक्षिक और उम्र संबंधी पृष्ठभूमि अलग-अलग है। प्राचीन काल मे फकीर, सन्यासी और जिज्ञासु ज्ञान प्राप्ति के लिए एक स्थान से दूसरे स्थान पर भ्रमण करते थे। इसी तरह व्यापारियों को पैसा कमाने की धुन सात समुंद्र पार खींच ले जाती थी। कुछ लोग एक स्थान से दूसरे स्थान में एक कबीले के तौर पर प्रवास करते थे। यहीं से एक समूह के तौर पर प्रवास की प्रक्रिया दुनिया भर में प्रचलित हुई। भारत में आर्य जाति का आगमन इसका सुन्दर उदाहरण कहा जा सकता है। प्रवास की प्रक्रिया के आरम्भ में धार्मिक प्रचारकों और तीर्थ यात्रियों का विशेष योगदान रहा है। बौद्ध, ईसाई और इस्लाम धर्म के अनुयायियों और प्रचारकों ने हजारों मीलों

दूर तक जाकर अपने धर्म को फैलाया। भारतीयों ने बीसवीं शती के आरम्भ में रोजगार की तलाश में यूरोपीय देशों, अमेरिका महाद्वीप, थाईलैंड, न्यूजीलैंड और बर्मा आदि देशों की धरती को अपनाया।

प्रवासी भारतीय अपनी मूल संस्कृति से न टूटने और नवीन संस्कृति को पूर्ण रूप से न अपनाए जाने के कारण द्वन्द्व का शिकार होते हैं जिस कारण परिवार के बुजुर्ग अपने बच्चों से दुःखी हैं। पहली पीढ़ी के बुजुर्ग अकेलेपन का जीवन व्यतीत करने के लिए मजबूर हैं। पुरानी और नई पीढ़ी के बीच सांस्कृतिक और परिवेशगत अंतर होने के कारण पीढ़ीगत अंतर व भिन्न-भिन्न जीवन दृष्टियाँ उत्पन्न होती हैं जिसके फलस्वरूप परस्पर तनाव और टकराहट की स्थिति विकसित होती है। पूर्वी और पश्चिमी समाज में बहुत बड़ा अंतर है। दोनों के अपने-अपने जीवन मूल्य और सामाजिक मान्यताएं हैं। पश्चिमी समाज में लड़के-लड़कियों के मिलने पर कोई पाबंदी नहीं है और विवाह के लिए वे पूर्ण स्वतन्त्र हैं। यहाँ के कानून ने अविवाहित माँ को सामाजिक मान्यता दी है। पश्चिमी समाज में रस्मी समागमों पर चुंबन का रिवाज है और रस्मी समागमों में स्त्री-पुरूषों की ओर से शिष्टाचार के तौर पर हाथ मिलाया जाता है।[3] बुजुर्गों, रिश्तेदारों और माता-पिता को नाम लेकर बुलाने का आम व्यवहार है। होमो सैक्सुअल का नग्न नाच भी पश्चिमी समाज में देखा जा सकता है। पूर्वी समाज में लड़के-लड़कियाँ मिलने-जुलने और विवाह के निर्णय को लेकर एक मर्यादा में बँधे होते हैं। यहाँ अविवाहित माँ का संकल्प अमान्य है। यहाँ रस्मी समागमों पर स्त्री पुरूष का हाथ मिलाना अशोभनीय माना जाता है। यहाँ हाथ का स्पर्श नहीं बल्कि दोनों हाथ जोड़कर नमस्कार किया जाता है। बुजुर्गों, रिश्तेदारों और माता-पिता को नाम से बुलाने पर आशिष्टता का अहसास होता है। पूर्वी समाज में होमो सैक्सुअल न होने के समान है। प्रवासी भारतीय परिवार संबंधित देश की ईमीग्रेशन नीति पर निर्भर करते हैं। अमेरिका, कैनेडा या इंग्लैंड में बसने वाले भारतीय परिवारों का परिवेश विदेशी सामाजिक सरंचना से प्रभावित है।

पश्चिमी समाज में जन्मे दूसरी पीढ़ी के प्रतिनिधि व्यक्ति वहां के रस्मों-रिवाजों व संस्कारों से अनजान हैं। उनके लिए जाति-पाति, धर्म, भारत के प्रति प्रेम आदि धारणाएं कोई महत्त्व नहीं रखतीं। इसी कारण पहली और दूसरी पीढ़ी के बीच तनावग्रस्त परिस्थितियाँ उत्पन्न हो रही हैं। सम्पूर्ण प्रवासी भारतीयों के दृष्टिकोण में भी कुछ परिवर्तन आए हैं। वे वहाँ के पूँजीवादी और पदार्थवादी मूल्यों को तीव्रता से ग्रहण कर रहे हैं। पूँजीवादी संस्कृति के प्रभाव अधीन मानवीय रिश्तों में बनावट बढ़ रही है। इन सभी परिवर्तनों के फलस्वरूप प्रवासी समाज में भारतीयों की दूसरी पीढ़ी बहुत हद तक प्रवासी चेतना से मुक्त है। कैनेडा, अमेरिका और इंगलैंड सबसे अधिक प्रवासियों के आकर्षण का केन्द्र रहा है। विश्व के भिन्न-भिन्न देशों के लोगों द्वारा प्रवास धारण करने के कारण यहाँ अनेक संस्कृतियों का विकास हुआ। जहाँ भिन्न-भिन्न देशों से संबंधित प्रवासियों ने अपनी संस्कृति से जुड़े रहने का प्रयत्न किया, वहाँ एक सामासिक संस्कृति का विकास भी हुआ, यही कारण है कि पश्चिमी समाज में भारतीय प्रवासी समाज अपना एक अस्तित्व कायम किए हुए है।

विदेश में वास कर रहे प्रवासियों को आधुनिक समय में परिवर्तित परिस्थितियों का सामना करना पड़ रहा है जिसके अन्तर्गत प्रवासी परिवारों की नव्य पीढ़ी अपने नवीनतम विचार लेकर सामने आ रही है। क्रियात्मक रूप से नई पीढ़ी से एकजुटता का प्रयत्न मानवीय रिश्तों में दरार उत्पन्न करता है। नई पढ़ी-लिखी श्रेणी जो रोजगार प्राप्ति के स्त्रोतों की तलाश में विदेश पहुचती है, घर से बेघर होकर व्यक्ति अकेलेपन का शिकार होता है परन्तु उसमें समाई यह भावना कि एक दिन वह अपने वतन लौट जाएगा उसे पूरी तरह टूटने नहीं देती। फलस्वरूप व्यक्ति बेगानगी का शिकार होने से बच जाता है। जब व्यक्ति का अपना परिवार बन जाता है तो यही व्यवहार पारिवारिक बंधन अधीन व्यक्तिगत चेतना का अंग बनकर व्यक्ति को बेगाने होने का अहसास करवाने लगता है।[4] मूल रूप में बेगानगी परिस्थितियों की अनुकूलता व प्रतिकूलता के कारण अभिव्यक्त होती है। बेगानगी शारीरिक नहीं मानसिक होती है। पुराने

विश्वासों के टूटने और नवीन विश्वासों के स्थापित होने के मध्य मानसिक अवस्था का नाम बेगानगी है। बेगानगीयुक्त मनुष्य मानसिक तौर पर अपने आस-पास से टूटता है, जिस कारण उसको सुकून के स्थान पर भटकन, निराशा और उदासी का शिकार बनना पड़ता है।

प्रवास की सबसे बड़ी समस्या नस्ली भेदभाव की है जिसके कारण कठिनाइयों का सामना करना पड़ता है। नस्ली भेदभाव से तात्पर्य नस्ल, रंग, धर्म व जाति के आधार पर उच्च या निम्न समझना होता है। नस्लवाद एक अन्तर्राष्ट्रीय समस्या है। यह एक ऐसा बिन्दु है जहां से नस्ली भेदभाव आरम्भ हो जाता है। इस भेदभाव का दुःखद प्रभाव प्रवासी भारतीयों पर पड़ता है। विदेशों में रह रहे भारतीयों के लिए नस्ली भेदभाव की स्थिति ने मानसिक स्तर पर हीनता का प्रभाव उत्पन्न किया है। प्रवासी भारतीयों को इन देशों में प्रत्येक स्तर पर नस्ली भेदभाव का शिकार होना पड़ता है। जन्मभूमि और कर्मभूमि का अहसास होता है जिसका संताप लगभग हर प्रवासी भारतीय को सहन करना पड़ता है । पहली पीढ़ी में यह भेदभाव प्रत्यक्ष रूप में देखने को मिलता है जबकि बाद में इसकी अभिव्यक्ति अप्रत्यक्ष रूप में हुई है। अंतर, जिस परदेसी प्रवासी अनुभव का तनावशील यथार्थ सृजित करता है, उसे हर प्रवासी जीता है। प्रवासी मानसिक अवचेतन जिस भौगौलिक वातावरण, भाईचारे और विरासत के अवचेतन स्त्रोतों का सहज सृजन होता है, उससे टूटकर नई मिट्टी, बेगाने देश, अजीब परिवेश, अलग मौसम उसके जीवन में दरारें और अंतर्द्वन्द्व उत्पन्न करते हैं। कोई भी राष्ट्र अपने देश की आर्थिक परिस्थितियों में से उत्पन्न सांस्कृतिक तनाव से कभी भी मुक्त नहीं हो सकता।[5] मनुष्य यदि सामाजिक जीव है तो उसे सांस्कृतिक तनाव को झेलना ही पड़ता है। फर्क सिर्फ इतना है कि अपने देश के सांस्कृतिक तनाव का स्वरूप और स्वभाव विदेशी सांस्कृतिक तनाव से भिन्न है। जीवों की वैज्ञानिक भिन्नता ही सांस्कृतिक भिन्नता की बुनियाद है।

आज विश्व के सभी देशों में नस्लवाद की नीति दिखाई देती है। लगभग प्रत्येक प्रवासी भारतीय को इसे भोगना पड़ता है। वे चाहकर भी इसका खंडन नहीं कर पाते। विदेश में रहते

प्रवासियों को नौकरी प्राप्त करते समय इस समस्या से जूझना पड़ता है। भारतीय लोग वहां चाहे जितना अधिक परिश्रम कर लें किन्तु उन्हें निम्न कोटि के कहा जाता है। पश्चिमी समाज में नौकरियों के अवसर कम होते जा रहे हैं। विदेशियों और भारतीयों में प्रतियोगिता बढ रही है। प्रवासियों की बढ़ती गिनती के कारण विदेशियों के लिए नौकरी के अवसर कम हो रहे हैं। इसी कारण भेद-भाव बढ़ता जा रहा है। विदेशों में नस्ली भेदभाव का प्रत्यक्ष रूप स्कूलों, कॉलेजों और यूनिवर्सिटियों आदि में रोजाना देखने को मिलता है। इन स्थानों पर अकसर ब्लैक, बासटर्ड, ब्लैक डॉग और ब्लडी डॉग आदि गालियों से हमले होते हैं।

सामाजिक परिवेश में नस्लवाद दो संस्कृतियों के आपस में मिलने और मूल्यों के बीच आपसी टकराहट से सामाजिक परिवेश में तनाव पैदा होता है। मनुष्य एक सामाजिक जीव है। तनाव की स्थिति सामाजिक विरोधों का मानसिक प्रतिबिम्ब होती है। विदेशों में भारतीय संस्कृति उन्हें दूसरों से अलग करती है क्योंकि उनका भोजन, पहरावा, धार्मिक आचार-विचार, भाषा, मान्यताएं और रीति-रिवाज उन्हें विदेशी समाज में एक अलग पहचान देते हैं। विदेश में नस्लवाद का अस्तित्व ही सामाजिक तनाव का सृजन करता है। प्रवासी भारतीय अपने विदेशी जीवन मूल्यों की ओर चिन्तित होता चला जाता है। एक तो वह अपने मूल से पूर्ण रूप से टूटने में असमर्थ होता है और दूसरी ओर प्रवासी होने की हालत में बेगानी संस्कृति को भी पूर्ण रूप में अपनाना उसकी मानसिक समर्थता से परे होता है। पश्चिम का राजनीतिक, नैतिक और आर्थिक ढांचा पूर्व से आए प्रवासियों को भीतर तक हिलाकर रख देता है। दूसरी ओर जीवन स्तर ऊँचा करने के प्रयास में मशीनी जिंदगी जीने लगता है। इस स्थिति में वह टूटन का शिकार होता है।[6] विदेशी जीवन की सुख समृद्धि और विदेशी लोगों के उच्च स्तरीय जीवन को देखकर प्रवासी भारतीयों के मन में हीनता की ग्रंथियां उत्पन्न होती हैं। वे अपने जीवन स्तर को विदेशियों के जीवन स्तर से मिलाना चाहते हैं परन्तु उनके पास इतना धन नहीं होता। कठिन परिश्रम करके वे जो कुछ कमाते हैं वो उनकी जरूरतों के लिए ही पर्याप्त होता है परंतु उच्च स्तरीय जीवन के

सुख साधन वे नहीं जुटा पाते। इसलिए वे हर पल एक हीन-भावना को महसूस करते हुए मानसिक विषाद के संत्रास को भोगते हैं।

किसी भी समाज में परिवर्तन और संकट एक ही सिक्के के दो पहलू समझे जाते हैं। अब जब मानव समाज इतना विकसित हो गया है कि समाज में आम आदमी के पास भी आराम की जिंदगी बिताने के अनेक साधन हैं परन्तु फिर भी कुछ समस्याएं अभी भी चर्चा का विषय बनी हुई हैं। प्रत्येक समाज की समस्याएं भिन्न-भिन्न हैं। दूसरे विश्वयुद्ध के पश्चात् प्रवास ईमीग्रेशन या शरणार्थियों के रूप में इतना बढ़ा कि विकसित देशों में एक स्थान से सैंकड़ों, हजारों की गिनती में लोग दूसरे स्थान पर जाकर बस गए। ऐसी स्थिति पहले कभी नहीं आई थी। पश्चिमी देशों को सदैव मानसिक और शारीरिक श्रम की आवश्यकता रही है। प्रवासी भारतीय नित्य अनेक तरह की समस्याओं से रूबरू होता है जैसे भाषा की समस्या, भोजन की समस्या, मंहगी शिक्षा, निम्न आर्थिकता, असुरक्षा की भावना, रहने की समस्या और छुट्टी की समस्या आदि।

दो पीढ़ियों के बीच की दूरी जो जीवन-मूल्यों, संकल्पों, वैज्ञानिक प्राप्ति और सामाजिक यथार्थ के परिवर्तन के अनुरूप ढलने की भिन्नता के कारण उत्पन्न होती है। पहली पीढ़ी के विचार, मान्यताएं और प्राप्तियां दूसरी पीढ़ी से नहीं मिलतीं। पहली पीढ़ी बीते हुए समय और दूसरी पीढ़ी भविष्य से संबंध रखती है। यह अंतर परम्परा और प्रगति के बीच का है। जब प्रगति तीव्र होती है तो दोनों पीढ़ियां में तनाव बढ़ता है। प्रत्येक युग, समाज और संस्कृति में पहली और दूसरी पीढ़ी के बीच तनाव उत्पन्न होता है। इस तनाव का घोर संकट आज के समय में प्रवासी भारतीयों पर छाया हुआ है।[7] माता-पिता की पुरानी सोच अपने बच्चों की मशीनी, पूंजीवादी और औद्योगिक माहौल से संबंधित सोच पर हावी नहीं होती। माता पिता के मूल्य, जाति-पाति, धार्मिक और सामाजिक मूल्य नई पीढ़ी के मन को नहीं भाते। यह पीढ़ीगत अंतर का तनाव अपनी चरम सीमा पर तब पहुँचता है जब प्रवासियों की नई पीढ़ी पूर्ण तौर पर विदेशी संस्कृति को अपना लेती है।

विदेश की चकाचौंध सदैव भारतीयों को अपनी ओर आकर्षित करती रही है परन्तु वहां का असली चेहरा तब सामने आता है जब वहां की उच्च आर्थिकता में व्यक्ति संभल नहीं पाता। विदेश में जीवन व्यतीत करने के लिए सबसे जरूरी है-रहने के लिए एक घर जिसे प्राप्त करना बहुत कठिन है। विदेश में शुरू-शुरू में रिश्तेदारों के घर में भी आश्रय लेना पड़ता है। वहां रह रहे लोगों को अपने छोटे से अपार्टमैंट में पनाह देनी पड़ती है। इससे दोनों परिवारों के निजी जीवन में विघ्न आने से रिश्तों में बेगानापन आ जाता है।

प्रत्येक समाज में भोजन का विशेष महत्व होता है। भोजन करना एक शारीरिक और वैज्ञानिक प्रक्रिया है। मनुष्य की भोजन करने की आदत ही उसकी पहचान का आधार बनती है। कई घरों में मांसाहारी भोजन की मनाही है क्योंकि भारतीय लोग इस बात को परम्परा से जोड़ते हैं लेकिन पश्चिमी समाज में इसे खाने की कोई मनाही नहीं है। भारतीयों की पहली पीढ़ी तो अधिकतर भारतीय परम्परागत भोजन का ही सेवन करती है परन्तु दूसरी पीढ़ी का स्वाद भोजन को लेकर परिवर्तित हो चुका है। प्रवासी भारतीय समाज में भोजन की समस्या एक विशेष मुद्दा है।

आज के समय में भारत ही नहीं सम्पूर्ण विश्व बेरोजगारी की समस्या से जूझ रहा है। भारत में यह समस्या नवयुवकों को दीमक की तरह खा रही है जिसके कारण उन्हें निम्न आर्थिकता का सामना करना पडता है। अपनी इस निम्न आर्थिकता को ऊँचा करने के लिए वे विदेश पहुंचते हैं। वहाँ की चकाचौंध भारतीयों को आकर्षित करती है किन्तु शीघ्र ही उन्हें अहसास हो जाता है कि बिना कठिन परिश्रम के उन्हें कुछ भी प्राप्त नहीं हो सकता है।

पोशाक एक बहुत ही विस्तृत संकल्प है। पोशाक से मनुष्य की जाति, देश और समाज की बनावट की पहचान होती है। पोशाक हमारी संस्कृति का कोड है। पोशाक अनुशासन सिद्धान्त और संस्कृति की पहचान है। पोशाक मनुष्य की प्रकृति को भी दर्शाती है। भारत में पोशाक को विशेष महत्व दिया जाता है। भारत विभिन्न प्रान्तों का देश है और प्रत्येक प्रान्त के

लोगों का अपना पहरावा है। उनकी पोशाक से भारतीयता की पहचान होती है। पश्चिमी समाज में स्वभाव और कार्य की सुविधानुसार पोशाक पहनी जाती है। प्रवासी भारतीय चाहे पश्चिमी समाज में वास कर रहे हैं किन्तु पोशाक के प्रति अपना लगाव नहीं त्यागते। अपनी पोशाक का चाव प्रवासी पार्टियों, धार्मिक स्थानों या भारत आकर पूरा करते हैं। शुरू-शुरू में प्रवास के दौरान भारतीय लोगों को पश्चिमी पोशाक पहनना बहुत मुश्किल लगता है। मजबूरीवश और मन मारकर उन्हें विदेशी वस्त्र पहनते ही पड़ते हैं। विदेश में नौकरी के समय भारतीय पोशाक पहनने की मनाही है।

'असुरक्षा' शब्द सदियों से मनुष्य के साथ जुड़ा आ रहा है और आज भी जुड़ा है। चाहे वह शिक्षित हो चाहे अशिक्षित परंतु अपने दामन से 'असुरक्षा' रूपी दाग को हटा नहीं सका है। आश्चर्य की बात यह है कि विकसित देशों में भी स्त्री चाहे भारतीय हो चाहे विदेशी किन्तु रोजाना असुरक्षा की भावना से जूझती है। प्रवासी भारतीय स्त्री भय का अत्यधिक शिकार है क्योंकि वह भय की भावना भारत से साथ लेकर आई हैं।

प्रवासी भारतीय को छुट्टी की समस्या का सामना अकसर ही करना पड़ता है। यह समस्या उनके मन में बेगानापन उत्पन्न करती है। इसी बेगानेपन के कारण वह मातृभूमि की ओर खींचा जाता है।

प्रत्येक मनुष्य के संसार की सीमा उसकी भाषा पर आधारित होती है। भाषा से ही व्यक्ति के समुदाय का पता चलता है। अंग्रेजी भाषा की कमी के कारण भारतीय प्रवासियों को अनेक समस्याओं का सामना करना पड़ता है। यदि किसी भी प्रवासी ने विदेश में अपनी जड़ें जमानी हैं तो अंग्रेजी भाषा का ज्ञान आवश्यक है। प्रवास के दौरान बच्चे बहुत जल्दी स्कूल या टी.वी. द्वारा अंग्रेजी बोलना सीखते हैं परन्तु मां-बाप बच्चों जितने तीव्र नहीं हो पाते।[8] अंग्रेजी भाषा अलगाव प्रदान करती है जिससे वह अपने अस्तित्व को दो स्तरों पर देखते हैं। पहला निर्भरता का चिन्ह है जो कि उनके माता पिता से जुड़ा है। मातृभाषा बोलना उनकी निर्भरता

की निशानी है। यह निर्भरता उनकी आर्थिक, भावात्मक और अर्ध-सांस्कृतिक पहचान की आवश्यकताओं को पूरा करती है। दूसरा आत्मनिर्भरता का है जिसमें उन्हें अलगाव का अहसास होता है।

मानव जीवन में नैतिकता एक सामाजिक देन है। नैतिक विकास का प्रथम चरण माता-पिता की डाँट-फटकार है। साधारण व्यक्ति का नीति संबंधी निर्णय सामाजिक प्रथाओं पर आधारित होता है । प्रत्येक व्यक्ति अपने या दूसरे व्यक्ति के कार्यों की नैतिक दृष्टिकोण से जांच करता है और उनको नैतिक निर्णय द्वारा प्रकट करता है। ये नैतिक निर्णय नीतिशास्त्र के मौलिक विचारों के आधार पर बनाए जाते हैं। मनुष्य की नैतिक चेतना का मूल आधार यही है कि वह मनुष्यों को मूल्यों का ज्ञान प्रदान करता है। नैतिकता द्वारा ही मूल्यों की पहचान होती है। मूल्य, लक्ष्य एवं उदेश्य है, जिसके प्रति एक व्यक्ति अथवा सम्पूर्ण समाज के व्यवहार को निर्देशित किया जाता है। न्याय, स्वतन्त्रता, देशभक्ति, अहिंसा, सत्ता, समानता, आदि मूल्यों के ही कुछ उदाहरण है।[9] आधुनिक युग में प्रवासी भारतीयों के जीवन व उनकी भौतिक और सामाजिक परिस्थितियों में भारी परिवर्तन आया है। इनका कारण पश्चिमी समाज में विज्ञान के क्षेत्र में अत्यधिक प्रगति, आधुनिक तकनीकी विकास, यातायात के आधुनिक साधन, व्यवसाय, आर्थिक व्यवस्था का पुर्नगठन, औद्योगीकरण और समाज के नवीन वर्गों का प्रार्दुभाव, समाचार पत्र व राष्ट्रवाद का उग्र रूप आदि हैं। नैतिक मूल्यों का पतन हो रहा है। पश्चिमी समाज के व्यस्त जीवन में स्वार्थपरता और व्यक्तिवाद का आधिपत्य हो चुका है।[10] इन प्रवृतियों ने मानव को अंदर से नीरस और खोखला बना दिया है। वह धोखा देना चाहता है और धोखा देकर प्रफुल्लित होना चाहता है। वह किसी भी दूसरे व्यक्ति के लिए अपना सुख बलिदान करने को तैयार नहीं है। निःस्वार्थ व त्याग की भावना आधुनिक मानव के लिए पराई है ।

आज प्रवासी समाज में हिन्दुस्तानियों की पहली पीढ़ी परिवार को बचाने में लगी हुई है और दूसरी पीढ़ी इन्हें तोड़ने में। भारत में प्रेम-प्यार से रहने वाले लोगों का खून विदेश पहुँचते

ही सफेद हो जाता है। हिन्दुस्तान में एक दूसरे पर न्यौछावर होते रिश्ते वहाँ जाकर बेगानगी का शिकार हो जाते हैं। पश्चिमी समाज एक विकसित समाज है किन्तु यहाँ के व्यसृत जीवन में परिवार के सदस्यों में एक दूसरे के लिए समय नहीं है।[11] इसी कारण ये लोग मानसिक अशांति का शिकार हैं। अपने मन-मस्तिष्क की शांति के लिए अकसर ही प्रवासी भारतीय धर्म की शरण लेते हैं और धार्मिक अनैतिकता का शिकार हो जाते हैं।

प्राचीन काल से ही भारतीय समाज में परिवारों का विशेष महत्व रहा हैं। परिवार नैतिक मूल्यों के आधार पर ही आगे बढ़ता हैं। धीरे-धीरे भारतीयों ने प्रवास की प्रक्रिया को अपनाया। वहाँ के पश्चिमी रंग में रंगते उन्हें देर न लगी। इसीलिए परिवारों का विघटन हो रहा है। परिवार का प्रत्येक सदस्य अलग जीवन व्यतीत कर रहा है।[12] परिवार में बुजुर्गो का कोई महत्व नहीं रहा। भारतीय लोग नैतिक मूल्यों को खो रहे हैं। नैतिक मूल्यों की टकराहट के फलस्वरुप प्रवासी भारतीय बेगानेपन, असुरक्षा, हीन-भावना आदि का शिकार हो रहे हैं।

दोहरी संस्कृति में जीना ही प्रवासी भारतीयों की सबसे बड़ी समस्या है। विदेशी संस्कृति को न स्वीकारने एवं भारतीय संस्कृति को न छोड़ने के कारण प्रवासी भारतीयों में अर्न्तद्वन्द्व व आत्मसंघर्ष भी पैदा होते हैं। दोहरे जीवन-दर्शन के कारण उनमें कुंठा, हताशा, घुटन, निराशा जैसी दुष्प्रवृतियों का पैदा होना स्वाभाविक है। अकेलेपन का अहसास अजनबीपन और व्यर्थताबोध पैदा होता है। संबंधों की निस्सारता से पीड़ित प्रवासी भारतीयों का अर्न्तमन अपनत्व की खोज में दिग्भ्रमित रहता है।[13] कालान्तर में उनकी संस्कृति, जीवन दर्शन और जीवन मूल्य न तो भारतीय ही रह पाते हैं न पश्चिमी। एक तरह के मानसिक दोहरेपन के द्वन्द्व की स्थिति हमेशा बनी रहती है। मूलवासी अंग्रेजी में इसे 'कल्चरल शॉक' कहा जाता है। हर व्यक्ति जो दूसरे देश में प्रवास करता है उसे सबसे पहले सांस्कृतिक आघात ही लगता है।

प्रवासी दो जीवनशैलियों के द्वन्द्व से गुजरता है। कभी पश्चिमी जीवन शैली हावी होती

है तो कभी मूल देश की जीवन शैली। इससे उस देश में समायोजन की समस्या शुरू होती है। प्रवासी भारतीयों में यह समस्या घनीभूत रूप से पाई जाती है, जिसका मुख्य कारण है व्यक्ति के जीवन में समाज का हस्तक्षेप न के बराबर है। युवाओं की गतिविधियों पर परिवार का नियंत्रण कम होता है जबकि भारतीय परिवेश में अनेक तरह के नियंत्रण होते हैं। प्रवासी भारतीयों की सबसे बड़ी समस्या परिवेश के अनुसार बदलाव न कर पाने के कारण होती है।

अकेलेपन का प्रथम पीढ़ी के प्रवासी भारतीयों को विदेश में सामना करना पड़ता है। परिवार को स्वदेश में छोड़कर विदेश गए प्रवासी भारतीयों का विदेशी परिवेश में सामंजस्य स्थापित न कर पाने के कारण भी अकेलापन घेरता है। विदेश में परिचित लोगों की कमी तथा अपरिचितों से आत्मीयता न मिल पाने के कारण उनका अकेलापन और बढ़ जाता है। विदेश में जीवन का संघर्ष व्यक्ति को यांत्रिक जीवन जीने के लिए विवश कर देता है जिससे पति-पत्नी के बीच भी आत्मीयता धीरे-धीरे समाप्त होने लगती है।[14] प्रवासी भारतीयों की दोहरी मानसिकता के संदर्भ में दुर्गा प्रसाद गुप्त का मत है "यह ऐसा भारतीय मन है जो एक तरफ भारत के आध्यात्मिक अतीत पर मुग्ध होता है, उसके लिए आहें भरता है तो दूसरी तरफ भौतिकता में उलझे उसके गरीब और पिछड़े वर्तमान पर आँसू बहाता है। उसके प्रति विरक्ति भाव से प्रेम प्रदर्शित करता है। .... यह विभाजित मन उन प्रवासी भारतीयों का है जो न तो सही अर्थों में अपनी धर्म और संस्कृति के प्रति तटस्थ रह पाते हैं और न निर्वैयक्तिक। फिर भी वे दोनों संस्कृतियों के प्रेमी आलोचक हैं।[15]

आज हजारों-लाखों भारतीय प्रवास की प्रक्रिया को अपना रहे हैं। जब से प्रवास की प्रक्रिया आरम्भ हुई तब से आज तक उन्होंने रोजमर्रा की जिंदगी में आने वाली अनेक समस्याओं का सामना कर रहे हैं। कदम कदम पर प्रवासी भारतीयों को अपनी शिक्षा के कारण नस्लवाद का शिकार होना पड़ता है। विदेश में नस्लवाद का अस्तित्व ही सामाजिक तनाव का सृजन करता है। विदेशी जीवन की सुख समृद्धि देखकर प्रवासी भारतीयों के मन में हीनता की ग्रंथियां

उत्पन्न होती हैं। प्रवासी भारतीयों में बेगानेपन का अहसास केवल धर्म, शिक्षा और नौकरियों तक ही सीमित नहीं है बल्कि कानून में भी इस का प्रभाव दिखाई देता है।[16] अंग्रेजी भाषा के अल्प ज्ञान के कारण प्रवासी भारतीय हीन-भावना का शिकार हो जाते हैं। बेरोजगारी की समस्या आज के समय की ज्वलंत समस्या है। प्रवासी भारतीयों की आर्थिकता इतनी उच्च नहीं होती कि वे मँहगी शिक्षा प्राप्त कर सकें। पश्चिमी समाज का व्यस्त जीवन, रिश्तों में बेगानापन, भय, तनाव आदि प्रवासी भारतीय को पीछे की ओर धकेलता है। अतीत के प्रति मोह का तत्व और और प्रवासी भारतीय के मन में लौटने की इच्छा जब जागृत होती है तो विस्फोटक स्थिति का आभास होता है। पीढ़ियों की यह खींचातानी पश्चिमी समाज में आजकल बहस का मुद्दा बनी हुई है। भारतीय प्रवासियों की निवास की समस्या भी भयावह है। प्रवासी भारतीयों की सांस्कृतिक पोशाक उनके लिए एक समस्या बनी हुई है। प्रवासी भारतीय अपनी मातृभूमि से जुड़ने के लिए धर्म का सहारा लेता है। विदेशी जीवन की व्यस्तता और अशांति को दूर करने के लिए वह धर्म के प्रत्येक अंधविश्वास, कर्मकाण्ड और छलकपट को अपनाता है जिस कारण विदेशी धरती पर हमारा धर्म भ्रष्ट हो रहा है। धार्मिक अनैतिकता हिन्दुस्तान को तो दीमक की तरह खा रही है किन्तु अब इसने विदेशी धरती को भी नहीं छोड़ा है। वर्तमान समय में भी प्रवासी भारतीयों को समस्याओं यथा अस्थिरता, असुरक्षा, बेगानगी, बेरोजगारी, समायोजन, अकेलेपन, अजनबीपन, हीन-भावना, धार्मिक अनैतिकता, निवास, पोशाक, भोजन, भाषा, मँहगी शिक्षा, निम्न आर्थिकता, छुट्टी की समस्या आदि का सामना करना पड़ रहा है। इसी कारण प्रवासी समाज की समस्याओं का अध्ययन आज भी प्रासंगिक है ताकि आने वाली पीढ़ियां दिशा निदेर्शित हो सकें, इसी में इस शोध पत्र की सार्थकता है।

सन्दर्भ सूची :-

1. अरविन्द मोहन, प्रवासी मजदूरों की पीड़ा, राधा कृष्ण प्रकाशन, दिल्ली, 1998, पृष्ठ 15

2. उषा राजे सक्सेना, प्रवास में ज्ञान गंगा, दिल्ली, 2002, पृष्ठ 13
3. अंजना संधीर, प्रवासी आवाज़, वाणी प्रकाशन, नई दिल्ली, पृष्ठ 103
4. दयानंद वर्मा, पश्चिम के तीन रंग, माइंड एंड बॉडी रिसर्च सेन्टर, नई दिल्ली, 1998, पृष्ठ 136
5. कैलास कुमारी सहाय, प्रवासी भारतीयों की हिंदी सेवा, अविराम प्रकाशन, दिल्ली, 1994, पृष्ठ 10
6. शुचि गुप्ता, फिजी में प्रवासी भारतीय, हिंदी साहित्य निकेतन, बिजनौर, 2010, पृष्ठ 13
7. सुषम बेदी, प्रवासी भारतीयों का साहित्यिक उपनिवेशवाद, हंस, अक्टूबर, 2000
8. तेजेन्द्र शर्मा, प्रवासी भारतीयों की वर्तमान पीढ़ी, प्रवासी संसार, जनवरी-मार्च 2005
9. नया ज्ञानोदय, दिसम्बर, 2008, पृष्ठ 5
10. विश्व हिंदी पत्रिका, 2010, विश्व हिंदी सचिवालय, मारीशस, पृष्ठ 153
11. वर्तमान साहित्य, जनवरी-फरवरी, 2006, पृष्ठ 45
12. शब्दयोग, अप्रैल, 2008, पृष्ठ 7
13. गर्भनाल, अंक-21, अगस्त, 2008
14. हंस, अप्रैल, 2011, पृष्ठ 33
15. गगनांचल, जुलाई-सितम्बर, 2004, पृष्ठ 134
16. साहित्य शिल्पी, 3 अक्टूबर, 2009

संपादक–परिचय

डॉ0 राकेश कुमार दूबे

जन्म : 15 अक्टूबर, 1982ई0, नेहियां, वाराणसी।

शिक्षा : एम0 ए0, यू0जी0 सी0–नेट, पी–एच0 डी0–काशी हिंदू विश्वविद्यालय, वाराणसी (2011ई0)

अध्यापन : 2014–2015ई0 सहायक प्राध्यापक, एस0 एस0 एस0 कालेज ओसियां, जोधपुर,
2015–2018 तक डॉ0 एस0 राधाकृष्णन् पोस्ट डॉक्टोरल फेलो, UGC
2018–2020 तक पोस्ट डॉक्टोरल फेलो, ICSSR

निवास : मकान नं0 168, नेहियां, वाराणसी–221202, उत्तर प्रदेश, भारत

संपर्क सूत्र : 91–7355682455 (वाट्अप)

ई–मेल : rkdhistory@gmail.com

पुरस्कार/सम्मान :

1. व्हिटेकर विज्ञान पुरस्कार (2012), विज्ञान परिषद प्रयाग, इलाहाबाद;
2. अंतर्राष्ट्रीय हिंदी निबंध प्रतियोगिता पुरस्कार (2015ई0), विश्व हिंदी सचिवालय, मारीशस।

प्रकाशन : डॉ0 राकेश कुमार दूबे के 80 से अधिक शोधपत्र/आलेख राष्ट्रीय और अंतर्राष्ट्रीय पत्र–पत्रिकाओं में प्रकाशित हैं। भारत की पत्रिकाओं–नागरीप्रचारिणी पत्रिका, नागरी, सम्मेलन पत्रिका, भगीरथ, जल चेतना, पर्यावरण संजीवनी, हिंदुस्तानी, दक्षिण भारत, केदार–मानस, विकल्प, साहित्य भारती, इतिहास–दिवाकर, इतिहास–दर्पण, गवेषणा, गगनांचल, विज्ञान, विज्ञान आपके लिए, विज्ञानगंगा, वैज्ञानिक दृष्टिकोण, विज्ञान प्रगति एवं ड्रीम 2047 में शोधपत्र/आलेख प्रकाशित हैं। भारत से बाहर की पत्र–पत्रिकाओं–विश्व हिंदी पत्रिका (मारीशस), विश्व हिंदी समाचार (मारीशस), विश्वा (अमेरिका), सेतु (अमेरिका), शांतिदूत (फीजी) के अलावा वसुधा, साहित्य कुंज और पुस्तक भारती रिसर्च जर्नल (तीनों कनाडा) में भी शोधपत्र/आलेख प्रकाशित हैं।

www.ingramcontent.com/pod-product-compliance
Lightning Source LLC
Chambersburg PA
CBHW081348080526
44588CB00016B/2417
9781897416273